JUTTA DITFURTH **KRIEG, ATOM, ARMUT. WAS SIE REDEN,
WAS SIE TUN:** DIE GRÜNEN

JUTTA DITFURTH

KRIEG, ATOM, ARMUT. WAS SIE REDEN, WAS SIE TUN: DIE GRÜNEN

ROTBUCH VERLAG

Von Jutta Ditfurth liegt bei Rotbuch außerdem vor:
Die Himmelsstürmerin (2010)

ISBN 978-3-86789-125-7

1. Auflage
© 2011 by Rotbuch Verlag, Berlin
Umschlaggestaltung und -abbildung: Buchgut, Berlin
Druck und Bindung: L.E.G.O. S.p.A., Vicenza, Italy

Ein Verlagsverzeichnis schicken wir Ihnen gern:
Rotbuch Verlag GmbH
Neue Grünstraße 18
10179 Berlin
Tel. 01805/30 99 99
(0,14 Euro/Min., Mobil max. 0,42 Euro/Min.)

www.rotbuch.de

INHALT

1. DIE GRÜNEN SCHOTTERN 7

2. HYPE UND WIRKLICHKEIT 26

3. WEHRT EUCH, LEISTET WIDERSTAND 40

4. DIE GRÜNE BRÜCKE ZUR ATOMFUSION 67

5. STUTTGART 21 –
   VON DER KUNST DES VERRATS 108

6. IN STAHLGEWITTERN 135

7. MENSCHENRECHTSKRIEGERINNEN 183

8. KRIEG DEN HÜTTEN!
   FRIEDE DEN PALÄSTEN! 210

ANMERKUNGEN 256

BÜCHER DER AUTORIN 287

HINWEIS, DANK & KONTAKT 288

1. DIE GRÜNEN SCHOTTERN

» Es ist völlig egal welche Form, gegen diese Transporte sollten Grüne in *keiner* Form – sitzend, stehend, singend, tanzend – demonstrieren.«[1]

Bundesumweltminister Jürgen Trittin, ZDF, Januar 2001

» Diejenigen, die durch ihre Aktion auf den Gleisen dazu beigetragen haben, dass die Castorbehälter einen Tag später als geplant angekommen sind, haben für sich in Anspruch genommen, sie seien nicht gewalttätig. Es ist aber völlig eindeutig, [...] dass sich diese Menschen rechtswidrig verhalten und Rechtsbruch begangen haben.«[2]

Bundesumweltminister Jürgen Trittin, Bundestag, März 2001

Eben war der Himmel noch anthrazitgrau und regenbeladen, nun riss er auf und Hunderte von Anti-AKW-Fahnen leuchteten in der Sonne. Rund 50 000 Menschen waren am 6. November auf dem Weg zum umgepflügten Maisacker, dem Kundgebungsplatz bei Dannenberg. Gleich vorne am Platz befand sich der Infostand der Grünen, er war einer der größten, und niemand warf ihn um.

Der grüne Bundesvorsitzende Cem Özdemir stand hier herum. Er antwortete einem Journalisten nicht auf die Frage, warum er demonstriere, obwohl Trittin doch vor ein paar Jahren noch dagegen gewesen sei. Er grinste bloß, stopfte sich Essen in den Mund, kaute und sagte: »Seh' ich aus wie Jürgen Trittin?«[3] Die grünen FunktionärInnen hatten Glück. Monika Tietke, die informelle Pressesprecherin der *Bäuerlichen Notgemeinschaft*, hatte sich ausgedacht, dass jeder

8 grüne Promi einem Landwirt mit Trecker zugeteilt wurde. »Trittbrettfahrer«[4], knurrte Wolfgang Ehmke, der Sprecher der Bürgerinitiative. Vor ein paar Monaten hatte Ehmke daran erinnert, dass SPD und Grüne im Jahr 2000 mit dem sogenannten Energiekonsens den Atomkonzernen den störungsfreien Betrieb von Atomkraftwerken garantiert hatten und sich die angebliche »Eignungshöffigkeit« von Gorleben in den Vertragstext hatten diktieren lassen.[5] Gregor Gysi, Bundestagsabgeordneter der Linkspartei, war heute auch dabei, aber der konnte wenigstens Traktor fahren.

Bevor sie auf den Trecker stiegen, reichten sich Promis und Bauern vor den Fotografen noch mal die Hände. »Ich verspreche, an dem Thema dranzubleiben«, sagte Cem Özdemir. Auf die Frage, ob die Bauern nicht Angst haben, benutzt zu werden, antwortete Monika Tietke: »Wir werden sehr genau hinsehen und prüfen, ob sie es besser machen«.[6] Müssen einige Menschen wirklich immer wieder bei Null anfangen? Ein Bauer schimpfte über diese »bekloppte« Aktion, die nur den Grünen nützte.

Als sie Teil der Bundesregierung waren (1998–2005), hatten die Grünen ihre Parteibasis davor gewarnt, sich an den Protesten gegen Atommülltransporte nach Gorleben zu beteiligen. Bundesumweltminister Trittin schrieb im Januar 2001 an die niedersächsischen Kreisverbände der Grünen: »Alle Mitglieder des grünen Parteirates bis auf zwei haben den vorgesehenen Atommülltransporten von Frankreich nach Gorleben zugestimmt.«[7] Es gebe »keinen Grund gegen diese Transporte zu demonstrieren«, das nütze nur der CDU: »Nur weil jemand seinen Hintern auf die Straße setzt, finden wir das noch nicht richtig, nicht, weil wir etwas gegen Sitzblockaden, Latschdemos oder Singen haben, sondern weil wir das Anliegen, weshalb gesessen, gegangen oder gesungen wird, ablehnen.«[8]

Auch der niedersächsische Landesvorstand der Grünen,

1. KAPITEL

so Trittin, habe sich »klar und unmissverständlich« für die 9
Castor-Transporte ins Wendland ausgesprochen. Kein Grüner könne sich, sagte Trittin damals, für die Anti-Castor-
Proteste von 2001 etwa auf den Beschluss des grünen Par-
teitags in Münster vom Juni 2000 berufen, mit dem der
sogenannte Energiekonsens [mehr dazu in Kapitel 4] beschlossen worden war und in dem es beschwichtigend ge-
heißen hatte: »Als Partei werden wir uns weiterhin für unsere Ziele auch außerparlamentarisch einsetzen und uns an
den Protesten der Anti-AKW-Bewegung in Ahaus, Gorleben und anderswo beteiligen.« Das gelte jetzt nicht mehr,
denn »ein grundsätzliches Ziel der Grünen sei« der auf dem-
selben Münsteraner Parteitag »beschlossene Atomausstieg«[9],
und der widerspräche dem Protest gegen die Castor-Transporte. Damit die Grünen bei den Landtagswahlen in Rheinland-Pfalz und Baden-Württemberg im März 2001 keinen
Schaden nahmen, verschob Trittin sogar einen Atommüll-
transport vom Atomkraftwerk Neckarwestheim ins Zwischenlager Ahaus.[10]

Auch Claudia Roth warnte noch im Jahr 2001 vor Protesten gegen Castor-Transporte: »Und wenn das Ziel einer
Blockade ist, einen notwendigen Transport zu verhindern,
dann konterkariert diese Demonstrationsform tatsächlich
den gefundenen Konsens.«[11] Was für eine Partei mag das
sein, der Demonstrationen gegen Atommülltransporte in die
Quere kommen?

Die Botschaft lautet: Atommülltransporte unter einer SPD/
Grünen-Regierung sind gut, nur die unter einer Regierung
von CDU und FDP sind gefährlich. Das erinnert mich an die
Haltung der DKP in den siebziger Jahren: Atomkraftwerke
»in der Hand des Volkes«, also in der DDR und in der Sow-
jetunion, waren ein Inbegriff des Fortschritts, nur in den
Händen kapitalistischer Gesellschaften waren sie von Übel. –
Ob radioaktive Strahlung das weiß?

DIE GRÜNEN SCHOTTERN

Einmal merkte im Bundestag eine CDU-Abgeordnete, die aus der DDR stammt, süffisant an, dass die Grünen mit ihrem Atomausstieg von 2000 »die Grundlagen für die Transporte mitgelegt hätten«. Da schlug Claudia Roth ihr unter die Gürtellinie: Der Mauerfall sei vor zwanzig Jahren gewesen und das Demonstrationsrecht habe etwas mit Demokratie zu tun![12] Diese kleine Szene spielte sich übrigens 2008 ab, sieben Jahre nachdem die Grünen ihren Mitgliedern das Demonstrieren hatten verbieten wollen.

Im Bundestagswahlkampf 1998 war Jürgen Trittin auch schon einmal ins Wendland gereist. Von der Ur-Forderung der Anti-AKW-Bewegung »*Sofortige* Stilllegung *aller* Atomanlagen« war schon damals bei ihm und seiner Partei nichts mehr übrig. Wollen die Grünen wenigstens einen »schnellen Atomausstieg«, wollte sein Publikum wissen? »So schnell wie möglich«, sagte Trittin, und sein Politikerjargon machte einige ZuhörerInnen misstrauisch. Sogar Atommülltransporte seien unter bestimmten Bedingungen möglich, aber natürlich nur, wenn sie »sicher« seien. Es blieben Fragen: Hatten die Grünen nicht immer gesagt, dass es diese Sicherheit nicht geben könne? Und: War der versprochene »möglichst schnelle Ausstieg« gleichbedeutend mit dem Ende der Atommülltransporte nach Gorleben? Trittin wich aus: »Der Druck auf Ahaus und Gorleben wird geringer werden.«[13] Tatsächlich wächst, das weiß jede/r erfahrene AtomkraftgegnerIn, mit jedem weiteren Castor-Transport, der im oberirdischen Zwischenlager Gorleben entladen wird, der Druck für eine endgültige »Entsorgung« unter der Erde.

Kleine Warnung an die WählerInnen der Grünen in Baden-Württemberg und Bayern: In einem Interview mit *Bild* verriet Claudia Roth kürzlich, dass Winfried Kretschmann in Sachen Atommüll »kein St.-Florians-Politiker wie Mappus, Seehofer oder Söder« sei, »die sagen: Wir betreiben Atom-

1. KAPITEL

kraftwerke hier im Süden, verlängern die Laufzeiten, pro- **11** duzieren Unmengen Atommüll und kippen ihn dann den ›Fischköppen‹ im Norden vor die Füße«.[14] Was soll das anderes bedeuten, als dass Kretschmann als Ministerpräsident bereit sein könnte, auch in Baden-Württemberg ganz »verantwortlich« nach einem Standort für ein Atommüll»end«-lager zu suchen?

Im Februar 2000 kam Jürgen Trittin, diesmal als Bundesumweltminister wieder nach Niedersachsen und erzeugte offene Wut. »Die Rede von Bundesumweltminister Jürgen Trittin hat mich bestärkt, dieser Partei den Rücken zu kehren«, erklärte Marianne Fritzen auf dem Landesparteitag der niedersächsischen Grünen in Celle.[15] Sie hatte 1973 die *Bürgerinitiative Umweltschutz e. V. Lüchow-Dannenberg* mitgegründet und ein paar Jahre später die Grünen. Gastredner Trittin behauptete: Nach einem Jahr sei die quälende Blockade in der Atompolitik zu Ende gegangen, weil es erstmals gemeinsame Beschlüsse der beiden Regierungsfraktionen SPD und Grünen gebe. Als er kritisiert wurde, rief er wütend in den Saal: »Hören wir doch auf, uns selbst zu belügen. Die außerparlamentarische Bewegung und die Grünen haben die Stilllegung von Atomanlagen nicht erreicht.« [Dazu mehr in Kapitel 3]. Viele Delegierte pfiffen ihn aus. Der Leitantrag des Landesvorstandes, der Trittins Position unterstützte, fiel durch.

Marianne Fritzen trat aus und andere AKW-GegnerInnen mit ihr. Rebecca Harms blieb natürlich, sie hätte ja auch viel aufs Spiel gesetzt: Von 1994 bis 2004 war sie Landtagsabgeordnete, seit 2004 wieder Europaabgeordnete und inzwischen ist sie Co-Vorsitzende der grünen Europafraktion.

Ein Jahr später, 2001, empörte sich Marianne Fritzen über das »heuchlerische Demonstrationsverbot« ihrer ehemaligen Parteiführung. Inzwischen hatte die 77-Jährige die *Grüne Liste Wendland* (GLW) gegründet. Trittins Warnung

DIE GRÜNEN SCHOTTERN

12 nicht zu demonstrieren, sagte Jutta von dem Bussche (GLW), »ist die Sprache der Polizei«. Heinrich Messerschmidt, Diplomingenieur und Fachmann der Bürgerinitiative für geologische Fragen, war wütend darüber, wie Trittin »in unseliger Kontinuität« die legitimen Ängste der Bevölkerung vor atomarer Strahlung beiseitewischte. Pastor Egon Maierhofer nahm es den Grünen »gewaltig übel, dass sie sich den Stromkonzernen gegenüber so willfährig zeigten«.[16]

Der grüne Parteivorsitzende Fritz Kuhn verlangte, Proteste müssten »gewaltfrei« sein und meinte nur die DemonstrantInnen,[17] also freie Fahrt für Tonfas und Tränengas. So wurden unter der rot-grünen Bundesregierung im November 2001 die Castoren mit Hilfe von 17 500 PolizistInnen durchs Wendland geprügelt. Jürgen Trittin und Otto Schily lobten die Polizei.[18] Bundesumweltminister Trittin sagte im Bundestag: »Lassen Sie mich […] meinen Dank für ein auf Deeskalation gerichtetes Einsatzkonzept der Polizei aussprechen«.[19] »Grün ist der Polizeistaat«, war die Antwort der AKW-GegnerInnen.[20]

Die frisch gewählte Bundesvorsitzende Claudia Roth musste damals vor Anti-Castor-DemonstrantInnen flüchten. Mit wehendem Schal rannte sie den »Verräter!«-Rufen davon. »Lediglich ein Wall von Mikrofonen und Kameras schützte die Greengirls Kerstin Müller und Claudia Roth vor den aufgebrachten Landwirten kurz vor der Ankunft der Castoren. Atomgegner machten sich einen Spaß daraus, mit Trittin- und Fischer-Masken vermummt auf den Gleisen herumzuturnen. Im gesamten Landkreis gibt es kaum mehr grüne Parteimitglieder«.[21]

2010 wurde klar, dass zutraf, wovor KritikerInnen schon zehn Jahre zuvor gewarnt hatten: SPD und Grüne hatten mit dem »Energiekonsens« keinen Ausstieg aus der Atomkraftnutzung beschlossen, wie wacklig auch immer, sondern den Atomkonzernen die Bestandssicherung der Atomkraftwerke

1. KAPITEL

samt wachsender »Zwischen«lager und Atommülltransporte garantiert. Dank der SPD und den Grünen durften manche Atomkraftwerke länger laufen als je geplant, und es blieb ein Hintertürchen, das die CDU/FDP-Regierung nutzte, um ihrerseits die bereits von Rot-Grün verlängerte Laufzeit noch einmal zu verlängern, indem sie am 6. September 2010 unter Ausschluss der Öffentlichkeit einen Vertrag mit E.ON, RWE, Vattenfall und EnBW schloss, den der Bundestag im Oktober nachvollzog.

Ich sah viele grüne Fahnen und grüne Luftballons an diesem ersten Samstag im November 2010, auf welche die rote Anti-AKW-Sonne mit gelbem Untergrund gedruckt war, jenes alte Logo der Anti-AKW-Bewegung. Der Parteiname der Grünen stand nicht darauf; es war schlauer, für die Wähler-werbung keinen Partei-Schriftzug sondern nur einen ganz bestimmten Grünton zu verwenden, Werbeagenturen nennen das *Corporate Identity*.

Aber warum durften sich die Grünen überhaupt wieder in die Anti-Castor-Proteste einschleichen? Weil man alle vier oder acht Jahre erneut betrogen werden möchte? Weil ein Teil der Protestbewegung Mittelschichtsangehörige sind, die sich klammheimlich doch gern mit einem »guten« rot-grünen Staat versöhnt sähen? Weil manche zwar ein Problem mit Atomenergie haben, nicht aber mit Ausbeutung und Krieg, und in diesen Fragen ganz aufseiten der Grünen stehen? Oder sehen da welche die Anti-AKW-Bewegung als Bewährungshelfer für die Grünen?

Während Kundgebungsredner Angela Merkel kritisierten, anstatt dass sie die Pakte zwischen Atomkapital und den staatstragenden Parteien von 2000 (SPD/Grüne) und von 2010 (CDU/FDP) grundsätzlich auseinandergenommen hätten, hielt Jürgen Trittin bei den Übertragungswagen der TV-Sendeanstalten am Rand des Ackers Audienz. Es sah aus

14 wie ein *Speed-Dating*. Dank des Umfragehochs dachte der eine oder andere Journalist wohl auch an seine berufliche Zukunft und verhielt sich, als gelte es Regierungssprecher Steffen Seibert abzulösen. Ein Reporter der ARD nickte und lächelte ohne Unterlass und verschmolz beinahe mit Trittin, die Schleimspur glitzerte in der Sonne.

In diese Atmosphäre vollkommener Harmonie drang nur einmal kurz der Ruf einiger AtomkraftgegnerInnen: »Wer hat uns verraten? Sozialdemokraten! Wer war mit dabei? Die grüne Partei!« Trittin schaute kurz irritiert, aber da kein Journalist etwas von diesen machtlosen Basisleuten wissen wollte, konnte es ihm auch egal sein. Staatstragende PolitikerInnen und staatstragende JournalistInnen stützen sich gern gegenseitig und sei es nur durch »knallharte« Interviews.

An einer anderen Ecke des Ackers war ein bescheidener Stand des Gorleben-Archivs aufgestellt, das versucht, jenes Gedächtnis zu bewahren, das die Grünen verloren haben.

Nur zwei Redner der Kundgebung sagten ein paar wenn auch lauwarm-kritische Worte zu den Grünen: der Hamburger Strafverteidiger Martin Lemke vom Republikanischen Anwaltsverein (RAV) und Michael Wilk vom Arbeitskreis Umwelt Wiesbaden (AKU). Wilk kritisierte den rot-grünen Atomkonsens lediglich als »faulen Deal«, der die Grünen nicht berechtige, in der Protestbewegung die »Speerspitze der Bewegung« zu bilden, sie hätten den »Ball flach« zu halten. Martin Lemke sagte, er freue sich zwar, »so viele Fahnen der Grünen« zu sehen, keinesfalls aber hätten die Grünen, wie Claudia Roth behauptet habe, zu ihrer Regierungszeit »den Atomkonflikt befriedet«. Die Hamburger Grünen hätten in der Koalition mit der CDU noch im April 2010 den Antrag auf Unterstützung der Menschenkette von Brunsbüttel nach Krümmel abgelehnt.[22]

Im Getümmel der 40 000, die es am 6. November 2010 zur Kundgebung geschafft hatten – 10 000 blieben auf verstopf-

1. KAPITEL

ten Landstraßen stecken –, lief ich an einem Holzkarren der 15
Grünen vorbei, den eine Handvoll Leute zog. Schwarz ange-
malte Figuren standen auf dem Karren, die offensichtlich
schaurig aussehen sollten, beklebt mit den Namen der vier
Atomkonzerne E.ON, EnBW, RWE und Vattenfall, dazu ein
Transparent: »Grün zieht«. War das eine Tatsachenbeschrei-
bung oder tatsächlich Selbstkritik?

Die meisten JournalistInnen schafften es in dieser Nacht
nicht aus ihren warmen Hotels in den Wald, wo Tausende in
frostkalten Nächten versuchten, durch Schottern und Blockieren den Atommüll aufzuhalten. Die Schuhe zu fein, die
Nacht zu eisig, die Aufnahmetechnik zu schwer, das Interesse zu gering.

Aktionen, die auf der Straße stattfanden, und PolitikerInnen, die an leicht zugänglichen Orten warteten, hatten es
leichter, zu Wort zu kommen. Natürlich wurden für die TV-
Berichterstattung auch Stimmen »Betroffener« eingefangen
und Bürgerinitiativen und Umweltverbände zitiert, aber die
politische Auswertung blieb mindestens zur Hälfte grünen
PolitikerInnen überlassen.

Später sahen wir im Fernsehen, was sie sagten, während
wir protestierten und blockierten. Jürgen Trittin fragte zum
Beispiel: Wie könne die Regierung die Laufzeiten von Atomkraftwerken verlängern, wo doch die Mehrheit der Bevölkerung dagegen sei? Das hätte er sich im Jahr 2001 fragen
sollen. Cem Özdemir kasteite sich und schloss Schwarz-
Grün *auf Bundesebene* aus. Ein billiges Versprechen, denn
selbst wenn er vor Angela Merkel auf die Knie fiele, würde
die ihn derzeit in keine Bundesregierung einladen.

Vor Morgengrauen am Sonntag waren etwa 5000 Men-
schen aus den Camps auf dem Weg zu den Schienen, um die
Gleise zu schottern. Die Staatsanwaltschaft hatte sie gewarnt:
Schottern ist eine Straftat. Die Grünen hatten auch gewarnt.
Renate Künast: »Schottern machen wir nicht mit.«[23] Claudia

DIE GRÜNEN SCHOTTERN

16 Roth: »Wir unterstützen das Schottern explizit nicht.«[24] Und: »Was die Schotterer gemacht oder was sie angekündigt haben, passt nicht zu unserer Partei.«[25] Womit Roth ausnahmsweise recht hatte.

Es war höchst erfreulich, eine kollektive Aktionsform wie das Schottern (das es in unauffälligerer Form seit Jahren im Wendland gibt) in so gut organisierter Weise und mit vielen neuen jungen linken Beteiligten zu erleben. Besonders nach den Jahren des Stillstands und der Entradikalisierung. Allerdings muss gleichzeitig gesagt werden, dass es immer fantasievolle Aktionen wie Baum- und Brückenklettern, Treckerblockaden, Straßenunterhöhlungen, Betonklötze ins Gleisbett versenken, Anketten an die Schienen und so weiter gegeben hat, aber in den letzten Jahren mit zunehmender Mediendominanz der fast religiös-gewaltlosen Aktionen von »X-tausendmal quer« und der Aktionsprofis von Robin Wood und Greenpeace standen die sehr im Schatten. Es gehe darum, einige in den vergangenen Jahren »verlorene Positionen« über das, »was als Protestform möglich und legitim ist«, zu rehabilitieren, sagte Hannah Spiegel, eine Sprecherin der Schottern-Kampagne, aber »auf keinen Fall darum, die eine Form von Protest gegen die andere auszuspielen«.[26]

Schottern bedeutet schlicht und einfach, den Schotter unter den Schienen wegzugraben und so die Schienen unbefahrbar zu machen. Den öffentlichen Schienenverkehr gefährdet das keineswegs, denn die einzige Bahnstrecke ins Wendland war seit Tagen für den allgemeinen Bahnverkehr gesperrt und nur für den Castor-Transportzug frei. Und der gefährdete uns.

Die ungefähr 5000 Schotterer, Frauen wie Männer, kamen am Sonntag vor Sonnenaufgang aus verschiedenen Camps über raureifbedeckte Felder, trafen sich in drei »Armen« an geheimen Ausgangspunkten im Wald. Die Schotterer waren

1. KAPITEL

gut ausgerüstet, mit Schutzbrillen (gegen das Gas) und winterfesten Outdoorklamotten. Sie teilten sich auf: Wer die Schotterer an der Schiene schützte, ordnete sich den Gruppen »Schutz« zu, die hatten sich mit Schaumstoff gepolstert und schleppten Strohballen sowie Planen mit sich. In der Nähe der Schienen fächerten sich die drei »Arme« in jeweils fünf »Finger« auf. Und diese Finger-Gruppen flitzten an der Polizei, sofern die überhaupt da war, vorbei zu den Schienen, was manchmal klappte und manchmal nicht.

Klug war es, ausgewählte JournalistInnen in begrenzter Zahl dabeizuhaben. Das muss man sich natürlich vorher genau überlegen … Der Deal war einfach: Die JournalistInnen kriegen ihre Bilder, und die SchottererInnen etwas mehr Schutz vor Knüppeln, Gas, Wasserwerfern und Pferdehufen als sonst. Sonnenklar war auch die »strategische Gewaltfreiheit« gegenüber den PolizistInnen. Aber die wiederum dachten gar nicht daran, sie waren ja der Staat, und der nennt ein »Gewaltmonopol« sein eigen. Kein Schotterer griff die Polizei an. Aber die Bilder von knüppelnden, Gelenke verdrehenden und wie besessen Kampfgas in Gesichter sprühenden Polizisten sind massenhaft im Internet zu finden. Die Anwesenheit der JournalistInnen ärgerte die Polizei so sehr, dass sie drohte, ab jetzt nicht mehr für die Sicherheit der ReporterInnen im Wald zu garantieren. Eine sonderbare Verkehrung der Verhältnisse, die niemanden beeindruckte.

Im Wendland gibt es seit Jahrzehnten eine große Zahl sehr verschiedener Aktionsformen. Diesmal trieb eine Schäferin eine große Herde Schafe und Ziegen auf die Transportstrecke. Robin-Wood-Aktivisten hingen wieder in den Bäumen. Die Traktoren der Bäuerlichen Notgemeinschaft, geschickt platziert auf allen Straßen, legten den polizeilichen Nachschub an Truppen und an Verpflegung lahm. Die SchottererInnen machten, auch wenn es von offiziellen Stellen nicht eingestanden wird, die Schienenstrecke zeitweilig unbefahr-

DIE GRÜNEN SCHOTTERN

bar. Ein Schienenbagger musste herbeikommen. Der Castor-Zug stand, die Sitzblockaden auf den Schienen in der Göhrde, in Leitstade und Harlingen konnten auf diese Weise anwachsen. Die Harlinger Blockade hielt etwa zwölf Stunden stand und wurde erst abgeräumt, als die geschotterten Teile der Schiene repariert worden waren.

Das alles war natürlich ein großes Ärgernis für die Polizei, dafür musste sie besonders heftig zuschlagen. Man muss sich vorstellen, »im Waggon der Einsatzleitung im Castor-Zug sitzt der Einsatzleiter der Polizei mit dem Vertreter der Atomfirma zusammen.«[27] Die beiden bestimmen, wann der Zug fährt und wann nicht, kein Politiker und kein Verwaltungsbeamter trifft diese Entscheidung. Früher hatte die Pressestelle der Polizei drei Beamte, heute arbeiten dort 115 Beamte und geben Hunderte von Erklärungen heraus. Man will entscheiden, was läuft, und man will die Nachrichten und Bilder prägen, ganz wie in einem Krieg, aber zu dem kommen wir später noch.

Die Propaganda, vor allem die wüste Hetze vorab gegen angebliche Gewalttäter aller Art, hat im November 2010, allen Anstrengungen zum Trotz, nicht gut funktioniert. Entrüstet kommentierte der niedersächsische Innenminister Uwe Schünemann (CDU) nach den Aktionen die allzu solidarische Zusammenarbeit der verschiedenen Strömungen des Protestes: »Wir werden das Geschehen in der nächsten Zeit sorgsam auswerten und dabei auch betrachten müssen, inwieweit Linksextremisten bereits erfolgreich Teile des bürgerlichen Protestspektrums beeinflussen konnten.«[28] Nur in einem Punkt gebe ich Schünemann recht, wenn er sagt: »Die Kampagne hatte – das müssen wir leider den Ereignissen vom Sonnabend entnehmen – außerordentlich großen Widerhall in Teilen der Protestbewegung.«[29] Das »leider« ist zu streichen.

Die Ankündigung der Staatsanwaltschaft Lüneburg schon vor den Anti-Castor-Aktionen, gegen sämtliche UnterzeichnerInnen der Absichtserklärung »Castor? Schottern!« Ermittlungsverfahren einzuleiten, hatte offenbar niemanden erschreckt. Kurz vor den Aktionen hatten 1492 Einzelpersonen und 283 Gruppen den Aufruf unterschrieben.[30] Wer hätte gedacht, dass in diesen Zeiten Tausende von Menschen, viele junge darunter, an einer vorab so kriminalisierten Aktion teilnehmen und sich als Kollektiv so klug verhalten würden?

Innerhalb der Anti-AKW-Bewegung ist aber zu diskutieren, ob es klug war, dass viele Prominente, vor allem von der Linkspartei, zum Schottern aufriefen und in den Augen vieler damit qua Prominenz oder Funktion Schutz versprachen, aber am Ende selbst weder beim Schottern noch in Rufnähe waren. Man stelle sich vor, alle UnterzeichnerInnen hätten die Aktion wenigstens im Wald und an der Schiene beobachtet. Aber diese Kritik mindert keinesfalls den Erfolg der Aktionen. Und die Grünen hatten mit nichts davon zu tun.

Niemand hatte sich vor dem Wochenende so scharf und häufig vom Schottern distanziert wie die Grünen. Die beiden grünen Parteivorsitzenden taten das noch während des Protest-Wochenendes in der *Bild*-Zeitung, dem gewiss geschmackvollsten Ort. Cem Özdemir: »Wir Grüne schottern nicht und haben auch nicht dazu aufgerufen.«[31] »Und an Gleise ketten?«, fragte *Bild*. Claudia Roth antwortete: »Wir unterstützen keine Protestformen, bei denen Menschen gefährdet werden.«[32] Aber Schottern ist keine Gewalt gegen Menschen.

Auf ihre Weise trugen die Grünen dazu bei, dass es sich in den auf die Kundgebung folgenden Nächten und Tagen, meistens fernab von Kameras im Wald und an der Schiene und vor allem in der Göhrde, um »das gewalttätigste Vorgehen der uniformierten Staatsmacht im Wendland in den letzten zehn Jahren« handelte, so der Ermittlungsausschuss der Bürgerinitiative.[33] Mancherorts wurden Tonfas, CS-Gas

DIE GRÜNEN SCHOTTERN

und Pfefferspray vollkommen enthemmt und sadistisch eingesetzt. Die neuen Teleskopschlagstöcke können auf den Köpfen von Menschen schwere Verletzungen anrichten. Dazu kamen Wasserwerfer und Pferde. Etwa 1000 Menschen wurden verletzt: Platzwunden, Knochenbrüche, Augenverletzungen, Gehirnerschütterungen, schwere Brüche.

Am 30. September 2010 waren vier Demonstranten in Stuttgart von Wasserwerfern der Polizei in die Augen getroffen worden, wobei ein Mann fast völlig erblindet war. Die Erinnerung daran war noch frisch, als der Lüneburger Polizeipräsident Niehörster für das Wendland ein »hartes Vorgehen« ankündigte und in Aussicht stellte, Wasserwerfer gegen Blockierer einzusetzen, wenn auch »nicht mit hohem Druck und nicht aus kurzer Distanz«. Das werde sein »wie ein Eimer Wasser über den Kopf«. Eine köstliche Vorstellung angesichts von Temperaturen um den Gefrierpunkt.[34]

Die Polizei spielte ein doppeltes Spiel: im Licht der Scheinwerfer moderat, abseits dieser brutal, und die Grünen standen an Doppelbödigkeit nicht nach. »Wir werden weiter mit den Demonstranten im Gespräch bleiben«, sagte ein Polizeisprecher während den Aktionen huldvoll. Kurz darauf musste ein Hubschrauber eine Frau mit einem Trümmerbruch an der Schulter ins Krankenhaus fliegen. Cem Özdemir sollte zwei Wochen später die PolizistInnen ausdrücklich »für ihre zumeist besonnene Reaktion auf die Demonstranten« loben, auf dem Freiburger Parteitag rief er in den Saal: »Wir wollen den Zustand beenden, dass die Polizei den Kopf für fehlerhafte Lobbypolitik hinhalten muss.«[35] Verwechselt er da nicht die Köpfe?

Rebecca Harms von den Grünen, die der Gorleben-Widerstand ins Europaparlament befördert hat, sprach von der »Überforderung« der Polizei, aber auch von einem »angemessenen Einsatz« und lobte einen Einsatzleiter als vorbildlich.[36] Obwohl aus der Protestbewegung des Wendlands kommend, hatte Harms schon Ende der achtziger Jahre, ob-

1. KAPITEL

wohl stets sehr »betroffen«, in Sachen Atomenergie eine wachsweiche Haltung. Sie möchte den Protest lieber nicht polarisieren, sondern abmildern und alles »im großen Konsens lösen«. Sie will keinen »Parteienstreit« und auch kein »schlichtes Nein«. – Das »schlicht« sollte man sich auf der Zunge zergehen lassen. Die gut begründete Originalforderung der Anti-AKW-Bewegung »Sofortige Stilllegung aller Atomanlagen« kam ihr schon früher nicht über die Lippen, und das führte zu ständigen Konflikten mit ihr. »Das Wichtigste sei, dass der Umbau *beginne*«, sagt sie heute.[37] Für ein verbindliches *Ende* des Atomprogramms riskiert sie nichts.

Von keinem grünen Funktionär und keiner grünen Funktionärin war ein Wort zum Einsatz der Bundeswehr im Wendland zu hören. Da handeln die Grünen ganz im Interesse des Bundesinnenministeriums, das diesen Einsatz nicht gern öffentlich diskutiert sehen möchte. Abwiegelnd erklärte ein Ministeriumssprecher, dass – anders als etwa beim G8-Gipfel in Heiligendamm –, die Bundeswehr im Wendland keine Aufklärungsflüge mit Tornados machen und am gesamten Einsatz nicht beteiligt werde. Aber derselbe Sprecher erklärte auch, dass auf dem »Wege der Amtshilfe« die Bundeswehr die Bundespolizei wie in den vergangenen Jahren durch Bereitstellung von Unterkünften, Hubschrauberlandeplätzen sowie Park- und Unterstellmöglichkeiten für Fahrzeuge und Großküchenausstattung unterstützte. Die feine Trennung war: »Aufgaben im polizeilichen Einsatzgeschehen wird die Bundeswehr nicht wahrnehmen«[38].
  Soldaten verstärken also die Polizei, aber die gewöhnliche Demonstrantin und der nicht so recherchefreudige Journalist sieht sie nicht. Wie war es denn genau? Die »Amtshilfemaßnahmen der Bundeswehr sind als geheime Verschlusssache eingestuft«, fand Ulla Jelpke, Bundestagsabgeordnete der Linkspartei, heraus.[39]

DIE GRÜNEN SCHOTTERN

22 Während am Sonntag Tausende Menschen bei Eiseskälte schotterten, Schienen blockierten, sich nachts in dunklen Wäldern und auf Äckern Richtung Schienen bewegten, sich mancherorts von der Polizei jagen, attackieren, malträtieren, heimlich von Drohnen filmen ließ und mehr als tausend AKW-GegnerInnen sich Open Air bei Temperaturen um den Gefrierpunkt gefangen halten lassen mussten, während andere sich von Bäumen und Brücken abseilten, um den Castor zu stoppen, der irgendwo vor Lüneburg feststeckte, während die, die nicht so fit waren, AktivistInnen herumkutschierten, Essen kochten, Decken brachten, Musik machten, Leuten halfen wo sie konnten, platzierte sich Claudia Roth etwa 30 Kilometer östlich auf die Straße vor dem Eingang des Zwischenlagers in Gorleben, setzte ihr schmollendes Protestgesicht auf und sagte: »Diese Doppelbödigkeit und Heuchelei werden wir nicht mitmachen.«[40] Damit meinte sie den Atomkurs der CDU/FDP-Regierung. Wo sie hockte, war nichts los, der Castor-Transport würde hier erst in zwei Tagen ankommen, aber viel Presse war da. Junge SchottererInnen gruselte es bei der Vorstellung, »sich mit Claudia Roth von den Grünen auf die Straße zu pflanzen, als wolle man dort Bio-Eier ausbrüten«.[41]

Ungleich viel weniger Kameras waren anderenorts im Wald und an der Bahnstrecke. Ein martialisch uniformierter, sehr großer und breiter, behelmter und bewaffneter Polizist versuchte eine schmale, junge, rothaarige Frau von der Schiene hochzuzerren. Sie blieb zwischen all den anderen Blockierern sitzen. Er griff ihr in die Haare, stieß ihren Kopf und riss sie schließlich mit seinem verstärkten Handschuh an der Nase hoch, einer von vielen extrem schmerzhaften Spezialgriffen, die sich unerfahrenen BetrachterInnen auf Fotos verbergen und nachts sowieso. Der Polizist ließ nicht von der Frau ab, während seine Kollegen die BlockiererInnen rechts und links von ihr auf schmerzlosere Weise entfernten, ihren Kollegen aber auch nicht stoppten.

1. KAPITEL

Etwas später am Sonntagnachmittag, während die Schot- **23**
tererInnen sich durch den Wald schlugen und bei Eiseskälte
schotterten und schlotterten, während sich die Sitzblockie-
rerInnen auf den Schienen und Straßen den Hintern abfro-
ren und ihre Augen ausspülten, weil sie zu viel Kampfgas
namens Pfefferspray abbekommen hatten, begab sich Claudia Roth in den »Musenpalast« bei Laase, der »Kuschelecke
der Bewegung« (ZDF)[42]. Darauf angesprochen, dass die Grünen zu ihren Regierungszeiten selbst Atommüll transportieren ließen und der Bewegung das Demonstrieren verbieten
wollten, sagte Claudia Roth entrüstet: »Moment mal!« Das
macht sie immer so, wenn Kritik droht: Die Grünen sind für
Anti-Terrorgesetze? *Moment mal!* Die Grünen sind für den
Afghanistankrieg? *Aber Moment mal!* In einem TV-Inter-
view an diesem Abend fragte Claudia Roth allen Ernstes em-
pört: »Wie kann man Laufzeiten verlängern, wo die Mehrheit dagegen ist?« Ja, wie kann man nur, Claudia?

In der Nachberichterstattung distanzierten sich Polizei und
auch die Grünen erneut von den SchottererInnen. Fünf Tage
nach der Kundgebung erklärte Claudia Roth: »Schottern ist
eine Straftat.« Diejenigen, die diese Straftat begangen hätten,
müssten sich ihrer Verantwortung stellen »und werden das
auch tun«.[43] Da war sie sich ganz einig mit der Polizeiführung: Der Polizeipräsident von Lüneburg lobte friedliche
Sitzblockaden, »etwas härter mussten wir mit Straftätern
umgehen«. Auf der abschließenden resümierenden Pressekonferenz des Lüneburger Polizeipräsidenten und des niedersächsischen Innenministers wurde der Presse erklärt,
dass der Einsatz von Reizgas »präventiven« Charakter habe,
»wen das trifft, der hat einen Moment Pause«. »Pause« bedeutet Schmerzen und starke Augen- und Hautreizungen für
rund zwei Stunden. Es sind auch schon Menschen am Einsatz von Kampfgas, verharmlosend »Pfefferspray« oder »Reizgas« genannt, gestorben.

DIE GRÜNEN SCHOTTERN

Im Juni 2010 starb in Dortmund ein junger Mann, nachdem ihm Polizisten Pfefferspray ins Gesicht gesprüht hatten. Auf Grundlage einer Prüfung durch das polizeitechnische Institut bei der Deutschen Hochschule der Polizei hatte die Innenministerkonferenz im Juni 1999 den Einsatz von Pfeffersprays gutgeheißen. Allein in der zweiten Jahreshälfte 2009 gab es in Deutschland mindestens drei Todesfälle, in Sachsen-Anhalt, Bayern und Nordrhein-Westfalen. Das angesehene California Pacific Medical Center in San Francisco warnte, dass Pfefferspray zum Beispiel bei Menschen, die unter Psychopharmaka oder Drogen stehen, zu tödlichen Wechselwirkungen führen kann; da dies auch RechtsmedizinerInnen oft unbekannt ist, wird eine höhere Dunkelziffer vermutet.[44]

Inzwischen wurde bekannt, dass die Polizei im Wendland insgesamt »fast 2200 Kartuschen mit synthetischem Pfefferspray leergesprüht« hat.[45]

Etwa die Hälfte der eingesetzten rund 20 000 PolizistInnen kam von der Bundespolizei, die andere Hälfte von verschiedenen Landespolizeien. Nach den Anti-Castor-Tagen stellte sich auch noch heraus, dass ausländische Polizisten nicht nur als Beobachter teilgenommen hatten, wie zuerst behauptet worden war. Sie hatten auch »exekutive« Aufgaben, wie das Bundesinnenministerium schließlich eingestand. Was darunter zu verstehen ist, zeigen Aufnahmen eines französischen CRS-Polizisten, der auf DemonstrantInnen einschlägt. Die hastig von der Polizeiführung nachgeschobene »Nothilfesituation« stellte sich anhand der Fotos als freie Erfindung heraus. Unterschiedlichen Einheiten bei Bundes- und Landespolizei zugeordnet waren Polizisten aus Frankreich, Polen, Kroatien, Tschechien, Russland und der Türkei.[46] Europa wächst zusammen, jedenfalls was Kapitalströme, Sklavenarbeit, Rassismus und Antisemitismus, martialische Flüchtlingsabwehr und staatliche Gewalt angeht. Aber »unser« Problem sind ja die Muslime, ich vergaß.

1. KAPITEL

Die Polizei wollte am Ende nicht gern zugeben, dass entgegen all ihrer Übermacht dieser Castor-Transport dennoch der mit 92 Stunden und 24 Minuten am längsten blockierte aller Zeiten war.

Jürgen Trittin versuchte den Erfolg der Anti-Castor-Aktionen für die Grünen zu vereinnahmen: »Wir freuen uns, dass unsere grüne Mobilisierung zum Castor so viel mehr Menschen als letztes Jahr erreicht hat«.[47] Wie sagte ein Wendländer zu mir? »Wenn sich der Trittin beim Blockieren zu uns gesetzt hätte, hätten wir *ihn* abgeräumt.«

Die Grünen verteilten an ihrem großen Infostand auf dem Kundgebungsgelände auch ihr Faltplakat »Atomkraft tötet«, das unter anderem die Aufforderung enthielt, sich in der grünen Bundesgeschäftsstelle »kostenlos Dein Anti-Atom-Paket [zu] bestellen«, »jetzt« Mitglied der »Anti-Atom-Partei« zu werden und sich von den Grünen »mit allem« versorgen zu lassen, »was Du zum Kampf für den Atomausstieg brauchst«.[48] Ein Sound wie aus der IKEA-Werbung.

In diesem Infoblatt der Grünen steht auch: »Kämpfe mit uns [...] gegen eine [...] profitgierige Politik«.[49] Das gilt nur, wenn CDU und FDP an der Regierung sind. Bei einer rotgrünen Bundesregierung sollte das bitte weder tanzend, sitzend noch stehend ausprobiert werden. Denn unter grüner Verantwortung sind Atommülltransporte verantwortbar, und der Kapitalismus ist lieb.

DIE GRÜNEN SCHOTTERN

2. HYPE UND WIRKLICHKEIT

» Früher hätten Sie mir auf der Wiesn den Sticker vom Dirndl gerissen [...] heute kann ich mich dazu bekennen: Das ist auch meine Wiesn«.[50]

Claudia Roth, Oktoberfest 2010

»Ah, der Gutti!« Claudia Roth, grünes Dirndl, grüne Schuhe, rosa-gelb gestreifte Haare, Sonnenblume und Anti-AKW-Button an der Brust, stieg über die Bierbank und »busselte« Kriegsminister Karl-Theodor Freiherr zu Guttenberg ab. Sie hauten die Bierkrüge aneinander. Roth jubelte über die neuesten Wahlumfragen: 25 Prozent für die Grünen! »Früher«, strahlte Roth, »hätten Sie mir auf der Wiesn den Sticker vom Dirndl gerissen [...] heute kann ich mich dazu bekennen: Das ist auch meine Wiesn«.[51]

In der »Sonntagsfrage« (»Was würden Sie wählen, wenn am Sonntag Bundestagwahlen wären?«) stiegen die Grünen im Bund das ganze Jahr 2010: von 12 Prozent (Januar) über 17 (Juni) und 20 (Oktober) auf schließlich 23 Prozent (November). Im Dezember sanken sie wieder leicht auf 20 Prozent.[52] Auch auf Landesebene boomten die Grünen, hier einige Bundesländer, in denen 2011 Wahlen anstehen:

– in *Hamburg* sprangen sie von 9,6 (Bürgerschaftswahl 2008) auf 21 Prozent[53], als sie im November 2010 die Koalition mit der CDU verließen, inzwischen sanken sie um zwei Prozentpunkte[54];

– in *Sachsen-Anhalt* seit der Landtagswahl von 2006 (3,6 Prozent) auf 9 Prozent im September 2010;

2. KAPITEL

- in *Baden-Württemberg* stiegen sie im Lauf des vergangenen Jahres von 17 auf 28 Prozent[55];
- in *Rheinland-Pfalz* seit der Landtagswahl 2006 von 4,6 auf 16 Prozent;[56]
- in *Hessen* lagen sie im November 2010 bei 23 Prozent[57] (Landtagswahlen 2009: 13,7 Prozent)
- in *Bremen* stiegen sie leicht: seit der Bürgerschaftswahl 2007 von 16,5 auf 19,4 Prozent[58];
- in *Berlin* stiegen sie von 19 Prozent im Dezember 2009 auf 30 Prozent im Oktober 2010[59].

Manche Kommentatoren drehten fast durch. Grüne »beliebt wie nie«[60], »Wohlfühlpartei«[61], »politischer Sehnsuchtsort«[62], »das grüne Wunder«[63], »die Grünen träumen schon vom Kanzleramt«[64]. Die Grünen kolportierten über sich das Bild von PolitikerInnen, die auf dem Teppich bleiben, selbst wenn der fliegt.[65] Ende vergangenen Jahres konnten sich 28 Prozent der baden-württembergischen WählerInnen vorstellen, die Grünen zu wählen, und 51 Prozent fanden den Gedanken an einen grünen Ministerpräsidenten nicht mehr fremd. Bald wird das törichte Bild vom Koch und seinem Kellner wieder die Runde machen, und noch immer wird nicht angesprochen werden, dass die Kneipe anderen gehört.

Am selben Wochenende, als in Gorleben demonstriert wurde, erklärte Renate Künast auf zwei Berliner Parteiversammlungen am 5. und 7. November 2010, dass sie zur Kandidatur für das Amt der Regierenden Bürgermeisterin von Berlin bereitstehe: »Ich setze auf Sieg und ich setze nur auf Sieg!« Es war eine schaurige, pompöse Veranstaltung am 5. November, ästhetisch fest im Griff irgendeiner Webeagentur. Männer in grauen Anzügen klatschten wild. Alle möglichen Verbände und die IHK waren vertreten. Niemand sagte, dass nicht die grünen Mitglieder, sondern die Medien die Kandidatin ausgewählt hatten.

HYPE UND WIRKLICHKEIT

28 Künasts Ehrgeiz ist zu groß, um »nur« Senatorin zu werden. Sie hat 22 Jahre als hauptamtliche Parlamentarierin und vier Jahre als Bundesministerin hinter sich. Unter Regierender Bürgermeisterin von Berlin tut sie es nicht, wenn sie schon nicht Kanzlerin werden kann. Die Strategie ihrer Berater war aufgegangen, die politischen Inhalte waren über den Sommer hinweg im Schatten der ungemein bedeutenden Frage ›Kandidiert sie oder kandidiert sie nicht?‹ verschwunden. Vor der Verkündung ihrer Bewerbung um das Amt hat Künast nicht verraten, was sie und ihre Partei für Berlin planen. Ihr Schweigen stimulierte die grünen Umfragewerte noch. Je unklarer die Aussage, umso größer die Projektionsfläche, selbst für unterschiedliche und gegensätzliche Vorstellungen. Inzwischen ist sie als Spitzenkandidatin ausgerufen, aber was wollen die Grünen in Berlin?

Die Regierende Bürgermeisterin im Wartestand blieb auch bei der Erklärung ihrer Kandidatur erst lau: »Keine Wahlgeschenke«, eine »konsequente Haushaltskonsolidierung«, »Ausgabendisziplin und wirtschaftliche Dynamik«, »Politik im Dialog mit Bürgern«, einen »Aufbruch«.[66]

Die Medien folgten ihr weitgehend. Die *Süddeutsche Zeitung* schaffte es, die Kandidatin auf einer Zweidrittelseite zu porträtieren, ohne dass die LeserInnen eine einzige klare politische Aussage erfahren hätten.[67] Wir erfuhren: »Sie kommt nicht aus einer ideologischen Ecke«, stand aber »weit links«. Sie will einfach »machen«. Den »Verfassungsschutz auflösen zum Beispiel.«[68] Stimmt nicht, das will sie heute ja gar nicht mehr. Wie die Grünen insgesamt wird auch Künast durch die Medien etwas von ihrer Langweiligkeit genommen, indem man auf die vermeintliche Radikalität ihrer frühen Jahre verweist, aber eine allzu genaue Beschreibung des anschließenden Anpassungsprozesses unterlässt. Sie erzählen: *Früher* hat Künast das Gewaltmonopol des Staates infrage gestellt. *Früher* hat Künast linke Demonstranten, Hausbesetzer und Totalverweigerer unter-

2. KAPITEL

stützt. Aber früher waren die Grünen auch noch links, und
die Hoffnung auf eine fortschrittliche Veränderung dieser
Gesellschaft noch nicht von einer konterrevolutionären
Welle überflutet.

In biografischen Erörterungen über Renate Künast wird
gern erzählt, dass sie in autoritären kleinbürgerlichen Verhältnissen aufgewachsen ist, unter denen sie als Mädchen
besonders zu leiden hatte. Wir haben diese Rechtfertigung
eines deshalb gleichsam zwangsläufig rücksichtslosen Auf-
stiegs bei Politikern wie Joseph Fischer und Gerhard Schröder inzwischen zu oft gehört. Umso mehr schätze ich die
Menschen, auch in meinem Freundeskreis, die sich aus ver-
gleichbaren miesen sozialen Verhältnissen befreit haben,
aber eben nicht in Konkurrenz zu anderen Menschen, sondern solidarisch für eine Welt kämpfend, in der es allen besser geht und nicht nur ihnen selbst, ihren nächsten Angehörigen und ihrer politischen oder geschäftlichen Klientel.

In Berlin, schrieb die *Süddeutsche Zeitung*, und deutete
die Verwandlung an, dränge mit Renate Künast eine Generation nach oben, »die früher Häuser besetzt hat, die sie
heute kauft. Eine Generation, die nicht mehr ihre autoritären Eltern anschreit, sondern auf Lehrer schimpft, die zu
wenig Disziplin und Leistung durchsetzen.« Die »Sehnsucht
nach alten Werten« trage »schicke neue Namen« Mit Begriffen wie Nachhaltigkeit verbinden sich »Moral und der
Glanz eines besseren Lebens«, so stecke »das grüne Fieber
auch konservative Lebenswelten an. Unternehmer und Reiche liebäugeln mit den Grünen«.[69]

Uwe Rada erinnerte kürzlich in der *taz* an die Räumung der
besetzten Häuser in der Mainzer Straße im Berliner Bezirk
Friedrichshain im November 1990.[70] An der Regierungsmacht
waren damals SPD und der Landesverband der Grünen, die
AL (Alternative Liste Westberlin). Der Regierende Bürgermeister Momper war verreist, Innensenator Erich Petzold

HYPE UND WIRKLICHKEIT.

30 (SPD) hatte die Amtsgeschäfte übernommen. Im März 1989 hatten Christian Ströbele und Renate Künast das Bündnis mit der SPD als »Jahrhundertchance« bezeichnet. Offensichtlich hatten die beiden grünen Innenpolitiker alles, wirklich *alles* vergessen, was die Linke in Westberlin seit Jahrzehnten mit Regierenden Bürgermeistern, SPD-Innensenatoren, Polizeipräsidenten und Polizeikommandanten erlebt hatte.

Unter den 500 Menschen, die den HausbesetzerInnen zu Hilfe eilten, waren auch Bärbel Bohley und andere DDR-BürgerrechtlerInnen. Am frühen Morgen des 14. November marschierten 3000 Polizisten in die Mainzer Straße. Als eine der ersten wurde Bohley von einem Wasserwerfer weggeschossen. Hubschrauber röhrten über den Dächern, SEK-Einheiten seilten sich von den Dächern an den Fassaden ab und drangen gewaltsam durch die Fenster in die Häuser ein. Die Grünen hatten sich zu Beginn ihrer Koalition verpflichtet, das staatliche Gewaltmonopol anzuerkennen, offensichtlich war mal wieder das damit gemeint. 417 Menschen wurden festgenommen, die Zahl der Verletzten zählte niemand. Momper, zurück aus Moskau, erfand die »blanke Mordlust« der HausbesetzerInnen. Zehntausende demonstrierten wütend. Die Grünen kündigten die Koalition auf. Alles andere hätten ihre WählerInnen damals noch nicht verkraftet.

Der Schock führte in den folgenden Jahren dazu, dass es Verträge für einige besetzte Häuser gab. Auch diese Legalisierung war eine Voraussetzung für den Prozess der Gentrifizierung im Stadtteil Friedrichshain. Uwe Rada: »Manchmal aber brennen in der Gegend Autos. Auch damit müsste sich eine Regierende Künast befassen. Kürzlich haben die Hauptstadtgrünen ein Mehrheitspapier dazu verabschiedet: Gegen linke Gewalt.«[71]

Renate Künast und die Berliner Grünen, die in den achtziger Jahren einer der am weitesten links stehenden Landesverbände der Partei waren, sind heute bereit, mit der SPD, aber

2. KAPITEL

auch mit der CDU zu koalieren. Künast, Vorstandsmitglied **31** des *Förderkreises politische Rhetorik und Kommunikation*[72], wiegelte Spekulationen über ein Ende der schwarz-grünen Option nach dem Ausstieg der Grünen aus der CDU/Grünen-Koalition Ende November 2010 in Hamburg ab: »Wir müssen zur Zeit keine Koalitionen schmieden, sondern grüne Inhalte vertreten. (…) Wir wollen stärkste Kraft werden. (…) Es ist klar, dass wir die größte Schnittmenge mit der SPD haben. Aber die Lehre aus Hamburg hat wenig mit Schwarz-Grün zu tun.«[73] In den meisten Interviews kommt Renate Künast mit solchem Lavieren durch. »In den meisten« sage ich nur aus Höflichkeit, ich kenne nämlich keinen Journalisten, der ihr das Geeiere nicht hat durchgehen lassen.

Seit vier Jahren betreiben die Grünen in der Bezirksverordnetenversammlung von Steglitz-Zehlendorf ein Bündnis mit der CDU. Dorthin lud die CDU den grünen Tübinger Oberbürgermeister Boris Palmer 2009 zum Vortrag ein, und der sagte unter Beifall: »Der ökologische Umbruch in der Wirtschaft [ist] leichter mit der CDU zu erreichen«.[74] Ein Jahr später schrieb die *taz*: »Ein Bündnis mit der CDU ist inzwischen auch beim linken Flügel des Landesverbands […] kein Tabu mehr.«[75] Es geht voran.

Eberhard Diepgen, der frühere Regierende Bürgermeister der CDU, hält heute Schwarz-Grün für möglich: »Bei der Fülle der Aufgaben gibt es genug Gemeinsamkeiten für ein Regierungsprogramm und die dann notwendigen Prioritäten.« Schwarz-Grün müsse »eine reale Chance werden«.[76] Die stellvertretende Berliner CDU-Chefin, Monika Grütters, sagte, sie habe schon immer »mit schwarz-grünen Bündnissen geliebäugelt«. Volker Kauder, Vorsitzender der CDU/CSU-Bundestagsfraktion, antwortete auf die Frage, ob Künast oder Wowereit der bessere Regierende Bürgermeister wäre: »Ein Wechsel würde Berlin sehr gut tun.«[77]

HYPE UND WIRKLICHKEIT

32   Ende 2010 sanken die Umfragewerte für Renate Künast von 30 Prozent auf 27 bzw. 25 Prozent, Anfang 2011 auf 24 Prozent[78]. Sie hatte vage Zweifel an der langfristigen Zukunft des Gymnasiums geäußert[79], die Größe und den absehbaren Lärm des Großflughafens Berlin-Schönefeld[80] bemängelt und sie hatte laut über Tempo 30 in Wohngebieten nachgedacht[81]. Alles nur moderate Forderungen und längst grün-bürgerlicher Mainstream, die Reaktionen aber zeigen, wie konservativ die neuen SympathisantInnen der Grünen sind. Aber falls die Grünen bei der Wahl im September 2011 auf dem zweiten Platz hinter der SPD landen, wären sie immer noch stärker als die CDU, und Renate Künast könnte Regierende Bürgermeisterin einer Grünen/CDU-Koalition werden, die erste grüne Landeschefin, falls es nicht Winfried Kretschmann vor ihr gelingt.

Renate Künast betont fortlaufend: »Die höchste inhaltliche Schnittmenge haben wir mit der SPD«.[82] Aber die SPD ziert sich ein bisschen, der Regierende Bürgermeister Klaus Wowereit griff die Grünen als »Abstauber-Partei« an,[83] weil er sich darüber ärgerte, dass unpopuläre Entscheidungen der rot-grünen Bundesregierung wie die Agenda 2010 allein der SPD angelastet werden, und er sagte noch, die Grünen seien die Klientelpartei für Besserverdiener. Ganz ehrgeizige Politikerin und in alter reaktionärer Tradition antwortete Künast: Klaus Wowereit solle »etwas ruhiger sein und Arbeiten gehen«. – »Geh doch rüber« kann sie ja nicht mehr sagen.[84]

Sie bemängelte an der Berliner Landeskoalition, Rot-Rot schwatze viel, packe aber nicht an, wie es die Grünen »bei erneuerbarer Energie und Lebensmittelwirtschaft bewiesen« hätten.[85] Frank-Walter Steinmeier, Ex-Außenminister und heute Fraktionsvorsitzender der SPD im Bundestag, bezeichnete das Verhältnis zwischen SPD und Grünen als »freundschaftliche Konkurrenz«.[86] Künast erwiderte: »Partnerschaftliche Konkurrenz – das trifft es, dabei soll es bleiben«.[87]

2. KAPITEL

Renate Künast markiert gern die Kernige, die ihre Hemds- **33**
ärmel aufkrempelt und zupackt. Kein Wort mehr gegen den
Kapitalismus und eine für Mensch und Natur zerstörerische
Lebensweise, dafür viel neobourgeoises Geplapper von »strategischem Konsum« und von der »Macht des Verbrauchers«,
deren Grenzen man schnell erkennt, wenn man über die soziale Frage nachdenkt. Selbstverständlich hat der Verbrau-
cher in Grenzen »Macht«, solange wir die armen Verbraucher-
Innen übersehen, deren Geldbeutel leider keinen Spielraum
für »strategische Konsumentscheidungen« erlaubt.

Im Herbst 2010 hielt Renate Künast in Berlin eine Rede:
»Dieses Land muss man umbauen! Wir müssen anders leben!
Anders essen! Anders produzieren! Anders transportieren!
Aber wir leben in einer blockierten Gesellschaft.«[88] Und:
»Wir haben uns das Recht auf Demonstrations- und Meinungs-
freiheit genommen, jetzt kapern wir uns auch die Parteien.«[89]
Und: »Was an Werkzeugen zur Verfügung steht, benutzen
wir.«[90] Dass damit auch eine Koalition mit der CDU gemeint
sein kann und eine innige Kooperation mit dem Kapital,
kam wohl keinem der jungen ZuhörerInnen aus Alternativ-
projekten in den Sinn. Dann äußerten doch noch ein paar
Leute Kritik: »Der Bundestag ist doch […] eine krass abge-
schottete Parallelwelt, das ist für mich nicht attraktiv«,
sagte ein junger Mann. Die Bloggerin einer Klima-Plattform
aber spitzte die Sache zu: »Veränderung schafft man nicht
nur im Dialog, sondern auch in der Konfrontation«. Ein kluger Satz, eine zentrale Einsicht in die Methode zur fort-
schrittlichen Veränderung einer Gesellschaft. Aber Renate
Künast watschte die junge Frau ab: »Hört sich gut an, aber
ist nicht zu Ende gedacht!«[91]

Beim Hype um Wahlerwartungen wird gern vergessen, dass
es sich nicht um die Prozentsätze der Wahl*berechtigten* sondern um die der Wahl*bereiten* handelt. Auffällig selten wird
die Zahl der *Nicht*wählerInnen veröffentlicht, dabei handelt

HYPE UND WIRKLICHKEIT

34 es sich hierbei um die größte Fraktion: 36 Prozent aller Befragten waren es im November 2010 (genauer: Nichtwähler-Innen, Unentschlossene und nicht Antwortende).[92] Wahl-umfragen bilden also nicht die *Einstellungen* der Gesellschaft ab, wie grob auch immer, sondern lediglich die vermutliche Entscheidung der *Wählenden*.

Vielleicht hat die Ignoranz gegenüber denjenigen, die das Angebot zu schlecht finden, um überhaupt etwas zum Wäh-len zu finden, auch damit zu tun, dass sich die Gewählten am Ende, auch wenn vielleicht nur 60 Prozent der Wähler-Innen zur Wahl gegangen sind, stets 100 Prozent der »Beute« teilen.

»Die Grünen sind einfach die Oppositionspartei, die derzeit am wenigsten falsch macht. Sie sind auch längst in jeder Hinsicht in der Mitte der Gesellschaft angekommen« – Ist das dort, wo Sarrazins Bücher gekauft werden? – »und wer-den von einer immer breiteren Wählerschicht als akzeptable Wahlalternative wahrgenommen. Im Übrigen ziehen sie auch Unmutsstimmen an«, sagte der Politologe Ingolfur Blüh-dorn.[93] Im Jahr 2003 hatten die SPD und die Grünen, mit jeweils überwältigenden Parteitagsmehrheiten von rund 80 bzw. 90 Prozent, die Demontage des Sozialstaats beschlossen. Blühdorn: »Mit der Agenda 2010 hatten die Regierungs-Grünen den Anschluss an die Parteibasis verloren. Dass sie sich ab 2005 wieder um den Anschluss an die soziale Basis und an die sozialen Bewegungen bemühten, war strategisch richtig.«[94] Und lebensnotwendig für eine Partei, die keine Oppositionspartei sein will und kann, denn 2005, nach der Niederlage bei den Bundestagswahlen, waren die Grünen in keiner einzigen Landesregierung mehr vertreten. Sie galten »als politisch tot […] im Osten schienen sie dauerhaft chan-cenlos zu sein, auch nur in die Landtage zu kommen.«[95] Die CDU/FDP-Regierung habe, so Blühdorn weiter, den Grünen mit der weiteren Verlängerung der Laufzeiten für

Atomkraftwerke »eine Steilvorlage« geboten, sie »in ihrem Gründungsmythos und in das Herzstück ihrer Identität« getroffen. »Merkels Atompolitik bietet den Grünen eine einmalige Mobilisierungschance.«[96]

Woher kommt der *Umfrage*erfolg der Grünen? Sie sind in vielen Fragen unscharf. Die alten Schandtaten scheinen vergessen. Solange sie jetzt nichts Unsympathisches tun, halten einige sie offensichtlich für glaubwürdig, das ist eine der härtesten Währungen in der Politik. Aber was die Stärke der Grünen zu sein scheint, verwandelt sich nach einer Wahl, sofern sie in einer Regierung landen, zu ihrem Nachteil. Sobald die Grünen Entscheidungen treffen müssen, verlieren sie Wählerstimmen oder stürzen sogar regelrecht ab, weil sie einem der Teile ihres Klientels weniger vormachen können.

Was den Grünen unbedingt nützt, ist, von der CDU attackiert zu werden. Wenn CSU-Chef Horst Seehofer ruft: »Entlarvt die Grünen, demaskiert sie!«[97], und wenn Angela Merkel »böse auf die Grünen einprügelt« und schwarz-grüne Optionen »Illusionen und Hirngespinste«[98] nennt, dann kommt das den Grünen wie gerufen. Es lässt sie linker erscheinen als sie sind. Das hat ein bisschen Ähnlichkeit mit dem für die SPD günstigen »Anti-Strauß-Effekt« von 1980 nach den bleiernen Jahren der SPD/FDP-Regierung und dem »Deutschen Herbst« von 1977. Ein richtig schöner Krach mit der CDU oder der CSU mobilisiert die grüne Anhängerschaft, macht ihren graugrünen Alltag noch einmal aufregend. Wir müssen damit rechnen, dass sich diese Inszenierung durch das ganze Wahljahr 2011 ziehen wird, sie ist einfach zu verführerisch und zu leicht zu haben, und es lässt sich so schön viel damit überdecken.

Es gibt KommentatorInnen, die reden, als hätten sie 25 Jahre auf dem Mars verbracht. Sie sagen: Wir wissen ja nicht, was sie tun werden, lasst sie doch erst einmal regieren. Das ist

HYPE UND WIRKLICHKEIT

36 eine sonderbare Pose, denn die Grünen waren ja schon an der Regierung. Ziemlich oft sogar: Sieben lange Jahre im Bund (1998–2005), elf Jahre in Nordrhein-Westfalen (1995–2005, seit 2010), zehn Jahre in Hessen (1985–1987, 1991–1999), neun Jahre in Schleswig-Holstein (1996–2005), sechs Jahre in Hamburg (1997–2001, 2008–2010), vier Jahre in Niedersachsen (1990–1994), vier Jahre in Sachsen-Anhalt (1994–1998), vier Jahre in Bremen (seit 2007), zwei Jahre im Saarland seit 2009 und zwei Jahre in Berlin (1989–1990, 2001–2002). Das macht zusammen rund 59 Jahre Regierungserfahrung.

Es ist ganz in ihrem eigenen Interesse, dass manche Medien so tun, als seien die Grünen neu und unerfahren und als sei es ungeheuer »spannend«, wie sie sich verhalten würden, wenn sie endlich einmal mitregieren dürften. Das bleibt das staatstragende Geschäft und es überblendet, dass die Medien über wirklich wichtige politische und ökonomische Hintergründe oft nicht berichten und stattdessen zur Unterhaltung und Verblödung des Publikums, zur Ablenkung und für die Steigerung der Quoten Kleinkram zum Drama aufblasen müssen. Deshalb wohl stehen diesen 59 Regierungsjahren bisher keine adäquaten kritischen Analysen gegenüber.

Überall haben ihre ersten WählerInnen erfahren müssen, dass die Grünen zentrale Positionen verraten und Wahlversprechen gebrochen haben. Viele Linke und kritische Menschen haben daraus schon lange ihre Lehren gezogen. Andere aber hängen noch der Illusion nach, bei den Grünen handele es sich um eine halbwegs linke, ökologische, irgendwie auch soziale Partei. Natürlich gibt es hier und dort Grüne, Individuen und manchmal auch kleine Gruppen an der Basis, auf die das eine oder andere dieser Merkmale sogar zutrifft. Die Partei braucht solche Leute und Zirkel und sie nutzt sie, solange sie zentrale Regierungsentscheidungen nicht stören.

2. KAPITEL

Auf eine komplizierte Weise sind die Grünen einerseits nur noch eine Partei wie jede andere, es gelingt ihnen andererseits aber geschickter als allen anderen Parteien, als etwas zu erscheinen, was sie nicht sind. Die Grünen sind in Wirklichkeit ebenso gefesselt von Kapitalinteressen und von den »Sachzwängen« des Machterhalts, wie andere bürgerliche Parteien auch, und in Aufsichtsräten, Regierungen und Parlamenten treiben sie die Ausbeutung von Mensch und Natur voran. In den 59 Jahren ihrer Regierungsbeteiligungen sind sie konservativ, mitunter reaktionär geworden, auch wenn sie gelegentlich auf der Straße noch die Opposition geben, oft gegen Entscheidungen, die sie selbst (mit)getroffen haben.

Eine ähnliche Hysterie um die Grünen gab es 1998 schon einmal. Damals wollten viele nach 16 Jahren CDU-Regierung und nach 28 Jahren FDP-Co-Regierung *irgendeine* andere Regierung. Jüngere Leute kannten keinen anderen Kanzler als Helmut Kohl. Und die Fixierung auf die Illusion, dass die eigentliche Macht im Parlament liegt, war und ist stark.

So erhielten SPD und Grüne bei der Bundestagswahl am 27. September 1998 zusammen eine knappe Mehrheit, mit der kaum noch jemand gerechnet hatte. Die Grünen bekamen mit 6,7 Prozent zwar noch weniger Stimmen als 1994 (7,3 Prozent), aber es genügte, weil die SPD auf 40,9 Prozent gestiegen war.[99]

Wie schlecht war die Stimmung vor der Wahl gewesen! Abgenutzt in jahrelangen Landeskoalitionen schien eine rot-grüne Koalition »als politische Perspektive schon abgeschrieben, glanzlos«[100].*(Der Spiegel)* Jetzt brach eine Besoffenheit aus, die KritikerInnen wegputzen sollte: SPD und Grüne kamen »in einem Moment zusammen, in dem sie sich fast auseinandergelebt hatten [...] Endlich dabei! Nun braucht es auch gar kein Projekt. Einen amtierenden Kanzler loswerden, und noch dazu Helmut Kohl, war schon Projekt genug.«[101] *(Die Zeit)*

HYPE UND WIRKLICHKEIT

38   Der Wahlsieg, die vielen neuen Jobs für FreundInnen, die Mandate, Ämter, Personal, die Privilegien und Einflussmöglichkeiten wirkten wie ein Jungbrunnen. »Die Müdigkeit der späten Kohl-Ära gehört der Vergangenheit an«[102], eine »neue Leichtigkeit«[103] sah die *taz*; das Haus- und Hofblatt von Rot-Grün war beglückt, »dass nach langer Blockade […] nun die politische Energie wieder frei fließen«[104] konnte. Michael Rutschky drohte gleich allen KritikerInnen: »Verderbt uns nicht die Party«.[105] Der *stern* sah eine »rote«[106], der *Spiegel* eine »neue Republik«[107], die *Zeit* immerhin einen »Kulturbruch«[108]. Bis »ins tiefste Bürgertum« zeige sich laut *taz* »eine Sehnsucht nach Aufbruch, Neubeginn und zündenden Ideen«.[109] Hört sich das heute nicht bekannt an?

Fast am dollsten trieb es die inzwischen verstorbene Mythologin des 20. Juli 1944, die damalige Herausgeberin der *Zeit*, Marion Gräfin Dönhoff, der die heutige *Bild*-Kommentatorin Alice Schwarzer 1996 eine Biografie aus Dienstmädchenperspektive gewidmet hatte. Marion Dönhoff schien sich nach rot-grünen Führern zu sehnen: »Seit Jahren haben wir darauf warten müssen, daß nach einem der seltenen großen Umbrüche jemand das Steuer in die Hand nehmen und den Weg weisen würde […] Jetzt geht's los!«[110] Die Grünen ein Störfaktor für das bürgerliche Lager? Ach was, sagte Dönhoff: »Viele meinen, die Grünen werden unrealistische Ziele verfolgen, der SPD das Regieren schwermachen, die Entwicklung hemmen. Aber das dürfte eine übertriebene Sorge sein. Der Sachzwang, la nature des choses, wie de Gaulle das nannte, ist in diesem Moment stärker als die Ideologie.«[111]

Das gelangweilte Bürgertum war fasziniert von der Vorstellung, dass mit Joseph »Joschka« Fischer ein ehemaliger »Straßenkämpfer« und Taxifahrer Außenminister wurde. Erstens war das fast so romantisch wie die Sache mit Tellerwäscher und Millionär und zweitens fiel etwas Glanz auf einen selbst zurück – waren die Deutschen nicht plötzlich ungeheuer mu-

2. KAPITEL

tig und unkonventionell? Es fiel kaum auf, dass sich außer **39**
ein paar dumpfen Stammtischen kaum jemand wirklich darüber erregte, dass mit Otto Schily ein einstiger »Terroristen-
anwalt« und ehemaliger grüner Abgeordneter als SPD-Minister für die »innere Sicherheit« zuständig wurde[112] und mit
Jürgen Trittin ein einstiges Mitglied des Kommunistischen
Bundes (KB) Umweltminister. »Kein Schrei durchdrang die
Stille; die Ära Kohl endet im Land des Lächelns [...], alles geht
gedämpft und höflich, fast freundschaftlich vonstatten«[113],
staunte die *Frankfurter Allgemeine Zeitung*.

Aber der Weg führte statt in eine »demokratische Revolution« in den ersten Krieg Deutschlands nach der Befreiung
vom NS-Faschismus. Wer nicht zur rot-grünen »Party« gehörte, den überrollte unter Umständen die Agenda 2010
und Hartz IV. Die Gesundheitsversorgung wurde schlechter,
was sicher nicht nur daran lag, dass die grüne Gesundheitsministerin Andrea Fischer später fähig war, für die Pharma-
Industrie – u. a. für die Bayer AG – zu arbeiten und an un-
lauteren Marketingstrategien mitzuwirken.[114] Das Asylrecht
wurde faktisch abgeschafft, der Weg in den Polizeistaat as-
phaltiert, die Renten gekürzt, der Zugang für Arbeiter- und
Migrantenkinder zu den Hochschulen verengt. Die »Revolution« bestand in der Zerschmetterung des Sozialstaats und
begründete die Verelendung vieler Menschen von heute
und von morgen. Den verheißungsvollen »Neubeginn«, den
Interessierte ausgerufen hatten, gab es in Gestalt von Steu
ersenkungen für das Kapital, für Gutverdienende und Reiche. An »zündenden Ideen« fehlte es Rot-Grün auch nicht.
Sie warfen Bomben auf Jugoslawien und bauten Abschiebe-
knäste auch für Kinder. »Frei fließen« durften Kapital, Rüstungsexporte und Atomenergie.
  Man braucht also nicht scheinheilig herumzurätseln, was
die Grünen tun werden, man muss nur betrachten, was sie getan haben, als sie in der »Regierungsverantwortung« waren.

HYPE UND WIRKLICHKEIT

3. WEHRT EUCH, LEISTET WIDERSTAND

CDU und SPD über die Anti-AKW-Bewegung:

» **Der harte Kern besteht aus reinen Terroristen, ja sogar Verbrechern.**«[115]
Gerhard Stoltenberg (CDU), Ministerpräsident von Schleswig-Holstein, Februar 1977

» **Man sollte weniger von Chaoten als von Terroristen sprechen.**«[116]
Hans-Jochen Vogel (SPD), Bundesjustizminister, Februar 1977

Wenn CDU-PolitikerInnen den Grünen heute vorwerfen, dass sie »in die Anti-AKW-Bewegung der achtziger Jahre«[117] zurückfallen, ist das ungewollt komisch und die finstere Absicht offenkundig, ausgerechnet den biederen Grünen *Radikalität* zu unterstellen. Der Vorwurf macht sie interessanter, die Grünen wissen das und empören sich dann noch ein bisschen, und prompt sieht die *Frankfurter Allgemeine Zeitung* die Partei »mit der Straße« drohen: »Die Fußtruppen stehen bereit«[118]; die *Frankfurter Rundschau* glaubt einen »Kulturkampf« samt »Schützengraben« zu beobachten.[119]

Sonderbar. Die Anti-AKW-Bewegung der *siebziger* Jahre war in ihrer Gesamtheit deutlich radikaler, militanter und besser organisiert als die der achtziger Jahre. Sie ist die stärkste Wurzel der Grünen. Warum wird sie ihnen nicht zum Vorwurf gemacht? Weil es zu lange her ist? Eher unwahrscheinlich, denn die Außerparlamentarische Opposition (APO) ist noch älter, und wie tobten die Debatten anlässlich des 40. Jubiläums von »68«! Warum also wollen

3. KAPITEL

weder die Grünen noch ihre konservativen GegnerInnen et- **41**
was von der Anti-AKW-Bewegung der siebziger Jahre wissen und was hat das mit den heutigen Grünen zu tun?

Der große Anti-Atom-Aufstand entstand ab 1969 im Drei-
ländereck von Schweiz, Frankreich und Deutschland gegen
geplante Atomkraftwerke in Kaiseraugst (Schweiz), Fessenheim und Gerstheim (Frankreich) und Wyhl (Deutschland).
Die erste Anti-AKW-Demonstration überhaupt fand am
12. April 1971 im französischen Fessenheim statt. Die Proteste verbanden sich rasch mit denen gegen das Blei-
chemiewerk in Marckolsheim (Frankreich). Zuerst hatte die
baden-württembergische Landesregierung ein AKW in der
südbadischen Stadt Breisach bauen wollen, aber da gab es
gleich Ärger (1972: 65 000 Einsprüche), also schob man es
nach Wyhl, was sollte in einem Dorf schon passieren? Ähnlich war es in Mannheim und Ludwigshafen: Dort wollte der
Chemiekonzern BASF zwei Atomkraftwerke mitten im Bal-
lungsraum errichten. Betreiber und Politiker entschieden,
die Anlagen lieber in eine dünner besiedelte Region zu stellen, um das »Restrisiko«, die Zahl der Krebskranken und
Toten im Fall eines Unfalls, zu mindern. Heute steht 20 Kilometer nördlich von Mannheim das Atomkraftwerk Biblis.
   Doch die WinzerInnen und BäuerInnen von Wyhl wurden rebellisch. Sie befürchteten Klimaverschlechterungen
durch die Nebelwolken der Kühltürme, Veränderungen des
Mikroklimas und Schäden für ihre Ernten. Es wurde bekannt, dass die CDU-Regierung unter Ministerpräsident Filbinger zusätzliche 13 AKWs bauen lassen wollte, fünf allein
zwischen Mannheim und Basel. Frankreich wollte am Ober-
rhein weitere sechs AKWs bauen und dazu noch neue
Atomkraftwerke auf der Schweizer Seite! Das Rheintal sollte
von Karlsruhe bis Basel als Industriezone freigegeben werden, erholen sollten sich die Menschen nur noch an den
Hängen und in den Seitentälern der Rheinebene.

WEHRT EUCH, LEISTET WIDERSTAND

42   Das AKW Fessenheim haben wir nicht verhindern können, aber die Atomkraftwerke Kaiseraugst, Gerstheim und
Wyhl sowie das Bleiwerk in Marckolsheim wurden nie gebaut.

Viele Aktionsformen, die wir heute kennen, stammen aus
der Anti-AKW-Bewegung, die damals entstand. Natürlich
hatte sie sich manches bei der Außerparlamentarischen Opposition der Jahre 1964 bis 1969 abgeschaut, so wie die APO
ihre Vorbilder in der Anti-Atomwaffen-Bewegung und in
den antifaschistischen Auseinandersetzungen der fünfziger
und frühen sechziger Jahre fand. Eine solche Vielfalt von
witzigen, aufklärerischen, radikalen, militanten Aktionen
und politischen wie künstlerischen Ausdrucksformen wie
in der Anti-AKW-Bewegung gab es bis dahin in der Bundesrepublik allerdings nicht. Und was diese neue Widerstandskultur zu etwas sehr Besonderem machte, war, dass sie von
Anfang an über die nationalen Grenzen schaute und internationale Solidarität praktizierte.

In jedem Ort waren es erst mal nur eine Handvoll Leute,
die sich, wie sie sagten, aus der Haltung des Untertanen in
den aufrechten Gang erhoben. Kein Gottvertrauen in und
keine Bittbriefe an Politiker mehr. Die Proteste der jungen
Leute in den Städten ein paar Jahre zuvor waren auch an
ihnen nicht spurlos vorübergegangen. Gelerntes geht nach
Niederlagen nicht verloren, sondern hilft, wenn es gut läuft,
nächste Widerstands- und Subkulturen auszubilden, so
dass diese vorbereitet sind, wenn ihre Zeit kommt, die Gesellschaft zu verändern.

Die ökologische und die Atomfrage gehörten wie die Frauen-
frage zu den von der alten Linken und der APO vernachläs-
sigten Themen. In Teilen der traditionellen Linken ist das
bis heute so. Der geschätzte marxistische Philosoph Ernst
Bloch hoffte 1959, dass die Atomenergie »in anderer Maschi-

3. KAPITEL

nerie als der der Bombe, in der blauen Atmosphäre des Friedens, aus der Wüste Fruchtland, aus Eis Frühling« mache. »Einige Hundert Pfund Uranium und Thorium würden ausreichen, die Sahara und die Wüste Gobi verschwinden zu lassen, Sibirien und Nordkanada, Grönland und die Antarktis zur Riviera zu verwandeln. Sie würden ausreichen, um der Menschheit die Energie, die sonst in Millionen von Arbeitsstunden gewonnen werden mußte, in schmalen Büchsen, hochkonzentriert, zum Gebrauch fertig darzubieten.«[120]

Wie die übergroße Mehrheit der Bevölkerung sah auch die Linke bis Anfang der siebziger Jahre in der »Kernenergie« eine nützliche, fortschrittliche Technik. Das änderte sich dann sehr schnell. Um nicht an die Atombombenabwürfe von Hiroshima und Nagasaki zu erinnern, deren grausame Folgen Bücher wie Robert Jungks *Heller als 1000 Sonnen* (1956) bekannt gemacht hatten, nannten die AKW-Betreiber die Stromproduktion durch Atomkraftwerke »Nutzung der Kernenergie zu friedlichen Zwecken«. Als *Kern*kraftwerke sollten *Atom*kraftwerke an Kirschkerne erinnern, an alles, bloß nicht an Atombomben. Ähnlich ist das heute mit der Kernfusion, der Atomfusionsenergie.

Wir lernten, soweit wir es nicht schon wussten, die Obrigkeit abzuschütteln, das eigene Leben in die Hand zu nehmen, Autoritäten infrage zu stellen, den Staat nicht mehr als neutrale Instanz zu betrachten, sondern als Interessenvertreter des Kapitals.

Wer wollte warum Atomkraftwerke bauen? Wem nützten sie? Warum verseuchte man Mensch und Natur mit Radioaktivität, nur um Wasser zu erhitzen? Gab es nicht Sonnen- und Windenergie?, fragten wir und bauten sogar Modelle und wurden doch als »Maschinenstürmer« und »Technikfeinde« fertiggemacht.

WEHRT EUCH, LEISTET WIDERSTAND

44 Zu den WinzerInnen und BäuerInnen gesellten sich Student-
Innen aus Freiburg. Sie fanden heraus − so etwas wurde an
Universitäten nicht gelehrt −, dass bei der Atomenergienutzung die Gefahr einer Kernschmelze und eines *Größten An-
zunehmenden Unfalls* (GAU) bestand. Es würde mich nicht
überraschen, wenn sich in den Quellen ihrer Arbeiten Spuren der Arbeiten kritischer US-WissenschaftlerInnen finden ließen. Ihre Erkenntnisse gingen in die juristischen
Auseinandersetzungen um das Atomprogramm mit ein.

Zwei Dutzend Bürgerinitiativen aus Marckolsheim, Fessenheim und Wyhl verbündeten sich und stellten als *Ba-
disch-Elsässische Bürgerinitiativen*[121] im Juli 1974 ihre erste
Großdemonstration auf die Beine. Am 18. Februar 1975 besetzten 200 Menschen den Bauplatz für das geplante AKW
Wyhl. Die Polizei verscheuchte sie und zog einen Stacheldrahtzaun. Fünf Tage später kamen 28 000 Menschen wieder, die
jetzt dem bisher größten Polizeiaufgebot gegenüberstanden −
aber diesmal verjagten sie die Polizei und rissen den Zaun
nieder. Der baden-württembergische Ministerpräsident Filbinger sagte wütend: »Wenn dieses Beispiel Schule macht, ist
dieses Land nicht mehr regierbar.«

Höchst profitable Pläne wie die der Atommafia brauchen
eine angemessene Propaganda und Angstmacherei. Also
sagte der staatliche Vertreter ihrer Interessen, eben jener
Ministerpräsident Filbinger auch: »Ohne das Kernkraftwerk
Wyhl werden zum Ende des Jahrzehnts in Baden-Württemberg die ersten Lichter ausgehen.«[122] Das entspricht der heutigen Drohung mit angeblich *unausweichlich* ansteigenden
Energiepreisen. Später ging Filbingers politisches Licht aus,
als herauskam, dass der »furchtbare Richter« Ende des
Zweiten Weltkrieges mindestens vier Todesurteile verhängt
hatte, eines davon gegen einen jungen Deserteur.[123]

AtomkraftgegnerInnen sicherten den Bauplatz am Kaiserstuhl, bauten das legendäre *Freundschaftshaus* und richte-
ten die *Volkshochschule Wyhler Wald* ein. Hier wurde gefei-

3. KAPITEL

ert, geschult, gestritten und gelernt. Die Lieder von Walter **45** Mossman vermitteln eine Ahnung von der politischen Kultur jener Zeit, seine Lieder über Solidarität, über die Arbeiterbewegung und ihre Verbindung zur Umweltbewegung[124], den Widerstand gegen die Junta in Chile[125] und der Blick nach Gorleben[126]. Mit politischer Musik, Flugblättern, Zeitungen und dem *Freien Radio Dreyeckland* wurde geschaffen, was wir so dringend brauchten: eine von den Interessen von Staat und Kapital unabhängige kritische *Gegen*kultur und *Gegen*öffentlichkeit.

Unsere Themen erweiterten sich andauernd. Drei Monate zuvor war im norditalienischen Seveso die Chemiefabrik Icmesa, eine Tochter des Chemiekonzerns Hoffmann-La Roche, explodiert und hatte viele Menschen mit Dioxin verseucht und die Gesichter von Kindern mit Chlorakne verätzt.

Die Bundesregierungen trieben, egal ob die große CDU/SPD-Koalition unter Kurt Georg Kiesinger und Willy Brandt (1966–1969), die SPD/FDP-Koalition unter Willy Brandt (1969–1974) oder die SPD/FDP-Koalition unter Helmut Schmidt (1974–1982), den Ausbau eines gewaltigen Atomprogramms voran. Mit allen Mitteln. Die Anti-AKW-Bewegung sorgte sich bald nicht mehr nur um ihre physische Gesundheit, sondern um ihre demokratischen Rechte und um die von einem repressiven, inhumanen *Atomstaat* – so hieß Robert Jungks Buch von 1977 – bedrohte Freiheit. Wir waren zu unserem eigenen Nutzen gezwungen, uns immer intensiver mit weit über die technischen Details der Atomproduktion hinausgehenden politischen und ökonomischen Fragen zu beschäftigen. Wer hatte ein Interesse am Atomprogramm? Wie war das mit der angeblich rein zivilen Atomenergieproduktion für die Herstellung von Atomwaffen?

Als Schülerin hatte mich die APO inspiriert; im Umfeld studentischer Basisgruppen in den verschiedenen Städten, wo

WEHRT EUCH, LEISTET WIDERSTAND

46 ich studierte, Heidelberg, Hamburg, Freiburg, hatte ich mich dann weiter politisiert. Eine Zeit lang lebte ich in Detroit (1971) und in Glasgow (1973/74). Die Begegnungen mit der Black-Power-Bewegung, mit sozialen Problemen der USA, die schottische Solidarität für die Opfer des Militärputsches in Chile und meine Verwicklung in die Unterstützung des *miners strike*, in die monatelangen Auseinandersetzungen der Bergarbeiter und ihrer Familien in Glasgow und im schottischen Fife, die 1974 zum Sturz einer Tory-Regierung führten, beeindruckten mich tief. Ein Leben ohne politisch aktiv zu sein, konnte ich mir nicht mehr vorstellen.

Nach meiner Rückkehr nahm ich von Bielefeld aus an diversen linken Projekten teil, an internationalistischer Solidarität, an der *Aktion gegen das Abtreibungsverbot*, eine Zeit lang war ich im *Sozialistischen Büro* (SB) aktiv, bis ich seine reformistische Anfälligkeit nicht mehr ertrug.[127] Im Oktober 1976 fuhr ich mit vielen anderen nach Brokdorf.

Was war der Inhalt des bundesdeutschen Atomprogramms?
– Die bescheidenste Planzahl lag Anfang der siebziger Jahre bei 90 Atomkraftwerken. Karl Winnacker, Präsident des Deutschen Atomforums und Vorstandsvorsitzender der Farbwerke Hoechst (heute Teil des Pharmakonzerns Sanofi-Aventis), berechnete im September 1965 für das Jahr 1980 einen Bedarf von 90 und für 1985 einen von 128 Atomkraftwerken.[128]
– Zu Zeiten der SPD/FDP-Bundesregierung, 1974, sah das Bundeswirtschaftsministerium, verantwortlich für die Fortschreibung des Energieprogramms, vor, dass bis 1985 in einem ersten Schritt 50 AKWs gebaut werden sollten.[129]
– Andere Quellen gehen für die beginnenden siebziger Jahre von einem langfristigen Bedarf von über 400 AKWs aus.[130]

3. KAPITEL

- Eine Studie der Kernforschungsanlage Jülich vom Juli **47** 1975, im Auftrag des Bundesinnenministeriums, kalkulierte mit bis zu 598 Atomreaktoren im Jahr 2050.[131]
- Der CDU-»Sachverständige«, der badische Professor Wolf Häfele, Projektleiter Schneller Brüter im Kernforschungszentrum Karlsruhe und Mitglied im Deutschen Atomforum, wurde von niemandem als größenwahnsinnig verschrien, als er einen Kapitaleinsatz in Höhe von vier Billionen US-Dollar in den nächsten zehn Jahren verlangte, um weltweit zusätzliche 2000 Atomkraftwerke zu bauen.[132]

Atomkraftwerke sollten in der Regel 20 bis 25 Jahre laufen, mehr würde das Material nicht aushalten.

Heute laufen 17 Atomkraftwerke, das älteste, Biblis A, wird bei Erscheinen dieses Buches 36 Jahre alt sein. Jedes einzelne AKW ist eines zu viel, jedes einzelne ist eine lauernde, bereits im störfallfreien ›Normalbetrieb‹ krebserregende Atombombe.

Dass mehr als 70 Atomkraftwerke verhindert wurden, ist nicht den Grünen, sondern dieser ersten Anti-AKW-Bewegung zu verdanken. Die Grünen haben auch zu ihren linken Zeiten in den achtziger Jahren nicht ein einziges AKW verhindert, aber sie haben das Atomprogramm wenigstens gebremst, den Anti-AKW-Widerstand solidarisch unterstützt und nicht wie die Grünen im Jahr 2000 die AKW-Laufzeiten verlängert oder den Atomkonzernen Betriebssicherheit garantiert.

Die Anti-AKW-Bewegung der siebziger Jahre veränderte die Einstellung der Menschen, zuerst kritischer und linker Kreise und dann einer gesellschaftlichen Mehrheit — bis heute. Wie groß der Erfolg dieser außerparlamentarischen Bewegung war und wie tief sie in die Gesellschaft hineinwirkte, ist heute vergessen und soll auch vergessen bleiben.

WEHRT EUCH, LEISTET WIDERSTAND

48   Und genau deshalb wollen die Grünen nicht an diese Wurzel ihrer Partei erinnert werden. Und genau deshalb will auch kein anderer Politiker an diese Bewegung der Siebziger erinnern, nicht einmal um die Grünen zu ärgern. Denn dann käme wieder ins Gedächtnis, dass eine Bewegung, wenn sie das meiste richtig macht und die historischen Umstände günstig sind, Erfolg haben kann, ohne einen einzigen Bundestagsabgeordneten auf ihrer Seite oder irgendeine Regierungsbeteiligung, ganz ohne Staatsgelder, nur aus eigener Kraft.

Wir kämpften gegen das gesamte Atomprogramm, gegen alle Arten von Atomanlagen, ob AKW oder Atommülldeponie oder Schneller Brüter, ob in Grafenrheinfeld, Brokdorf, Grohnde, Hamm, Philippsburg, Biblis oder Gorleben. Wie die APO waren wir eine gesellschaftliche Minderheit. Innerhalb von wenigen Jahren gelang es dieser Minderheit aber mit wissenschaftlicher Selbstqualifizierung und einer ausstrahlungsstarken Widerstandskultur die öffentliche Meinung zu beeinflussen und in einem komplizierten Wirkungsgeflecht direkt und indirekt– geht man vom »bescheidensten« der oben genannten Atom-Pläne aus –, mindestens mehr als 70 Atomkraftwerke zu verhindern. Dabei spielten uns die steigenden Kosten für Atomanlagen in die Hände, die wir durch unseren Widerstand wiederum erhöhten. Diesen Erfolg errangen wir als staats- und kapitalunabhängige gesellschaftliche Gegenmacht. Das war eine Lehre fürs Leben.

6000 bis 8000 AtomkraftgegnerInnen demonstrierten am 31. Oktober 1976 gegen den plötzlichen Baubeginn des Atomkraftwerks Brokdorf und besetzten den Bauplatz nahe des kleinen Dorfes an der Unterelbe in Schleswig-Holstein. Noch in derselben Nacht räumte uns die Polizei mit Hunden und Tränengas ab. Es gab viele verletzte Demonstranten. Der *Norddeutsche Rundfunk* (NDR) war damals in den Augen

3. KAPITEL

der CDU eine »Stimme der Revolution«, weil er als SPD-nah galt. In den NDR-Nachrichten wurde die »unfassbare Brutalität« der Polizei angeprangert.

Sie waren zu weit gegangen. Diese Brutalität war ein Funke, der Wind drehte sich. Die Zahl der Anti-AKW-Gruppen explodierte. Bald waren es Tausende im ganzen Land. Brokdorf 2 folgte im November 1976, diesmal waren wir 40000 Demonstranten und gut organisiert. Der Bauplatz sollte »zur Wiese« werden. Die Auseinandersetzung auf den weiten Wiesen der Wilstermarsch erinnerte an ein altertümliches Schlachtenbild. Brokdorf 3 folgte am 19. Februar 1977 mit etwa 70000 Menschen. Es gab bald Tausende von hochaktiven Anti-AKW-(Bürger)Initiativen im Land.

Wir organisierten uns immer effektiver. Unsere politische Kritik wurde grundsätzlicher und systemkritischer. Die da zusammenkamen, meinten ihren Protest nicht »symbolisch«, wie es Teile der Anti-AKW-Bewegung heute tun. Wir wollten Atomkraftwerke ernsthaft verhindern und vorhandene stilllegen, und zwar sofort. Wir hatten keine Minister, weder in Turn- noch in Maßschuhen. Niemand lobte uns tot. Unsere Stärke bezogen wir aus unserer Unabhängigkeit von Staats- und Parteiapparaten und vom Kapital. Die Bewegung war sich bewusst, dass sie (noch) eine gesellschaftliche Minderheit war. Wir vertrauten uns selbst, waren durch keinen »Dialog«, keinen »runden Tisch«, kein *Mediations*verfahren und keine *Meditation* zu befrieden. Wir galten auf das angenehmste als »politikunfähig«, wie Systemoppositionelle stets genannt werden, weil sie sich nicht anpassen wollen, weil sie wissen, dass sie nur so diese Gesellschaft verändern können.

Wir waren rund 20000 AKW-GegnerInnen, organisiert in Bürgerinitiativen aus Niedersachsen, Nordrhein-Westfalen, Hamburg, Bremen und anderen Orten und bereiteten uns über Wochen sehr präzise auf die nächste Bauplatzbesetzung vor – in Grohnde. Der Ort liegt südlich von Hameln

WEHRT EUCH, LEISTET WIDERSTAND

in Niedersachsen. »Wir« waren Leute aus verschiedenen linken Strömungen, darunter Antiautoritäre, Undogmatische, AnarchistInnen, KommunistInnen, SozialistInnen, Gewaltfreie, Militante sowie alle Schattierungen dazwischen, Konservative gab es hier nur am Rand.

Als stärkste organisierte Gruppe war der *Kommunistische Bund* (KB) aus Hamburg dabei, manchmal nervte er uns mit seinen Dominanzversuchen, aber seine Leute waren zuverlässig und einige waren als Betriebsräte in Hamburger Großbetrieben verankert wie zum Beispiel der spätere Bundesvorsitzende der Grünen Rainer Trampert, Betriebsrat bei Texaco. Der KB war ein Produkt der Lehrlingsbewegung der APO der sechziger Jahre, eine von den bürgerlich-akademischen APO-ChronistInnen gern übersehene Bewegung.

Wir wollten das Atomprogramm beenden, aber mit dem Bau der Atomkraftwerke Brokdorf, Krümmel und Unterweser war bereits begonnen worden, und der Bau weiterer Reaktoren in Philippsburg, Grafenrheinfeld, Grundremmingen und anderswo stand bevor. Immerhin, das Verwaltungsgericht Freiburg hatte ein paar Tage vorher die Teilerrichtungsgenehmigung für das AKW Wyhl einkassiert.

Wir wollten das Atomprogramm unbedingt und vollständig beenden. Das bedeutete: Am 19. März 1977 wollten wir in Grohnde die Auseinandersetzung mit der Polizei gewinnen. Wir wollten den Platz besetzen und ihn besetzt halten. Dafür bereiteten wir uns auf Konferenzen in offenen Debatten und in vertraulichen Gruppentreffen vor. »Militärische Präzision« unterstellte uns der *Spiegel* später, was natürlich albern war. Der niedersächsische Innenminister Rötger Groß meinte: »Da muß ein intensives Planspiel stattgefunden haben, spontan kann das nicht mehr gewesen sein.« Ein bisschen mehr als ein Planspiel war es schon.

Es wurde die bis dahin militanteste Anti-AKW-Demonstration in der Bundesrepublik. Wir testeten gewissermaßen

die Grenzen aus. Wir hatten uns darauf sehr gut vorbereitet. **51**
Es gab eine vollkommen autonome Infrastruktur. Eine gewählte Demonstrationsleitung, gewählte Vertrauensleute,
die sich über CB-Funk koordinierten, Krad-Melder, die die
Lage und das Gelände auskundschafteten und Sanitäter. Es
war selbstverständlich, dass wir während der Demonstration Ketten bildeten, keine Lichterketten, sondern Ketten
von Menschen, die sich gegenseitig Schutz boten und Stärke
vermittelten.

Wir hatten die seit der »Schlacht in der Wilstermarsch«
in Brokdorf übliche Ausrüstung zu unserem Schutz dabei:
Bau- oder Motorradhelme (letztere sind vorzuziehen) zum
Schutz vor Polizeiknüppeln, gelbe Öljacken gegen Wasserwerfer, Schutzbrillen, Gasmasken, Tücher und Zitronensaft
gegen das Gas (taugt nichts), Schutzpolster um Gelenke und
Knochen, manche hatten Schutzschilde aus allem möglichen
Material dabei, Mülltonnendeckel zum Beispiel. Und damals
konnte man mit einer WC-Saugglocke noch ein Polizei-
schutzschild abgreifen, ich hab's nicht ausprobiert.

Nicht zu unserem Schutz, sondern damit »der Bauplatz
wieder zur Wiese« wurde, führten wir auch Drahtscheren,
Bolzenschneider, Trennschleifer, Schweißbrenner, Haken-
krallen, Seile und anderes Werkzeug mit uns. Alle, die aktiv
werden wollten, trugen auf ihren Helmen oder Jacken Auf-
kleber mit den Abkürzungen ihrer Städte: Unser »BI« stand
für Bielefeld, »HH« für Hamburg und so weiter, aufgeteilt
hatten wir uns in Gruppen mit Ziffern, also »H [Hannover]
8« oder »HB [Bremen] 13«. Auf diese Weise würden wir am
Bauplatz effektiv und schnell sein.

Unsere Demo lief außerordentlich zügig durch Kirchoh-
sen (der Bauplatz lag zwischen Grohnde und diesem Dorf),
an einer kleinen Kundgebung rechtskonservativer bis öko-
faschistischer AKW-Gegner vorbei, ich erinnere mich noch,
wie uns einer vom *Weltbund zum Schutz des Lebens* verdat-
tert hinterherschaute. Diese Blut-und-Boden-Atomgegner-

WEHRT EUCH, LEISTET WIDERSTAND

Innen, die sich um die »Erbgesundheit des deutschen Volkes« sorgten, nahmen wir nicht ernst.

Wir liefen zielstrebig auf den Bauplatz zu.

Dann war da auf der Straße plötzlich eine Polizeisperre. *Der Spiegel* schrieb: »Und im Bewußtsein ihrer ganzen Stärke sprangen die Demonstranten mit der Polizei wie Polizisten um. ›Wir fordern die Polizei auf, die Straße freiwillig freizugeben.‹«[133] Wir sollen die Polizei dreimal aufgefordert haben, ich erinnere mich nicht mehr. Jedenfalls überrannten wir sie. »Ein in dieser Dimension sicherlich bisher einmaliger Fall in der Geschichte der BRD«, schrieb der *Arbeiterkampf*, die Zeitung des KB.[134]

Etwa 4000 bis 5000 Polizisten waren im Einsatz, auch der paramilitärische Bundesgrenzschutz, der hier – wo war hier eine Grenze außer der üblichen zwischen unten und oben und zwischen denen und uns? – gar nicht hätte eingesetzt werden dürfen. Da waren auch Zivilpolizisten, die uns bespitzelten und gar nichts kapierten, wenn man hört, was sie später berichteten: Um ein Haar wäre ein Verbot der Partei KBW *(Kommunistischen Bund Westdeutschland)* beantragt worden, weil der Staat ihn mit der Organisation KB verwechselte.

Die PreussenElektra, der Bauherr des AKW, glaubte, sie hätte für 1,8 Millionen D-Mark einen sicheren Stacheldrahtzaun um das Gelände gezogen. Es war ein widerlicher Zaun, an dem man sich verletzten konnte, aber damit hatten wir gerechnet. Deshalb die Wurfanker und die Seile. Mit Megaphonen koordinierten wir unsere Aktionen, wer sägen sollte, wer schützen, wer die Seile ziehen und wer die Wasserleitung für die Wasserwerfer zerstören sollte. Die Aufgaben waren verteilt. Wir lachten schallend, als eine Polizeistimme durchsagte: »Wir fordern die friedlichen Demonstranten auf, sich von den Verbrechern zu trennen!« Diese Sprache kannten wir inzwischen zur Genüge. Wir rissen eine Lücke

3. KAPITEL

von mehreren Metern Breite in den inneren und den äußeren Metallzaun.

Aber die Platzbesetzung scheiterte. Im Verborgenen hatte ein großer, wenn nicht der größere Teil der Polizisten gelauert, die jetzt vom Gelände und von verschiedenen Ackerseiten auf uns losjagten und ein paar Dutzend berittene Polizisten, die über die Äcker in die Fliehenden galoppierten und mit ihren Knüppeln wie mit Poloschlägern auf Köpfe einhieben.

Es gab mehr als hundert Verletze, einige sehr schwer. Medien schrieben von einem »Massaker«. Ich sah Menschen mit Platzwunden, gebrochenen Knochen, mit ausgeschlagenen – oder ausgetretenen – Zähnen. Einem von ihnen machte man später den Prozess, weil er einen Polizisten durch dessen Stiefel ins Bein gebissen haben sollte. Es gab viele Prozesse an vielen Orten.

Die niedersächsische CDU-Regierung und die SPD/FDP-Bundesregierung wussten ganz genau, warum sie auf jeden Fall eine erneute erfolgreiche Bauplatzbesetzung hatten verhindern wollen, gleichgültig, wie viele von uns sie dafür niederknüppeln mussten. Denn wo Platzbesetzungen gelangen, bestand die reale Chance, dass es zu Zeitverzögerungen beim AKW-Bau kam. Und dieser Zeitgewinn wirkte sich inzwischen immer offensichtlicher für unsere Argumente aus, sie wogen schwerer. Die gesellschaftliche Diskussion wurde immer heftiger. Immer mehr sehr bürgerliche Menschen in völlig verschiedenen sozialen Milieus teilten inzwischen unsere Ablehnung und viele waren sogar einverstanden mit unserer Radikalität. Anti-Atom-Zweifel drangen selbst in die Köpfe von Richtern ein, so dass sie etwas offener für unsere Bedenken wurden.

Eine außerparlamentarische Bewegung hatte binnen weniger Jahre mit ungewohnten Aktionsmethoden einer Minderheit zur Mehrheit verholfen. – Sagte ich schon, dass wir

54 viele Aufklärungsveranstaltungen machten, Texte schrieben, internationale wissenschaftliche Konferenzen organisierten und mit den Leuten in der Nähe der Standorte diskutierten, wann immer wir konnten? Dass wir schließlich in linke Gewerkschaftskreise vorgestoßen waren, wo endlich die »Atomkraft schafft Arbeitsplätze«-Lüge nicht mehr zog? Dass wir Theater spielten und unsere »eigene« Musik hatten, nach wie vor Walter Mossmann. Dann die Gruppe *Kraftwerk*, die später wegen der Atomkatastrophe von Harrisburg (1979) ihren 1975 erschienenen populären Song »Radio-Aktivität« änderte. Die Gruppen *Druckknöpfe* (»Kein KKW in Brokdorf«, »Evakuierung«) und *Roter Kaktus* (»Stoltenberg-Lied«, »Das Lied der Sargtischler«) spielten auf besetzten Plätzen und Veranstaltungen.

Es durfte, sagte der Staat, keine weiteren Erfolge geben, keine mobilisierenden Beispiele, der Widerstand sollte Niederlage um Niederlage erleiden, zerbrechen und schließlich ganz zerschlagen werden. Es standen nicht mehr nur einzelne Atomanlagen auf dem Spiel, sondern das ganze Atomprogramm.

Ein ganz besonderes Einzelprojekt war erst kürzlich vorgestellt worden, ein zentrales atomares Endlager und »Nukleares Entsorgungszentrum«. Innenminister Groß sagte nach der Demonstration in Grohnde: In *Gorleben* »wird zu einem unbestimmten Termin die *Entscheidungsschlacht* geschlagen.« Die tobt noch immer.

Im Schatten der Großereignisse in Brokdorf und Grohnde wurde am 12. März 1977 zum ersten Mal in Gorleben demonstriert. Drei Wochen zuvor hatte der niedersächsische Ministerpräsident Ernst Albrecht (CDU) das Dorf zum Standort für ein »Nukleares Entsorgungszentrum« erkoren, er glaubte in einer dünn besiedelten, wirtschaftlich rückständigen Region dicht an der DDR-Grenze könne nichts passieren.

3. KAPITEL

Nach Grohnde traten wir einen Schritt zurück und reflektierten unsere Auseinandersetzung mit dem Atomstaat und unsere Aktionsformen. Der Stand der polizeilichen Aufrüstung, gesetzlich, waffentechnisch und ideologisch war so weit fortgeschritten, dass wir in der direkten physischen Konfrontation nicht weiter kamen.

Wir unterschieden, wie Teile der APO zehn Jahre zuvor, zwischen Sachbeschädigung und Gewalt gegen Personen. Bis heute ist es ein Zeichen der Schwäche einer Bewegung, wenn es der Gegenseite gelingt, diese Unterscheidung zu verwischen und ihr die »Gewaltdiskussion« aufzuzwingen.

Wir besannen uns auf unsere Vielseitigkeit, ohne unverbindlich oder symbolisch zu werden, wie die Religiös-Gewaltlosen, denen es vor allem um ihr Seelenheil und nicht um tatsächliche Veränderungen ging. Grohnde zeigte uns, »dass es im Kampf gegen die staatliche Macht auch Grenzen gibt, wenn keine Menschenleben gefährdet werden sollen«[135], denn das war und blieb unsere Grenze: keine Gewalt gegen Menschen. Die Gruppen, denen ich angehörte, warfen weder früher Molotowcocktails auf Polizisten noch später Bomben auf Belgrad.

Mit ein paar Hundert Leuten kam ich Mitte Juni wieder, wir besetzten das Gelände, auf dem die Kühltürme heute stehen, und gründeten das Anti-Atomdorf Grohnde. Unser Bürgermeister hieß »Genscher« und war ein Hausschwein, das zu viel zu Fressen kriegte. 200 Arbeiter der AKW-Baustelle schickten einen Brief an Gewerkschafter und niedersächsische Politiker, es könne »doch wohl nicht im Sinne eines Rechtsstaats sein, wenn eine Horde arbeitsscheuer und verkommener Menschen, die sich Naturschützer nennen und angeblich in Bürgerinitiativen tätig sind ...«, und so weiter, und so fort. In einem Nachbardorf bildete sich eine Bürgerwehr. Aber es kamen auch freundliche ältere Menschen aus den Dörfern, brachten Nahrungsmittel und selbstgebackenen Kuchen. Und wenn wir eine polizeiliche

WEHRT EUCH, LEISTET WIDERSTAND

56 Räumung befürchteten, kamen aus einem Umkreis von hundert Kilometern Hunderte von FreundInnen. Die grauen Männer, die manchmal ums Dorf schlichen und fotografierten, verscheuchten wir.

Die Anti-AKW-Bewegung war so stark geworden, und auch unsere »gewaltfreie Militanz« fand so breite Unterstützung, dass sie dem autoritären Sicherheitsstaat zur Gefahr zu werden schien. Auch vermeintlich brave BürgerInnen distanzierten sich nicht mehr von Bauplatzbesetzungen oder Blockaden gegen Atomkraftwerke und später nicht einmal mehr vom Strommasten-Sägen.

Die Anti-AKW-Bewegung wurde die größte, breiteste und zugleich radikalste Massenbewegung der Bundesrepublik. Der Staat nutzte die Gelegenheit seiner Auseinandersetzung mit der bewaffneten *Rote Armee Fraktion* (RAF), die Anti-AKW-Bewegung anzugreifen. Es war das Jahr 1977, wir steuerten, was wir noch nicht wissen konnten, auf den Deutschen Herbst zu.

Der schleswig-holsteinische Ministerpräsident Gerhard Stoltenberg (CDU) hetzte gegen die Anti-AKW-Bewegung: »Der harte Kern besteht aus reinen Terroristen, ja sogar Verbrechern.«[136] Bundesjustizminister Hans-Jochen Vogel (SPD) stimmte zu: »Man sollte weniger von Chaoten als von Terroristen sprechen.«[137] Die SPD unter dem polizeistaatsverliebten Bundeskanzler Helmut Schmidt setzte einen zügigen Abbau demokratischer Rechte und einen Ausbau der Polizeibefugnisse und -waffen durch.

Wir waren mit einer SPD/FDP-Bundesregierung konfrontiert, die einen Bürgerkrieg gegen oppositionelle BürgerInnen und gegen Linke führte. Wir wollten keine Atomkraftwerke, mehr Demokratie und den drohenden Polizeistaat verhindern, aber keineswegs irgendeinen »bewaffneten Kampf« aufnehmen wie die RAF. Das wusste die Gegenseite. Aber die Situation war für den Staat einfach zu günstig.

3. KAPITEL

Ende Juli 1977 reisten meine Freunde und ich ins französische Malville zu den Protesten gegen den geplanten *Superphénix*, dem größten Schnellen Brüter der Welt. Dort erwarteten uns kasernierte Spezialeinheiten der französischen Polizei, die CRS, die uns in den Camps überfielen und zusammenschlugen und uns auf den Wiesen mit Tränengasgranaten und den eigentlich verbotenen Sprenggranaten (»Offensivgranaten«) beschossen. Vital Michalon, einem französischen Lehrer, wurde durch eine solche Granate die Lunge zerrissen, er starb. Drei andere Menschen verloren je eine Hand und einen Fuß.[138]

Acht Wochen später, am 24. September 1977, wollten zwischen 80 000 und 100 000 Menschen am Niederrhein gegen den im Bau befindlichen Schnellen Brüter in Kalkar demonstrieren, den Termin hatten wir im April auf einer BI-Konferenz festgelegt. Der Schnelle Brüter sollte die Nutzung der Atomenergie »verunendlichen«. Mitten in der Hochphase unserer Vorbereitungen, am 5. September, entführte die RAF den Arbeitgeberpräsidenten Hanns-Martin Schleyer. Die Demonstration wurde verboten. Wir verzichteten wegen der Aufrüstung des Staates schweren Herzens auf die Platzbesetzung, aber nicht auf die Demonstration, zu der wir aus Nordrhein-Westfalen bundesweit aufriefen.

Nur etwa 50 000 bis 60 000 Menschen kamen durch. Überall in der Bundesrepublik wurden wir von martialischen Polizeisperren aufgehalten. Unsere Bürgerrechte wurden von der SPD/FDP-Bundesregierung und von der nordrhein-westfälischen SPD-Landesregierung außer Kraft gesetzt. Sie stoppten im ganzen Land unsere Busse, sperrten Autobahnen und hielten Maschinenpistolen im Arm. Es soll mehr als 140 000 Personenkontrollen gegeben haben. Es war das größte Polizeiaufgebot der Nachkriegszeit. Der Staat nutzte das Ereignis für eine bundesweite Bürgerkriegsübung und probierte die Notstandsgesetze aus, gegen die sich die

WEHRT EUCH, LEISTET WIDERSTAND

APO gewehrt hatte. Hubschrauber des Bundesgrenzschutzes stoppten einen Zug von Duisburg nach Kleve auf freiem Feld. Bundesgrenzschützer und Polizisten mit Schlagstöcken, Gasmasken, Tränengasabschussgeräten und Maschinenpistolen umstellten den Zug. Wer so aussah, wie Polizisten sich AKW-GegnerInnen vorstellten, wurde aus dem Zug geworfen. Wir gehörten zu denen, die durchgekommen waren, trotz Busdurchsuchungen, Beschlagnahmungen, Festnahmen, Maschinenpistolen. Noch auf dem Weg zur Wiese des Bauern Maas, einem Atomkraftgegner, flogen sie im Tiefflug mit großen BGS-Hubschraubern über unsere Köpfe, landeten, verprügelten uns und flogen wieder davon. Der Polizeistaat war längst nicht mehr abstrakt.Trotz allem: Es wurde unsere bis dahin größte Demonstration gegen Atomanlagen. Aber es wurde auch der größte und enthemmteste Polizeieinsatz, den wir je in Deutschland erlebt hatten.

Es war eine höchst widersprüchliche Situation. Unsere Erfolge waren unübersehbar: Die Zahl der Anti-AKW-(Bürger) Initiativen war in der ganzen Bundesrepublik explodiert, und die meisten waren explizit links und staatskritisch. Viele Genehmigungsverfahren für AKWs wurden aufgegeben oder scheiterten. Wyhl schien schon am Ende, in Brokdorf war der Bau unterbrochen. Der Umfang des Atomprogramms war eingedampft. Die meisten der ursprünglich geplanten Atomanlagen würden nicht mehr gebaut werden können. Aber es war noch nicht vorbei. Die gesetzliche Bedingung für den Betrieb von Atomkraftwerken, ein »atomares Endlager«, existierte nicht.

Es gab nicht nur blutige, sondern auch sehr nachdenklich gewordene Köpfe. Das Ausmaß, in dem der Staat zuschlug, erregte weit über die Linke hinaus Empörung und auch weit über die westdeutsche Grenze. Im westeuropäischen Ausland wuchsen die Sorgen über den »SPD-Sicherheitsstaat«. SoziologInnen befassten sich mit der »Legitimations-

3. KAPITEL

krise« des Staates und dem revolutionären Potenzial von Bürgerinitiativen. Atomkonzerne und Staat ließen uns erforschen, um zu ergründen, wie man uns spalten und befrieden könne. Die Distanz unserer Bewegung zur SPD und unser gesellschaftlicher Einfluss waren so immens, dass Helmut Schmidt 1980 nur mit einem Gegner wie Franz Josef Strauß, dem reaktionären CSU-Atomwaffen- und Verteidigungsminister als dem (vermeintlich) »viel größeren Übel«, wiedergewählt werden konnte.

Der »Bürgerkrieg von Kalkar« veränderte vieles. Das gesellschaftliche Klima wurde auch durch die Umstände der Entführung des Arbeitgeberpräsidenten Hanns-Martin Schleyer verschärft. Ein von der Verfassung nicht vorgesehener *Krisenstab* unter Leitung von Bundeskanzler Helmut Schmidt wurde eingerichtet, an dem auch die Spitzen von CDU, CSU und FDP teilnahmen und in dem Ideen, einer Diktatur würdig, wie »Internierungslager«, »Repressalien gegen Angehörige der RAF-Gefangenen« und die Wiedereinführung der Todesstrafe diskutiert wurden und Franz-Josef Strauß »standrechtliche Erschießungen« vorschlug.[139]

Viele AtomkraftgegnerInnen verloren den Mut, sich einem derart ideologisch und technisch hochgerüsteten *sozialdemokratischen* »Sicherheits«staat in den Weg zu stellen und zogen sich zurück. Eine kleine Gruppe hielt es für eine Perspektive, nun auch den »bewaffneten Kampf« aufzunehmen, obwohl es in der Bundesrepublik keinerlei gesellschaftliche Grundlagen für revolutionäre Bestrebungen solcher Art gab. Die meisten Linken wollten sich weder unterwerfen noch resignieren noch in die Gewaltfalle des Staates tappen, so berieten wir über politische Alternativen.

Daraus entstand ab 1978 die keinesfalls widerspruchsfreie Beschäftigung mit der »Wahlfrage«. Meine FreundInnen und ich kamen aus der ausdrücklich anti-parlamentarischen

WEHRT EUCH, LEISTET WIDERSTAND

60 Tradition der antiautoritären Linken. Wir führten heftige Diskussionen. Es ging erst einmal überhaupt nicht um die Gründung einer Partei, sondern nur um die Frage der Wahlbeteiligung von bunten, grünen und alternativen Listen. Aber nur als *zusätzliche* Option zu unseren außerparlamentarischen Aktivitäten, denn die waren unser »Standbein«, die Basis. Parlamentarische Arbeit sollte bloß das »Spielbein« sein, das allein keinen Halt hat.

Wir bestritten nicht, dass diejenigen langfristig recht haben könnten, die uns vor den Mechanismen der Integration warnten, weil parlamentarische Arbeit die an ihr Teilnehmenden vielfältigen Anpassungsmechanismen aussetzt. Wir sahen nach dem Deutschen Herbst einfach wenig andere Alternativen, diese Nachkriegsgesellschaft radikal zu verändern. Wir wollten Zeit gewinnen, geschützte Räume für zentrale Diskussionen erobern und wir hofften auf neue politische Möglichkeiten.

Ab Mai 1977 waren vereinzelt erste Linke, Grüne und Alternative in Gemeindeparlamente und Kreistage eingezogen. Die Hamburger *Bürgerinitiative Umweltschutz* (BUU) war der Dachverband vieler norddeutscher Bürgerinitiativen, er veranstaltete seinen Wahlkongress vier Wochen nach Kalkar, am 21. Oktober 1977. Die *Grüne Liste Umweltschutz* (GLU) in Hannover den ihren am 16. November 1977 und die *Grüne Liste Hessen* (GLH) einen am 13. März 1978 in Offenbach. Ich lebte seit Anfang des Jahres in Frankfurt am Main. Alle linken Zeitungen (damals gab es noch viele) und alle linken Zirkel befassten sich auf die eine oder andere Weise mit der »Wahlfrage«.

Für mich und meine FreundInnen spielte auch eine Rolle, heute fast vergessen, dass sich Nazis der ökologischen Frage zu bemächtigen versuchten und erwogen, ihre Blut-und-Boden-Ideologie und völkische Erbgesundheit in eine grüne Partei zu überführen.

3. KAPITEL

Im März 1978, ein Jahr nach Grohnde, traf sich der bis dahin größte Wahlkongress in Hamburg. 500 Delegierte aus 200 Initiativen (darunter etwa 50 Anti-AKW-Initiativen) gründeten die linke *Bunte Liste – Wehrt Euch! Initiativen für Demokratie und Umweltschutz* (BuLi), die im Juni 1978 mit 3,5 Prozent den größten Wahlsieg in einer Großstadt einfuhr und zwei Mandate in der Bezirksversammlung des Stadtteils Eimsbüttel eroberte. Die rechte Konkurrenz, die *Grüne Liste Umweltschutz* (GLU), in der auch Rechtsextreme mitarbeiten durften, erhielt nur ein Prozent.[140] Die *Grüne Liste Umweltschutz* (GLU) Niedersachsen war dort konkurrenzlos und gewann 3,9 Prozent der Stimmen. Nebenbei hatten einige von uns in Frankfurt noch die *Bürgerinitiative gegen Atomanlagen* gegründet, zu deren erster Veranstaltung nahezu 1000 Menschen kamen und deren Nachfolger, der *Arbeitskreis gegen Atomanlagen Frankfurt* (AK), heute noch existiert. Wir veranstalteten 1977 und 1978 sozialistische Umweltkongresse und Konferenzen, die sich kritisch mit Chemiekonzernen auseinandersetzten.

Von Flensburg bis Starnberg stritten Anti-AKW-Initiativen und Feministinnen, AntimilitaristInnen, HausbesetzerInnen und InternationalistInnen darüber, ob eine bundesweite Partei eine Unterwerfung unter den bürgerlichen Staat war oder als neue politische Waffe taugte, um die bundesdeutsche Gesellschaft radikal zu verändern. Bald gab es in vielen Städten alternative, bunte oder grüne Listen. In Hessen beispielsweise entstanden gleich drei grüne Listen: die erwähnte links-alternative *Grüne Liste Hessen* (GLH), die bürgerliche *Grüne Liste Umweltschutz* (GLU) und die rechtskonservative *Grüne Aktion Zukunft* (GAZ), deren Gründer Herbert Gruhl war. Alle scheiterten bei der Wahl. Eine grüne Partei würde nur eine Chance haben, wenn sich Bürgerliche und Linke einigten. Dass ein solcher – aus heutiger Sicht sonderbarer – Gedanke überhaupt aufkam, lag nicht

WEHRT EUCH, LEISTET WIDERSTAND

nur am Deutschen Herbst, sondern auch an den positiven Erfahrungen, die manche Linke und manche Wertkonservative in der Anti-AKW-Bewegung miteinander gemacht hatten.

Die *Alternative Liste Westberlin* (AL) erzielte am 18. März 1979 mit 3,7 Prozent einen Achtungserfolg. In Bayern trat ein Bündnis, angeführt von der GAZ und der *Aktion Unabhängiger Deutscher* (AUD) zum ersten Mal unter dem Namen *Die Grünen* an. Ähnliches geschah, erweitert um AnthroposophInnen, in Baden-Württemberg, wohingegen in Nordrhein-Westfalen ein eher rechter Landesverband aus GAZ und GLU gegen viele bunte und alternative Listen in den Städten stand.

Bis dahin war der Prozess sehr stark von den Linken und Alternativen bestimmt worden. Aber zur Europawahl im Juni 1979 entschied sich das bürgerliche und konservative Lager für die Teilnahme an der Wahl. Wir Linken hatten kein Interesse – an *Europa* zwar schon, aber an einem europäischen Parlament? Das war uns zu abgehoben und bedeutete doch bloß die Förderung des Supermachtgedankens, der uns widerwärtig war. Wie recht wir hatten, wissen wir heute. Also beteiligten wir linken Grünen und Bunten Listen uns nicht an dieser Wahl.

Die Bürgerlichen und Konservativen traten als *Sonstige Politische Vereinigung Die Grünen* (SPV Die Grünen) an, auf der KandidatInnenliste standen unter anderen Petra Kelly, Herbert Gruhl, Baldur Springmann, Carl Amery und Joseph Beuys. Sie gewannen 3,2 Prozent der Stimmen und erhielten 4,5 Millionen D-Mark Wahlkampfkostenrückerstattung, das trieb die »Wahlfrage« voran und wurde die Anschubfinanzierung für die neue Partei.

Allein wäre diese Strömung nicht weit gekommen. Die meisten von ihnen hatten keine jahrelange Verankerung in den Bürgerinitiativen. Sie kamen aus nationalliberalen Kleinpar-

3. KAPITEL

teien wie der bayerischen *Aktion Unabhängiger Deutscher* **63**
(AUD), aus anthroposophischen Zirkeln, aus der SPD. Baldur Springmann war ein knallrechter Biobauer aus Schleswig-Holstein, von dem wir noch nicht wussten, dass er auch Mitglied der SA, der SS und der NSDAP gewesen war. Aber wir wussten genug, um ihn und Herbert Gruhl, den späteren Gründer der ÖDP, der in seinen Büchern für die notfalls gewaltsame Auslöschung »überzähliger Bevölkerungen« im Trikont plädiert, aus der Partei zu drängen.

Ja, sie brauchten uns. In einer Reihe von Konferenzen und komplizierten Diskussionen entschied sich eine Mehrheit der Bunten und Linken dafür, bei den Grünen mitzumachen. Wir hatten natürlich den Plan, mit den Grünen ein eindeutig links-emanzipatorisches Projekt zu schaffen.

In Baden-Württemberg, Rheinland-Pfalz, Saarland, Bayern, Hessen und Bremen wurden 1979 die ersten Landesverbände der Grünen gegründet. Zum ersten Mal zogen Grüne im Oktober 1979 mit 5,1 Prozent in Bremen in ein Landesparlament ein, eine eher bürgerliche Fraktion, aber unterstützt von Linken wie Rudi Dutschke, der sich unserem Projekt rasch genähert hatte. Die linke *Alternative Liste für Demokratie und Umweltschutz* in Bremen erhielt darüber hinaus noch 1,4 Prozent.

Auf der Bundesversammlung der *SPV Die Grünen* am 3. und 4. November 1979 in Offenbach nahmen die Delegierten der Bunten und der Alternativen Listen teil. Die konservativen Grünen wollten nur einen Teil der Linken und alle KommunistInnen oder solche, die sie dafür hielten, raushalten. Aber es gab keinen Unvereinbarkeitsbeschluss. Ein *Beratungskongreß für Alternative, Bunte, Grüne, BIs und Linke* diskutierte am 16. Dezember 1979 in Frankfurt am Main. Man war sich nicht einig. Einige wollten harte Bedingungen stellen. Thomas Ebermann sagte später: »Ich war dafür, ohne Vorbedingungen bei den Grünen mitzumachen und so eine Dynamik

WEHRT EUCH, LEISTET WIDERSTAND

64 zu befördern.«[141] Und dynamisch wurde es. Es traten so viele Linke bis zum Stichtag am 20. Dezember 1979 ein – dieser entschied über die Zahl der Delegierten beim Gründungsparteitag –, dass die Mitgliederzahl noch vor der Gründung von rund 2500 auf über 10 000 hochschnellte.

Im undogmatischen linken Kreis meiner FreundInnen glaubten wir, dass der Parlamentsbetrieb diese neue Partei, die ja ein kompliziertes Bündnis war, bald sehr stark unter Anpassungsdruck setzen würde. Man lese nach, wie Rosa Luxemburg über die Sozialdemokraten im Badischen Landtag spottete. Ich vermute unsere späteren Gegner, die Realos, wissen bis heute nicht, dass wir uns einige Maßregeln, die wir in der neuen Partei durchsetzten, bei der Pariser Kommune von 1871 abgeschaut hatten. Keine Partei, auch keine linke, besaß demokratische Strukturen wie diese neuen Grünen: Trennung von Amt und Mandat, Rotation, kein Abgeordneteneinkommen höher als ein Facharbeitergehalt, also Abgabe von Diäten. Kein Vorsitzender, sondern gleichberechtigte Sprecherinnen und Sprecher. Frauenquote. Das Verbot, Ämter anzuhäufen sowie Aufsichtsratsposten und Beraterverträge anzunehmen. Kreis- und Landesverbände erhielten in vielen Fragen Autonomie. Alle Sitzungen waren öffentlich. Einfache Mitglieder konnten sich direkt in Programmdiskussionen einmischen.

Es ist ein Mythos, dass diese basisdemokratischen Strukturen später abgeschafft werden mussten, weil sie die politische Arbeit störten. Sie wurden beseitigt, weil sie *wirkten* und weil sie die *KarrieristInnen* behinderten.

Am Wochenende des 12. und 13. Januar 1980 platzte die Karlsruher Stadthalle fast aus den Fugen: Rund 1000 Menschen wollten eine ganz neue Partei gründen. Rund 300 JournalistInnen beobachteten einen Parteitag, wie sie ihn noch nie zuvor gesehen hatten: BäuerInnen vom Kaiserstuhl, Femi-

3. KAPITEL

nistinnen aus Köln, militante Brokdorf-Demonstranten aus Hamburg und aus Hessen, christliche PazifistInnen aus Bayern, VogelschützerInnen aus Niedersachsen. Draußen vor der Halle fotografierte ein Unbekannter alle Autokennzeichen.

Alarmiert griff die politische Konkurrenz, die uns zuvor verteufelt hatte, zur Waffe des Interviews. Egon Bahr, damals SPD-Bundesgeschäftsführer, sah in uns »eine Gefahr für die Demokratie«[142]. Peter Glotz läutete ab jetzt einmal pro Woche der neuen Partei das Totenglöcklein. Erhard Eppler verglich uns, weil wir mit Hilfe von Demonstrationen politischen Druck ausübten, mit den Marschkolonnen der SA.[143] Aber irgendwie kannten wir das alles ja schon und es kümmerte uns nicht.

Mit welchem Selbstbewusstsein die verschiedenen Linken die Sache angingen, kann man vielleicht aufgrund einer winzigen Szene verstehen. Die Programmkommission, deren monatelange Arbeit für das Zustandekommen der Grünen bis heute maßlos unterschätzt wird, bestand aus 14 Mitgliedern, unter ihnen auch Vertreter der Linken und Bunt-Alternativen, zum Beispiel Jürgen Reents für die *Bunte Liste Hamburg*, Manfred Zieran für die *Grüne Liste Hessen* (GLH), Ernst Hoplitschek für die *Alternative Liste Westberlin* und Jan Kuhnert für die *Grüne Liste Umweltschutz* (GLU) Hessen. Keiner von ihnen ist heute noch bei den Grünen.

Als Herbert Gruhl einmal in einer solchen Programmrunde sagte, dass er Homosexualität für eine Krankheit hielt, wurde er gezwungen, sich mit Schwulenaktivisten und mehreren Sexualwissenschaftlern auseinanderzusetzen, bis er seine Position änderte. Als er in seine GAZ-Kreise zurückkehrte, erlitt er einen »ideologischen Rückfall«, ein halbes Jahr später trat er, das hatten wir dann gewollt, wegen eines zu linken, antikapitalistischen Wirtschaftsprogramms aus den Grünen aus.

WEHRT EUCH, LEISTET WIDERSTAND

66 »Ökologisch, sozial, basisdemokratisch und gewaltfrei«
sollte die neue Partei sein, die sich als »die grundlegende
Alternative zu den herkömmlichen Parteien« betrachtete.[144]
Die Grünen wollten keine Ministerämter, sie wollten politisch unendlich viel verändern: Alle Atomanlagen sofort
stilllegen. Die Stationierung neuer Raketen verhindern, raus
aus der NATO. Quantitatives Wirtschaftswachstum begren-
zen. Humanere Wohnungen. Kürzere Arbeitszeit bei vollem
Lohnausgleich. Den Paragrafen 218 abschaffen. Schutz von
Minderheiten. Eine andere Weltwirtschaftsordnung.

Die Satzung bekam eine überwältigende Mehrheit, die
Partei »Die Grünen« war gegründet, die Delegierten sprangen auf und klatschten. Ich weiß nicht mehr, wer damit
anfing, aber alle riefen: »Weg mit dem Atomprogramm! Weg
mit dem Atomprogramm!« Das war der Gründungskonsens.
Unvorstellbar, dass der gebrochen werden könnte.

3. KAPITEL

4. DIE GRÜNE BRÜCKE ZUR ATOMFUSION

» Denn wer sich einer Autorität unterwirft, zu der er einst eine kritische Gegenposition einnahm, der muss mit besonderer Starrheit und im Übereifer agieren, nicht zuletzt im Verfemen und Verfolgen derer, die sich kritischer Einstellungen noch oder neu verdächtig machen.«
Christian Graf von Krockow: *Die Deutschen in ihrem Jahrhundert* (1990).[145]

Wer in den folgenden Jahren bei den Grünen vorhatte, die zentrale Forderung der Anti-AKW-Bewegung »Sofortige Stilllegung aller Atomanlagen« zu verwässern oder preiszugeben, verbrannte sich die Finger. Die Grünen waren und blieben vorerst eine Anti-Atom-Partei.

Als 1980 die »Freie Republik Wendland« entstand und kurz darauf 10 000 Polizeibeamte 3000 BesetzerInnen vom Platz prügelten und das Hüttendorf dem Erdboden gleichmachten, standen die Grünen selbstverständlich auf der richtigen Seite. Auch als es in den achtziger Jahren darum ging, eine bundesweite Anti-AKW-Konferenz im linken Kulturzentrum KOMM in Nürnberg zu schützen, erneut in Brokdorf und immer wieder gegen die neu geplante Wiederaufarbeitungsanlage (WAA) in Wackersdorf in der Oberpfalz zu demonstrieren, war das genau so. Für die Solidarität mit dem WAA-Widerstand unterbrachen die Grünen 1985 ihren Parteitag in Offenburg und fuhren in extra gecharterten Bussen an den Bauplatz.

68 In Frankfurt am Main hatten wir, das heißt Leute, die ab 1980 zu den linken Grünen gehörten, 1977 eine Anti-AKW-Bürgerinitiative gegründet und den *Sozialistischen Umweltkongress* mitorganisiert, 1978 die *Grüne Liste Hessen* (GLH) aufgebaut und Veranstaltungen gegen die Fußballweltmeisterschaft in der argentinischen Militärdiktatur organisiert, wegen Seveso und der Hoechst AG diverse Veranstaltungen gegen Umweltchemikalien hochgezogen und in einem Bündnis im Juni 1979 gegen einen geplanten NPD-Aufmarsch das erste spektakuläre »Rock gegen Rechts« hingelegt, eine Riesendemo mit 40 000 bis 50 000 Leuten samt anschließendem Rockfestival, dem sich wegen des Erfolgs schließlich sogar der DGB anschließen musste. Die NPD scheiterte mit ihrem Versuch, Frankfurt zur »Hauptstadt der Bewegung« zu machen.

Im November 1979 hatten wir den grünen Landesverband mitgegründet, im Januar 1980 die Bundespartei. Das beliebteste Plakat der Grünen war und blieb: »Wir haben die Erde nur von unseren Kindern geborgt.« Das war, was die meisten Grünen nicht wussten, ganz im Sinn von Karl Marx, der im dritten Band des *Kapitals* schrieb: »Selbst eine ganze Gesellschaft, eine Nation, ja alle gleichzeitigen Gesellschaften zusammengenommen, sind nicht Eigentümer der Erde. Sie sind nur ihre Besitzer, ihre Nutznießer, und haben sie als boni patres familias [gute Familienväter] den nachfolgenden Generationen verbessert zu hinterlassen.«[146] (1894)

Im März 1981 kandidierten wir als Grüne zum ersten Mal für das Frankfurter Stadtparlament, den »Römer«. Der *Pflasterstrand*, die Zeitschrift der Sponti-Szene in Frankfurt, schien sich zu fragen, was wir in ›ihrer‹ Stadt machten. Aber wir hatten keinen der bekannteren Spontis in den letzten Jahren auch nur in einem einzigen der großen Anti-AKW-Kämpfe der Bundesrepublik gesichtet. Ihre große Zeit als lokale Szene war seit 1976 vorbei und die ökologische Frage hatte sie nie interessiert. Einer ihrer Häuptlinge sagte

4. KAPITEL

1978, also *nach* Wyhl, Brokdorf, Grohnde und Kalkar: »Seien wir doch einmal ehrlich: Wer von uns interessiert sich denn für die Wassernotstände im Vogelsberg, für Stadtautobahnen in Frankfurt, für Atomkraftwerke irgendwo, weil er sich persönlich betroffen fühlt?«[147] Er nannte sich Joschka Fischer. Gegenüber seiner Biografin würde er prahlen: »Nein, die Grünen waren ein Fremdkörper, nicht die Spontis, die Frankfurter Spontis waren viele. Wir waren mächtig«.[148]

Andere Leute aus der Spontiszene fanden wir interessant, ab und an machten sie noch eine Demo mit witzigen Sprüchen, doch ihre Hochzeit war vorbei. Wir boten ihnen einen Platz auf unserer Kommunalwahlliste an, aber die meisten Spontis hatten kein Interesse am Kommunalparlament, außer Daniel Cohn-Bendit, der Herausgeber des *Pflasterstrandes*. Also fragten wir ihn als Vertreter der Sponti-Szene. Er fand die Grünen eigentlich lächerlich und stellte eine Bedingung: Er wolle nur dann kandidieren, wenn wir auch einen gewissen Wolfgang Hübner auf die Liste nahmen. Das fanden wir merkwürdig, denn Hübner kam aus der *Kommunistischen Partei Deutschland/Aufbauorganisation* (KPD/AO). Die »A-Null« war eine kleine, sehr nationale K-Gruppe, die wir gern als »Vaterlandsverteidiger« verspotteten und der auch der heutige NPD-Funktionär Horst Mahler entstammt. Wir lehnten Hübner ab, nicht weil er Kommunist war, sondern weil er einen reaktionären Begriff von Produktivkraftentwicklung, Fortschritt und Natur hatte und rein gar nichts von Ökologie verstand. Der Erhalt von Arbeitsplätzen in einer Abteilung der Hoechst AG, wo aromatische Amine Krebs erzeugten, war ihm wichtiger als die Gesundheit der dort Arbeitenden

Wir sagten also Ja zu Cohn-Bendit, aber Nein zu Wolfgang Hübner. Cohn-Bendit verzichtete beleidigt und bekämpfte uns von da an. Hübner ist heute übrigens Fraktionschef einer rechtsextremen völkischen Fraktion im Frankfurter Stadtparlament.

DIE GRÜNE BRÜCKE ZUR ATOMFUSION

Im Wahlkampf von 1981 waren wir für Cohn-Bendits *Pflasterstrand* nur noch »politische Nullen« und »grüne Mäuse«, »zu krawattenhaft [!] und angepaßt«, keine einzige Stimme solle man uns schenken, »da die Wahl von solch blassen Figuren der Stadt nur schaden würde«. Aber als am Wahlabend des 22. März 1981 die Medien meldeten, dass diese neuen Grünen auf einen Schlag mit 6,4 Prozent und sechs Stadtverordneten in den Römer gewählt waren, lief Cohn-Bendit zum Rathaus und tat für einen Abend, als gehöre er dazu. Er hatte ein Näschen für den Wind, in den er es steckte. Uns ließ man erst mal nicht durch die Rathaustür, später am Abend mussten wir uns anhören, dass man ab nun den Römer häufiger »entlausen« müsse.

Im Winter 1980/81 hatte Frankfurt in Smog-Nebeln gelegen, die Zahl der Kinder mit Atemwegserkrankungen war steil angestiegen. Dagegen hatten wir die erste Anti-Smog-Demonstration überhaupt sowie Aktionen und Aufklärung organisiert. Bei der ersten Sitzung des neuen Stadtparlaments im April 1981 zogen wir sechs Stadtverordnete mit Gasmasken, weiß geschminkten Gesichtern und gleichfarbenen Kitteln in den Saal. Das war in jenen Zeiten ein ungeheurer Tabubruch. (Zwei Jahre später galt es noch als Sensation, dass die ersten grünen Bundestagsabgeordneten Blumentöpfe in den Bonner Bundestag mitbrachten und die Männer nicht alle einen Anzug trugen.) Wir wurden im Römer mit Beschimpfungen empfangen und man rief die Saalordner.

Aus unserer außerparlamentarischen Arbeit der siebziger Jahre stammte das Selbstbewusstsein für diese erste grüne spektakuläre parlamentarische Oppositionspolitik von 1981 bis 1985, die zugleich immer auch außerparlamentarisch blieb. Wir organisierten Massenversammlungen gegen die Startbahn West, verlegten Fraktionssitzungen in den Startbahnwald, wir brachten Teile der SPD ins Wanken, die bisher strikt für den Ausbau des Flughafens gewesen waren.

4. KAPITEL

Wir demonstrierten gegen die Atomanlagen in Biblis und Hanau. Wir fanden heraus, dass noch vor dem Bundestagsbeschluss im November 1983 über die Stationierung von Mittelstrecken- und Pershing-II-Raketen am Frankfurter Flughafen heimlich Pershing-II-Systeme ausgeladen und auf einem Industriegelände in Frankfurt-Hausen versteckt worden waren. Wir veröffentlichten die Fotos des nächtlichen Transports, organisierten den Protest auf der Straße und die Besetzung der Ausfahrt vom Gelände.[149] Wir ruderten gelegentlich auf dem Main, manchmal um das Werksgelände der Hoechst AG illegal aber legitim zu betreten und Boden- und Abwasserproben zu nehmen. Denn die Hoechst AG behauptete, nicht zu wissen, wo ihre Leitungen lagen. Im September 1984 ruderten wir zur *Friedensbrücke*, um sieben Sprengkammern zuzumauern, in denen im »Verteidigungsfall«, so besagte das *Stay-Put*-Konzept der US-Army, Atomminen gezündet werden sollten.[150] Dafür klagte man uns wegen der Untergrabung der »Wehrbereitschaft« Deutschlands an.

Wir machten eine Kampagne gegen einen der weltgrößten Chemiekonzerne: »Hoechst tötet«. Wir erzwangen Debatten über die Hoechst AG, über ihre Grund- und Abwasservergiftung, ihre krebserregenden Arbeitsbedingungen (vorzugsweise wurden Migranten in den gefährlichsten Abteilungen eingesetzt, Stichwort: »Integration«), ihre Pharmapolitik in der »Dritten Welt« und ihre Vergangenheit als Teil des NS-faschistischen Kriegsverbrecherkonzerns IG Farben.[151] 1985 klagte die Hoechst AG gegen uns, ein Weltkonzern gegen sechs Leute.

Manfred Zieran, einer von uns sechs Stadtverordneten, halste sich die Hauptarbeit der Prozessvorbereitung auf. Über die Jahre entstand das vermutlich umfangreichste kritische Archiv über den Konzern, eine »hervorragende Arbeit«, mit der es am Ende gelang, »einem milliardenschweren Chemiegiganten die Lust an einem Prozess gegen UmweltschützerIn-

DIE GRÜNE BRÜCKE ZUR ATOMFUSION

72   nen zu verleiden«, so der grüne Bundesgeschäftsführer Eberhard Walde. Im Sommer 1986 zog die Hoechst ihre Anzeige
zurück. Die Staatsanwaltschaft stellte das Verfahren ein. Zu
unserer Erheiterung ließ der Konzern verlauten, es bestünde
ansonsten die Gefahr, dass die Angeklagten den Prozess in
ein »Tribunal« gegen die Hoechst AG umdrehten. Denn das
hatte die Polizei gerade erlebt, die uns wegen Beleidigung vor
Gericht gezerrt hatte und dort von uns mit einer umfangrei-
chen Bilanz ihrer Kriminalität, Gewalttaten und Übergriffe
konfrontiert worden war. Auch dieser Prozess war durch die
Kläger (verschiedene Polizei-Institutionen) vorzeitig beendet
worden.

Die grüne Bundespartei entwickelte sich nach links. Mit
dem Austritt der ÖkofaschistInnen und Rechtsextremen
noch im Gründungsjahr war das erst einmal entschieden.
Die Grünen waren Atom- und KriegsgegnerInnen, Basis-
und RadikaldemokratInnen, sie unterstützten feministische
Positionen vom Selbstbestimmungsrecht in Sachen Abtrei-
bung bis zur Frauenquote, sie waren InternationalistInnen
und einige sammelten für Waffen für El Salvador, was die
gewaltlose Fraktion nicht entzückte. Sie brachen mit der
Staatsräson und mit ihren Ritualen.

Es gab in den Grünen von Anfang an auch Bürgerliche,
Konservative und Rechte, auch nachdem Herbert Gruhl & Co.
gegangen waren, aber sie hatten keine Mehrheit. Auch als
sie sich unter der Selbstbezeichnung »Realos« oder »Real-
politiker« organisierten, blieben sie für viele Jahre in der
Bundespartei eine Minderheit. Sie mussten noch lange vorgeben, es sei auch ihr unbedingtes Ziel, dem Atomprogramm
den Garaus zu machen. Es gab sogar Parteimitglieder, die
ihnen glaubten.

Nur wer ein bisschen mehr über Joseph Fischers irrationa-
len Hintergrund weiß, ahnt woher der Name kam, den sie

4. KAPITEL

uns linken Grünen aufklebten: »Fundamentalisten«, was natürlich bösartige Assoziationen wecken sollte. Fischer war 1978 ein Anhänger des iranischen Fundamentalismus gewesen und hatte für die »Glaubenskraft« der Mullahs geschwärmt. Er schrieb im *Pflasterstrand*: Es »tritt mehr und mehr wieder etwas Wesentliches in unserem Leben in den Vordergrund, das auch in der persischen Revolution eine elementare Bedeutung besitzt. Ich meine die *Religion* und das *Heilige.*« [Hervorhebung im Original] Er schilderte seine »geistige Verunsicherung durch die persische Revolution«.[152] Aus seiner »Verirrung« machte er einen Schimpfnamen für uns. Er hatte ja seine wahre Religion gefunden: *Macht* – egal worauf sie gründete und was sie andere kostete.

Aber wir hessischen linken Grünen sprachen wie andere Antiautoritäre von »Fundamentalopposition« im Sinn von Johannes Agnoli – »Nur Fundamentalopposition ist daran interessiert, politische und gesellschaftliche Mißstände schonungslos aufzudecken«[153] – und wir nannten uns »RadikalökologInnen«, sowie sich zum Beispiel die linken Grünen in Hamburg »ÖkosozialistInnen« nannten.

Bei der Organisierung des rechten Flügels der Grünen spielten die Frankfurter Realo-Spontis (die gesamte Frankfurter Sponti-Szene kann man hierfür nicht haftbar machen) eine zentrale Rolle. Nachdem sie unsere inhaltlichen Anliegen verachtet und unsere Kandidatur bekämpft hatten, beobachteten sie nun irritiert, wie diese neuen Grünen Erfolg hatten und mediales Aufsehen erregten. Sie gründeten in den Redaktionsräumen des *Pflasterstrand* eine »Sponti-Wählerinitiative«, die »eine Kooperation mit der ›Eppler-SPD‹« anpeilte, wie Wolfgang Kraushaar, einer aus der Sponti-Szene, der damals eine kritische Distanz zum Klüngel um Fischer und Cohn-Bendit hatte, Jahre später öffentlich machte.[154] Kraushaar: »Der Ton in diesen Auseinandersetzungen wird von Daniel Cohn-Bendit angegeben.«[155]

DIE GRÜNE BRÜCKE ZUR ATOMFUSION

74   Die Initialzündung für den Angriff auf die Grünen gab
1982 der SPD-Parteivorsitzende Willy Brandt. Im September
war die Bonner SPD/FDP-Koalition zerbrochen, Helmut Kohl
(CDU) wurde als neuer Bundeskanzler vereidigt, die Bundestagswahl wurde auf das Frühjahr 1983 vorgezogen. Bei den
hessischen Landtagswahlen am 26. September 1982 bekamen die Grünen acht Prozent und auf Anhieb neun Mandate im Landtag. In der Bonner Fernsehrunde am Landtags-
wahlabend ging es aber auch schon um die bevorstehende
Bundestagswahl. Willy Brandt sprach mit schwerer Zunge
von einer »neuen Mehrheit diesseits der Union«[156] und legte
ein paar Tage später nach: »Wir können neue Gruppen, deren Kandidaten gewählt werden«, bei der Mehrheitsbildung
im Landtag »nicht ausklammern, nicht in Quarantäne stellen«.[157]

Einen Abend nach dieser TV-Runde stand Joseph Fischer,
der »den ganzen Sommer über kaum einmal in der Wähler-
initiative aufgetaucht« war, »bereits ungeduldig wartend
vor den noch ungeöffneten Redaktionsräumen« des *Pflasterstrand*.[158] Von diesem Abend an entfaltete er »zielgerecht
wie bei einer militärischen Offensive seine Aktivitäten«, der
Kreis wurde »zum Sprungbrett seiner parteipolitischen
Karriere«[159]. Die Sponti-Realos verbündeten sich mit konservativen hessischen Grünen, die schon immer Vorbehalte
gegen die linken FrankfurterInnen gehabt hatten, und setzten Fischer gegen den Kandidaten durch, den der Frankfurter Kreisverband eigentlich aufgestellt hatte. Sechs Monate
später war Joseph Fischer Bundestagsabgeordneter.

Heute kann man sich nicht mehr vorstellen, dass die Ablehnung von Koalitionen fest zum Selbstverständnis der Grünen gehörte, quer durch die Strömungen; Linke wie konservative Grüne waren gegen jedwede Regierungsbeteiligung.
Wenn man, wie die Realos, an die Pfründe wollte, musste
man dieses Grundverständnis brechen. Das begann in Frank-

4. KAPITEL

furt. Fischer: »... so begann dann die Auseinandersetzung zwischen ›Fundis‹ und ›Realos‹. Die begann hier in Frankfurt mit meinem Eintritt.«[160] Eine erfahrene Schlägertruppe mit alternativem Gehabe und ohne Skrupel traf auf eine basisdemokratische Partei mit offenen Strukturen.

1985 ging es den hessischen Realos im Frühjahr um die Beseitigung der linken Grünen aus dem Römer und im Herbst um eine Koalition in Wiesbaden.

Im Juni 1984 waren die hessischen Grünen ein Tolerierungsbündnis mit der SPD eingegangen, eine Vorstufe zur Koalition – was zu diesem Zeitpunkt noch bestritten wurde. Die grüne Landtagsfraktion stimmte, entgegen den bisherigen Beschlüssen, dem Landeshaushalt zu, und die hessischen Grünen wurden mit Geld für Alternativprojekte und einer Million D-Mark für eine »Sicherheitsstudie« für das Atomkraftwerk Biblis abgespeist. Diese Studie brauchte niemand, außer als Alibi. Das Geld für Alternativprojekte erwies sich langfristig als sehr wirksamer Köder für die Anpassung vormals linker Grüner. Es gab, wie wir es auch befürchtet hatten, keine Bedingungen der hessischen Grünen für die Tolerierung, etwa die Stilllegung aller hessischen Atomanlagen. Die hessischen Grünen nahmen den weiteren Betrieb der Atomreaktoren Biblis A und B hin, das AKW Biblis sollte lediglich begutachtet werden. Als Belohnung sollte es keine *neuen* Atomkraftwerke geben, die aber ohnehin kein AKW-Betreiber bauen wollte. Die Entscheidung über die Hanauer Atomanlagen wurde vertagt. Alles, was blieb, war, dass die künftige rot-grüne Landesregierung dem Neu- und Ausbau der Plutoniumfabrik Nukem nicht zustimmen sollte.

Für dieses Nichts räumten die hessischen Grünen die Position »Sofortige Stilllegung aller Atomanlagen«. Dafür zogen sie den Zorn der Mehrheit der grünen Bundespartei auf sich.

Selbst der *Spiegel*, der seine Aufgabe vorwiegend darin

DIE GRÜNE BRÜCKE ZUR ATOMFUSION

sah, uns KoalitionsgegnerInnen zu schmähen und der sich hinter den Kulissen am Schmieden der ersten hessischen Koalition beteiligte, spottete über die Tolerierungsvereinbarungen. Die Grünen gäben sich damit zufrieden, »dass sie sich künftig um den Bestand von Vogelarten kümmern dürfen, aber nicht um den Abbau der Kernenergie.«[161] Am Ende des Jahres kündigte Wirtschaftsminister Ulrich Steger an, dass er den Neubau der Atomfabrik Nukem in Hanau genehmigen wolle. Die Realos mussten, so fest hatten sie die hessische Parteibasis noch nicht im Griff, die junge Tolerierung im November 1984 platzen lassen. Aus dem Konflikt zogen sie intern den Schluss, bei der anschließenden Neuwahl sofort auf eine Koalition hinzusteuern.

Davor lagen noch die Kommunalwahlen im März 1985. Daniel Cohn-Bendit veröffentlichte kurz vor der Listenaufstellung in Frankfurt am Main im *Pflasterstrand* »Die Kampfansage von Daniel Cohn-Bendit«. Er forderte die Spontis auf, die »Radikalbolschewisten« – damit meinte er uns RadikalökologenInnen – durch eine »Eintrittswelle« zu »überschwemmen«.[162] Bei grünen Wahlversammlungen stand er beobachtend in der Tür. Wenn vorn im Saal eine Abstimmung über die Aufstellung der KandidatInnen anstand, brüllte er: »Jetzt!« Seine Kumpel hinten im Saal spielten weiter Karten, tranken Bier, streckten aber ihre nagelneuen Mitgliedskarten in die Luft.

Auch in den Bewegungen, aus denen wir kamen, hatte es Streit und Auseinandersetzungen gegeben, aber eben auch immer inhaltliche Grundübereinstimmungen, und es war unsere Erfahrung, dass man, wenn man sich nur bemüht, die KontrahentInnen in der eigenen Organisation oft überzeugen kann, die wir fälschlicherweise übertrugen. Wir verstanden, wie naiv das gewesen war. In Bürgerinitiativen war es nie um Ministerposten und Staatsknete gegangen.

In der nächsten Frankfurter Stadtverordnetenfraktion

4. KAPITEL

(1985–1989) waren die Linken in der Minderheit und bekamen das gnadenlos zu spüren. Stellvertreter Fischers und Cohn-Bendits im Römer war ab 1985 der kürzlich verstorbene Lutz Sikorsky. Der hatte von 1970 bis 1982 seine »Führungsqualitäten« bei der Bundeswehr trainiert, die er als Hauptmann der Reserve verließ, um bei einem Frankfurter Chemiebetrieb zu arbeiten, und war dann, mit der Eintrittswelle von 1984, zu den Grünen gekommen.

2006, wir hatten die Grünen im April 1991 verlassen und einige von uns hatten 2001 in Frankfurt die kommunale Wählervereinigung *ÖkoLinX-Antirassistische Liste* gegründet, vereinbarten Sikorsky und seine Realos die erste CDU/Grüne-Koalition in Frankfurt. Umgehend sorgten sie – die CDU schien überrascht, wie weit man gehen konnte – dafür, dass die Arbeitsbedingungen von uns ökologischen linken KritikerInnen hundsmiserabel wurden. Unserer Fraktion *ÖkoLinX-ARL im Römer*[163] wurde auf Beschluss der schwarz-grünen Mehrheit – SPD und FDP stimmten zu – der Fraktionsstatus entzogen und damit praktisch sämtliche Geldmittel, so dass wir nun auch, neben der außerparlamentarischen Arbeit, die parlamentarische Arbeit von 2006 bis 2011 aus eigener Tasche finanzieren mussten. Währenddessen suhlten sich CDU und Grüne in ihrer üppigen materiellen Ausstattung und zogen ihre unsoziale und unökologische Politik durch.

1985 behauptete Fischer: »Ich habe nicht die Absicht, Minister zu werden«. Ein *Pflasterstrand*-Autor schrieb, man müsse »zugreifen, wenn Führungspositionen« angeboten würden und plötzlich »lebensgeschichtliche Perspektiven möglich erscheinen«. Wir lasen das Blatt nicht und so entging uns der Aufruf ›Ran an die Futtertröge des Staates‹.

Die Realos hatten mit ihrer fortlaufenden »Überschwemmt die Grünen«-Masseneintrittskampagne großen Erfolg. Statt der üblichen 300 Mitglieder kamen zur Landesversamm-

DIE GRÜNE BRÜCKE ZUR ATOMFUSION

78 lung am 27. Oktober 1985 1200 Mitglieder in die Stadthalle von Neu-Isenburg.

Wir argumentierten gegen die Koalition. Wir verlangten auch einen Untersuchungsausschuss zur Aufklärung des Todes von Günter Sare. Im September 1985 war der 36-jährige Antifaschist in Frankfurt nach einer Anti-NPD-Demo von einem Wasserwerfer der Polizei verfolgt, mit Wasserdruck umgeschossen und auf einer hell erleuchteten Kreuzung überrollt und getötet worden.[164] In der rundherum verglasten Kommandozentrale des 26 Tonnen schweren Wasserwerfers saßen fünf Polizeibeamte. Als er sterbend auf der Straße lag, knüppelten die Polizisten diejenigen fort, die ihm helfen wollten. Es stellte sich heraus, dass die hessischen Grünen mit dem Landeshaushalt genau jene panzerähnlichen Wasserwerfer neuen Typs bewilligt hatten.

Ein Teil der linken Sponti-Szene in Frankfurt brach daraufhin mit den Realos. Bei einem *Teach-in* in der Universität wurden Fischer und Cohn-Bendit zum ersten Mal selbst mit Eiern und faulem Obst beworfen und sie rasteten aus. Viele Spontis hatten Günter Sare gekannt, auch Joseph Fischer. Damit Sares Tod nicht zum Hindernis für die heiß ersehnte Koalition wurde, musste in Neu-Isenburg ein besonderer Redner ans Mikrophon. (Fischer selbst sagte während der ganzen Versammlung kein einziges Wort). Der Kabarettist Matthias Beltz, leider fest eingebunden in die Interessen von Fischers Freundeskreis, ging ans Mikro und verglich uns, die wir diesen Untersuchungsausschuss forderten, allen Ernstes mit Freislers »Volksgerichtshof«.

Sie bekamen ihre Mehrheit für die erste grüne Koalition. Fischer wurde hessischer Umweltminister, kaufte sich neue Turnschuhe und ließ sich am 12. Dezember 1985 vereidigen.

Im Dezember 1984 war ein neuer grüner Bundesvorstand gewählt worden, er war mehrheitlich links wie die Partei. Zwei von drei Sprechern, so hießen die Bundesvorsitzenden

4. KAPITEL

damals, waren Linke: Rainer Trampert, Ökosozialist aus Hamburg und ich. Bei jeder Bundesversammlung hatten die Linken die Mehrheit. Es gab in der Bundespartei ein großes Misstrauen gegen die hessischen Realos. Als die Realos, an vorderster Front Otto Schily, wütend über die Aufrechterhaltung linker Positionen und ermuntert durch die hessischen Verhältnisse, versuchten, mich im Dezember abzuwählen, scheiterten sie grandios.

Am 26. April 1986 explodierte das Atomkraftwerk Tschernobyl als Folge einer Kernschmelze. Neuere Karten zeigen das Ausmaß, in welchem sich der radioaktive Fall-out in bis zu 10 000 Metern Höhe über die Welt ausbreitete.[165] Am härtesten traf es die damaligen sowjetischen Republiken Ukraine und Weißrussland, mehr als die Hälfte der Radioaktivität fiel auf Polen, Finnland, Schweden, Norwegen, Österreich, Bulgarien, Jugoslawien und Rumänien und Deutschland, dann zog der Fall-out über Griechenland, die Türkei, den Nahen Osten und über Asien, fast einmal rund um die nördliche Hemisphäre. Wer immer noch glaubt, Atomenergie könne irgendwie das Klima retten helfen, möge sich einmal Fotos der Kinder von Tschernobyl ansehen.

Es gab einen grünen Umweltminister und der tauchte ab. Er hatte keine Ahnung, was er tun sollte. Es war so, wie er acht Jahre zuvor gesagt hatte: »Seien wir doch einmal ehrlich: Wer von uns interessiert sich denn für [...] Atomkraftwerke irgendwo, weil er sich persönlich betroffen fühlt?«[166] Die Kinder in Hessen spielten weiter in radioaktiv verseuchten Sandkästen.

In seinen eitlen Amtsmemoiren *Regieren geht über Studieren*[167] prahlte Fischer später, er habe den grünen Bundesvorstand in Sachen Tschernobyl energisch zum Handeln aufgefordert. Bundesgeschäftsführer Eberhard Walde schrieb ihm einen offenen Brief: »Besonders beeindruckend finde ich Deine minutiöse Beschreibung anläßlich der Katastrophe

DIE GRÜNE BRÜCKE ZUR ATOMFUSION

von Tschernobyl. Als Claudi [Fischers dritte Ehefrau Claudia] Dir am 29.4.86 [...] spätnachts von der Rundfunknachricht über den Super-GAU berichtete, hast Du unverzüglich [...] die Initiative an Dich gezogen [...] Dein unverzügliches Handeln erlebte nach Deiner Darstellung seinen Höhepunkt, als Du mich am 30.4. anriefst, um die Partei aus ihrer ›tiefen Ruhe‹ aufzurütteln.« Walde zählte eine Reihe von Maßnahmen auf, die zum Zeitpunkt von Fischers Telefonanruf längst in Bundestagsfraktion und Bundesvorstand gelaufen waren: eine große Pressekonferenz mit »Lothar Hahn (Öko-Institut), Prof. Jens Scheer (Uni Bremen), Hannegret Hönes (Vorstand unserer Bundestagsfraktion) und Jutta Ditfurth (Bundesvorstand)«, die »bereits zu Ende [war], als Du mich ›richtiggehend agitiert‹ haben willst, bis ›ich endlich begriff‹«. Das Plakat »Tschernobyl ist überall« war »von uns bereits gedruckt und in Zehntausender-Auflage per Kurierfahrzeuge bundesweit zur Auslieferung unterwegs.« Auf dem Weg auch Aufrufe an alle Kreisverbände, Hilfen für Protestaktionen, Aufklärung der Bevölkerung und so weiter. Walde weiter: »[...] während diese und andere Maßnahmen bereits ergriffen waren, hattest Du mit Tom Koenigs gerade herausgefunden, daß nicht Du als Umweltminister, sondern Dein SPD-Kollege im Sozialressort zuständig war.« Walde empfahl Fischer zu »vermeiden, den eigenen Narzißmus auf anderer Menschen Kosten auszuleben«[168]. In der Taschenbuchausgabe seines Buchs veränderte Fischer später die Daten, damit er etwas besser dastand.

Rainer Trampert spottete auf der nachfolgenden Bundesversammlung unter schallendem Gelächter der Delegierten: »Mir wurde leider keine Tagebuchserie angeboten, so dass mir leider nicht vergönnt ist, Euch zu beschreiben, welches Genie ich bin und welche Penner mich umgeben.«[169] Das Gelächter illustrierte das Verhältnis der Bundespartei zu den hessischen Realos.

4. KAPITEL

Ministerpräsident Holger Börner verkündete trotz Tscherno- **81** byl: weiter mit der Atomenergie.[170] Joseph Fischer kuschte. Aber die Mehrheit der Bundesgrünen misstraute ihm und beschloss auf der nächsten Bundesversammlung in Hannover im Mai 1986, dass er die hessische Koalition bis zum Jahresende 1986 aufkündigen müsse, wenn bis dahin nicht alle Atomanlagen in Hessen (Biblis A und B, Nukem, Alkem, RBU, Hobeg und Transnuklear) stillgelegt seien. Die Forderung »Sofortige Stilllegung aller Atomanlagen« wurde bestätigt. Dieser Beschluss ging übrigens Hand in Hand mit der Erneuerung der Parteibeschlüsse »Raus aus der NATO«, einseitige Abrüstung, Entwaffnung der Polizei und Auflösung der kasernierten Bereitschaftspolizei sowie ersatzlose Streichung des Paragrafen 218; das waren die Wahlaussagen für die Bundestagswahl im Januar 1987.

Wir arbeiteten im Bundesvorstand 1986 unter anderem an einer allgemein verständlichen Broschüre, die in hoher Auflage verbreitet wurde: *Der sofortige Ausstieg ist möglich*. Darin zerlegten wir die gängigen Pro-Atom-Argumente – von der Klimalüge über die angebliche Sicherheit bis zu den Kosten – und belegten, dass die sofortige Stilllegung aller Atomanlagen in einigen Monaten, maximal einem Jahr möglich war.[171]

Für Minister Fischer wurde es in Hessen eng, nicht weil wir ihm auf die Pelle rückten, sondern weil die Staatsanwaltschaft Hanau im Oktober 1986 begann, gegen die Hanauer Atomanlagen zu ermitteln. Sie erhob Anklage gegen die drei wichtigsten Atombeamten im Wirtschaftsministerium sowie gegen den Geschäftsführer von Alkem. Dem ersten grünen Minister drohten Ermittlungen wegen »Beihilfe zum illegalen Betrieb einer atomtechnischen Anlage durch Unterlassen« (so der Anwalt der Initiativgruppe Umweltschutz Hanau, Matthias Seipel). Fischer wusste natürlich, dass das *Bundesimmissionsschutzgesetz* (BImSchG) es ihm ermöglichte, die gefährlichen Plutoniumfabriken in Hanau zu schließen. Aber dann wäre die Koalition zerbrochen. Das war ihm die Sache

DIE GRÜNE BRÜCKE ZUR ATOMFUSION

nicht wert. So gewährte er dem BI-Anwalt keine Audienz und behauptete in Interviews: Es habe sich beim Beschluss der Bundesversammlung vom Mai nicht um eine Bedingung, sondern nur um einen »Verhandlungsauftrag« gehandelt.

Natürlich liefen die hessischen Atomanlagen weiter und natürlich trat Fischer zum Jahreswechsel 1986/87 nicht zurück. Er schindete Zeit und gab Gutachten über Gutachten in Auftrag. Aber eines schlug gegen ihn zurück: Das Geulen-Gutachten vom Februar 1987. Rainer Geulen, Rechtsanwalt in Westberlin, bestätigte: Die Hanauer Atomanlagen Alkem und Nukem sind illegal betriebene Plutoniumproduktionsstätten. Minister Fischer habe Einfluss auf den Betrieb und könne sein Einvernehmen gemäß Paragrafen 4 ff. BImSchG verweigern.[172] Auch das Gewerberecht gebe ihm Möglichkeiten zu handeln. Eine Expertise der SPD kam später zum gleichen Ergebnis.

Die Parteibasis der Grünen kochte. Auch viele hessische Grüne, die die Koalition befürwortet hatten, hatten genug. Die Bundespartei machte Druck wegen Fischers gebrochener Versprechen. So war Fischer und seinen Leuten jedes Hintertürchen verbaut.

Sie entschieden sich für die Flucht nach vorn.

Auf der Landesversammlung am 8. Februar 1987 trug Fischer mit dem Tremolo eines röhrenden sterbenden Hirsches seinen »letzten Rechenschaftsbericht als Minister« vor, falls die SPD bei ihrer Alkem-Entscheidung bleibe. Falls er erwartet hatte, dass die Grünen ihn bitten würden, im Amt zu bleiben, hatte er sich verrechnet. Verkalkuliert hatte er sich noch auf andere Weise. Zu seinem Pech schaute sich Ministerpräsident Holger Börner den Auftritt seines Ministers im Fernsehen an und feuerte ihn am nächsten Tag. Fischer hat nie, wie er später behauptete, eine Koalition selbst beendet und schon gar nicht wegen einer angeblich konsequenten Haltung in Sachen Atomenergie.

4. KAPITEL

Die linken Grünen erreichten im Januar 1987 das mit 8,3 Prozent bisher und für die nächsten 15 Jahre bis 2002 beste grüne Ergebnis bei einer Bundestagswahl. Rainer Trampert kommentierte: das Wahlergebnis sei die Antwort auf die »verdreckte politische Kultur« in der Bundesrepublik, in der die etablierten Parteien darum wetteiferten, wer »am besten die Nationalhymne singen« könne.[173] Heute singt der grüne Fraktionsvorsitzende Jürgen Trittin die National-hymne im Bundestag mit.[174]

Auf der Bundesversammlung im Mai 1987 wurden zum ersten Mal drei Linke zu Sprecher/innen gewählt: Christian Schmidt (Ökosozialist), Regina Michalik (linke Feministin) und ich erneut. Die Mehrheit der Partei wollte einen Ausgleich zur Bundestagsfraktion, die in der Öffentlichkeit mehrheitlich nur von Realos repräsentiert wurde und die außerdem immer unverfrorener gegen Parteibeschlüsse verstieß. Drei der acht Beisitzer im Bundesvorstand waren Realos. Christian Schmidt verlangte, die Grünen sollten »das staatliche Gewaltmonopol immer wieder infrage stellen«, zum Beispiel mit Haus- und Betriebsbesetzungen sowie Blockaden. Die Bundesversammlung schloss sich dem Bundesvorstand an und rief zum Boykott der Volkszählung auf – eine »Aufforderung zum Rechtsbruch« stöhnten die Realos im Gleichklang mit Springers *Welt*.[175] Dieser »Rechtsbruch« setzte das Grundrecht auf informationelle Selbstbestimmung durch.

Ab Februar 1987 war Joseph Fischer nach seinem Rauswurf als Minister nur noch Fraktionsvorsitzender im Hessischen Landtag und langweilte sich. Er begann Bündnisse mit allen möglichen Linken-Gegnern innerhalb der Grünen zu schmieden. Trotzig erklärte er den sofortigen Ausstieg für »irreal«. Der Landesverband Nordrhein-Westfalen verlangte, dass Fischer aus der Partei austrat. Fischer selbst war dermaßen frustriert, dass er über Karrierealternativen ver-

DIE GRÜNE BRÜCKE ZUR ATOMFUSION

84 handelte. Darunter soll auch ein Angebot des *Spiegels* gewesen sein.

Joseph Fischer, Daniel Cohn-Bendit und all den anderen Realos in anderen Landesverbänden gelang es nicht, die linken Mehrheiten in der Bundespartei zu brechen. Zwar gab es widersprüchliche Entwicklungen und auch überall Anpassungsprozesse an bürgerliche Parteien und Staatsräson, zwar forderten in Baden-Württemberg Realos wie Winfried Kretschmann und Fritz Kuhn immer lauter sogar Koalitionen mit der CDU, aber in zentralen inhaltlichen Fragen blieb die Parteimehrheit auf Bundesebene klar: Keine Atomenergie, keinen Krieg, keine NATO, keinen Kapitalismus. Auch in Baden-Württemberg mussten zuerst die Linken um Uli Tost, Christine Muscheler-Frohne und Ali Schmeißner vertrieben werden.

Und selbst wenn grüne Mitglieder geglaubt haben sollten, dass sie beides haben könnten, die NATO-Gegnerschaft *und* eine Regierungsbeteiligung, die Stilllegung von Atomanlagen *und* Ministerposten, lagen sie schief. Jeder klare Anti-AKW- und jeder Anti-Kriegs-Beschluss war objektiv eine Absage an Koalitionen mit der SPD oder der CDU.

Auf der Bundesversammlung im März 1988 beschloss die Partei Kampagnen gegen die Tagungen von *Internationalem Währungsfonds* (IWF) und *Weltwirtschaftsgipfel*, gegen den Paragrafen 218, gegen den Bayer-Konzern wegen seiner IG-Farben-Vergangenheit und gegen die Atomenergie. Wieder wurden Linke in den Bundesvorstand gewählt.

Die Realos scheiterten inzwischen so oft mit ihren Versuchen, die inhaltlichen Positionen der Grünen auf Bundesebene aufzuweichen, dass viele kurz davor waren aufzugeben.

Auf dem »Perspektivenkongreß« im Juni 1988 plädierten die Realos für einen »ökologischen« Kapitalismus, sprachen von Parteispaltung und Fischer plädierte für eine neue »grüne

4. KAPITEL

FDP«. Der »konsumfreundliche Citoyen« sei die grüne Zielgruppe. Die Realos hatten für einen Kongress eine »Entscheidungsschlacht« vorbereitet, aber sie fielen bei der grünen Basis kläglich durch. Bundesvorstandssprecher Christian Schmidt kommentierte anschließend trocken: Für niemanden sonst habe der Perspektivenkongress einen »so hohen Lernwert« gehabt wie für die Realos.

Die Realos griffen zum Mittel der Intrige gegen den Bundesvorstand, weil der die verhasste linke Mehrheit symbolisierte. Dem Bundesvorstand wurden »finanzielle Unregelmäßigkeiten« verschiedenster Art unterstellt. Wir beschäftigten Staatsanwaltschaften, Wirtschaftsprüfungsgesellschaften und Untersuchungskommissionen. In fünf unabhängigen Untersuchungen lösten sich alle Vorwürfe bis zum Dezember 1988 in Luft auf.[176]

Aber die IntrigantInnen dehnten ihre Unterstellungen über Monate und fanden breite Unterstützung in großen Medien. Jeder der an einer Anpassung der Grünen interessiert war, war dabei. Erst mit Hilfe der »Finanzintrige«, die in Art und Ausführung in den Grünen beispiellos war, gelang es den Realos, die Partei zu zermürben und den linken Bundesvorstand zu stürzen. Nach monatelanger Hetze war ein Teil der Parteibasis verunsichert und einige Linke, die ihre Mehrheit schwinden sahen, wechselten die Seiten, wie Ludger Volmer oder Jürgen Trittin. So gab es auf der Bundesversammlung im Dezember 1988 eine knappe Mehrheit gegen den Bundesvorstand und wir traten zurück.

Danach stellten weitere Untersuchungen unsere »Unschuld« fest, im Dezember 1989, eineinhalb Jahre nach Beginn, die letzte. Die *taz*, die neben dem *Spiegel* und der *Frankfurter Rundschau* an vorderster Front an der Intrige beteiligt gewesen war, gab jetzt, ein Jahr nach unserem Rücktritt, zu: »Persönliche Bereicherungen wurden nicht festgestellt«. »Die Affäre« habe »das Instrumentarium« der Partei »um das Mittel der Intrige« bereichert. »Ob der alte

DIE GRÜNE BRÜCKE ZUR ATOMFUSION

86 Vorstand ›einfach schuld‹ [...] war, war bereits damals auch für jene nebensächlich, die diese Kampagne betrieben. [...] Der ›Skandal‹ markiert den endgültigen Abschied von der liebenswerten Chaotik der Gründerjahre und manövrierte die fundamentalistischen und radikalsozialistischen Positionen ins Partei-Abseits«.[177]

1990/91 verließen rund 10 000 Mitglieder die Partei, darunter die meisten aktiven Linken (ÖkosozialistInnen, Feministinnen, RadikalökologInnen) – unter ihnen alle meine FreundInnen und ich –, aber auch bürgerliche und konservative Grüne, die inhaltliche Positionen nicht für Koalitionen aufgeben wollten.

Es folgten taktische Absprachen zwischen den Realos um Fischer und Leuten wie Jürgen Trittin und Ludger Volmer vom *Linken Forum*, wie das entstandene Vakuum zu füllen sei, wie man dem Wahlpublikum vorgaukeln könne, dass die Grünen auch in Zukunft eine irgendwie linke Partei seien und verschiedene Strömungen besäßen.

Mit dem Sturz des linken Bundesvorstandes war aber der weitere Weg der Grünen festgezurrt. Die Auseinandersetzung um ein emanzipatorisches, relativ linkes grünes Projekt war endgültig verloren. Das Programm und die basisdemokratischen Strukturen wurden Schritt für Schritt geschliffen. Die soziale Zusammensetzung änderte sich: Es kamen Leute zu den Grünen, die auch in die FDP hätten eintreten können. Überlagert wurde der Prozess von dem Fall der Mauer und von der sogenannten Wiedervereinigung, mit der auch »BürgerrechtlerInnen« (einige kann man nur in Anführungszeichen schreiben) zu den Grünen kamen und übergangsweise Funktionen übernahmen, bis sie sich einfügten, wieder gingen oder zur CDU übertraten. Anschließend war der Prozess der Realpolitisierung der Grünen abgeschlossen.

4. KAPITEL

Joseph Fischer wurde 1992 zum zweiten Mal Umweltminister in Hessen. Im grünen Programm zur Bundestagswahl 1987 hatte gestanden: »Die Stilllegung aller Atomkraftwerke ist bereits im Sofortprogramm zu verwirklichen«. Im Programm zur Europawahl 1989 hieß es noch: »Sofortiger Atomausstieg in ganz Europa und auch anderswo«. Die entsprechende Passage im Programm zur Bundestagswahl 1994 lautete: »Die Stilllegung aller deutschen Atomkraftwerke innerhalb von höchstens ein bis zwei Jahren ist rechtlich möglich, technisch umsetzbar und wirtschaftlich verkraftbar.«[178] Aber im März 1993 gestand der grüne hessische Umweltminister: Die Grünen hätten *in ersten Konsensgesprächen mit der Energiewirtschaft* »ihr Ziel eines ›sofortigen Ausstiegs‹ aus der Kernenergie aufgegeben«.[179]

Als die Linken die Partei verlassen hatten, stiegen die Grünen nicht mehr aus der Atomenergie aus, sondern ein.

Natürlich stand auch in den folgenden Wahlaussagen immer: »Sofort« oder »schnell« wolle man aussteigen. Auch im Bundestagswahlkampf 1998 versprachen die Grünen noch eine Art von »Ausstieg«, wenn sie an die Regierung kämen. Sie jonglierten wild mit Fristen: Bundesvorstandssprecherin Gunda Röstel redete von acht Jahren, der grüne hessische Staatssekretär Rainer Baake von 14 Jahren, Fischer wollte nur noch das schrottreife Atomkraftwerk Biblis A stilllegen. Der inzwischen 36 Jahre alte Reaktor läuft heute noch, mit mehr als 400 registrierten Störfällen.

So wie Rot-Grün bald jede soziale Gemeinheit »Reform« nannte, hieß es nun nicht mehr »sofortige Stilllegung aller Atomanlagen«, nicht mal mehr »Ausstieg in vier Jahren«, sondern: Machen wir doch ein kleines »Ausstiegsgesetz« oder vielleicht nur einen »Einstieg in ein Ausstiegsgesetz«. Fischer sagte im Bundestagswahlkampf 1998, ihn interessiere weniger, »wann das letzte Atomkraftwerk dichtgemacht wird, sondern vor allem, wann mit dem Abschalten

DIE GRÜNE BRÜCKE ZUR ATOMFUSION

des ersten begonnen wird«.[180] Das freute die Atomkonzerne. Bundeskanzler Schröder verstand seinen künftigen grünen Minister und sagte sinngemäß: wenn er den Kernenergie-gegnern deutlich mache, dass der Ausstieg komme, dann rücke die Frage nach dem definitiven Ende in den Hinter-grund.

Wer etwas werden wollte, verstand die Botschaft. Reihen-weise kippten Positionen (auch in anderen Fragen) und Fris-ten. Die Realos gaben gern damit an: Irgendein Restlinker wird aufmüpfig? »Wir schütten einfach Gold in seinen Rachen, das minimiert den Durchknallfaktor erheblich«, prahlten sie. Jürgen Trittin wurde Umweltminister, wir ha-ben schon gesehen, was das mit ihm machte. Fraktionsspre-cher Rezzo Schlauch sagte, man könne auch über 20 Jahre sprechen.[181] Heute berät er den Atomkonzern EnBW.

Von Kapitalseite wurde ganz ordinär erpresst. RWE-Chef Dietmar Kuhnt verkündete treuherzig: »Wenn die Atomge-spräche nicht zur Zufriedenheit der Industrie ausfielen, könne der Kanzler sein Prestigeprojekt ›Bündnis für Arbeit‹ auch gleich vergessen.«[182]

Der »Atomkonsens«, ein Vertrag zwischen der SPD/Grüne-Bundesregierung und den vier Atomkonzernen RWE, E.ON, EnBW und Vattenfall, wurde im Juni 2000 unterzeichnet und trat im April 2002 in Kraft. In den zehn Jahren seither sind lediglich das 31-jährige Atomkraftwerk in Stade (2003) und der 37-jährige Atomreaktor in Obrigheim (2005) abge-schaltet worden. Beide waren alt und reparaturanfällig und wären aus wirtschaftlichen Gründen ohnehin stillgelegt worden.

SPD und Grüne hatten versprochen, dass als Konsequenz des Atomkonsenses in der Legislaturperiode 2005 bis 2009 die Atomkraftwerke Biblis A und B, Brunsbüttel und Neckarwestheim stillgelegt werden würden. Mit ihrer Ver-einbarung ermöglichten es die Grünen aber, dass die RWE,

4. KAPITEL

Betreiber von Biblis A (heute 41 Jahre alt), im Mai 2010 ein Stromkontingent vom bereits stillgelegten AKW Stade (E.ON) kaufte. Damit kann Biblis A etwa bis ins Jahr 2012 betrieben werden. Es wird sogar noch ein bisschen länger laufen, weil die jetzige CDU/FDP-Bundesregierung die Reststrommenge noch günstiger rechnet. Ähnliches geschah mit Biblis B (heute 39 Jahre alt).

Der rot-grüne Atomkonsens ließ vor allem Atomkraftwerke, die störungsanfällig sind und oft abgeschaltet werden müssen, länger in Betrieb bleiben, denn der Vertrag begrenzt nur die Strommenge und nicht die Laufzeiten. Auch mit allen möglichen Tricks (künstliche Stillstände, reduzierte Leistung und so weiter) konnten und können AKW-Betreiber die Laufzeiten manipulieren. Auch so haben SPD und Grüne den Übergang in die neuen, noch extremeren Laufzeitverlängerungen des CDU/FDP-Gesetzes von 2010 ermöglicht.

Der grundlegende Trick liegt in der Berechnung von Strommengen statt absoluter Laufzeiten. Aus der durchschnittlich erbrachten Kraftwerksleistung bis zur Unterzeichnung des Atomkonsenses wurde ein Datum errechnet, an dem die Betriebserlaubnis erlischt, aber dieses Datum ist nicht fest. Mal brennt es in Brunsbüttel, mal werden in Biblis ein Jahr lang falsch montierte Dübel ausgewechselt, mal wird hier lange gewartet, mal dort nur mit halber Kraft gefahren. Das half, die angepeilten, aber eben nicht verbindlichen Stilllegungsdaten in die nächste Legislaturperiode und damit in die fürsorgliche Obhut von CDU und FDP zu verschleppen, so dass die Merkel/Westerwelle-Regierung leichtes Spiel mit der weiteren Laufzeitverlängerung hatte.

Atomkraftwerke sollten nach Ansicht von Politik und Betreibern (!) ursprünglich nicht länger als 20 bis 25 Jahre laufen. Jede Laufzeitverlängerung, ob rot-grüner oder schwarzgelber Machart, erhöht das Risiko.

DIE GRÜNE BRÜCKE ZUR ATOMFUSION

»Das Altern eines Atomkraftwerks ist […] nicht vom Willen seiner Betreiber abhängig, sondern von den Gesetzen der Physik.« Die Haltbarkeitsdauer »praktisch aller Produkte der heutigen Industriegesellschaften [sinke] stetig«, und »ausgerechnet bei atomaren Anlagen« solle sie sich durch Verwaltungsakte und Koalitionsverträge »beliebig verlängern lassen«? Warum das absurd ist, fasst der Physiker Detlef zum Winkel zusammen: »Die Spaltung schwerer Kerne wird durch Neutronen hervorgerufen und setzt wiederum Neutronen frei, sonst wäre eine Kettenreaktion als Voraussetzung für einen kontinuierlichen Prozess nicht möglich. Der Überschuss an Neutronen, der dabei erzeugt wird, bleibt aber nicht im Inneren des Reaktors kleben, sondern trommelt unweigerlich und unaufhörlich gegen seinen Behälter. Kein Stahl und kein Beton ist dieser Strahlung auf Dauer gewachsen, und noch weniger Rohre, Ventile, Schrauben, Muttern, Dübel und das ganze filigrane Instrumentarium zur Steuerung und Kontrolle der Anlage. So kommt es zu vielfältigen Formen von Materialermüdung, welche das Risiko von Stör- und Unfällen mit jeder Verlängerung der Betriebsdauer erhöhen. Nicht zufällig wurden AKWs ursprünglich für 20 bis 25 Jahre konzipiert. Heute sind wir bei einer willkürlichen Verdoppelung der Laufzeiten durch die Betreiber angelangt. Noch so aufwendige Sicherheitsnachrüstungen, noch so viele Wartungen und Nachbesserungen können diese Gesetzmäßigkeit nicht außer Kraft setzen. Im Gegenteil: Irgendwann werden sie selbst zu einer Gefahr, wie ein Techniker kürzlich erklärte, nachdem er im AKW Biblis entsprechende Erfahrungen gesammelt hatte, die er mit einem Wort charakterisierte: ›Chaos‹. Kernkraft ist nicht erneuerbar.«[183]

Die SPD/Grüne-Bundesregierung hat nicht nur etwas getan, was CDU und FDP auch gemacht hätten. Es ist schlimmer: Anhänger von Rot-Grün erwarten ja weder von der CDU

4. KAPITEL

noch von der FDP einen Schritt raus aus der Atomenergie. Deshalb sind sie geneigt, »ihre« SPD/Grüne-Regierung als das »kleinere Übel« anzusehen und stillzuhalten. Sie ließen sich befrieden und kuschten. Deshalb standen die Atomkonzerne mit der rot-grünen Bundesregierung *besser* da als jemals zuvor seit Wyhl und Brokdorf, weil sie den Widerstand in zwei Teile gebrochen hatten.

Es ist schwer vorstellbar, dass eine CDU/FDP-Regierung 1998 so glimpflich davongekommen wäre, hätte sie – wie es Rot-Grün im Jahr 2000 tat –, längere Laufzeiten für Atomkraftwerke beschlossen, atomare Zwischenlager an AKW-Standorten zugelassen (dezentrale Endlager) und den Atomkonzernen »Betriebssicherheit bis zum Ausstieg« (Trittin) garantiert, einen Ausstieg, den es ja mit dem Atomkonsens nicht einmal gab.

Die Grünen haben den Atomkonzernen mit dem Atomkonsens etwas zugesagt, was es bis dahin nie gab: Sie haben ihnen »für die verbleibende Nutzungsdauer den ungestörten Betrieb der Kernkraftwerke wie auch deren Entsorgung« garantiert und ihnen »den ungestörten Betrieb der Anlagen« zugesagt sowie ihnen versprochen »keine Initiative [zu] ergreifen, mit der die Nutzung der Kernenergie durch einseitige Maßnahmen diskriminiert wird«. *Diskriminiert ...* So steht es im rot-grünen Gesetz.

Rot-Grün ließ den Atommüll weiter wachsen und erlaubte einen noch höheren Grad an radioaktiver Strahlung durch atomare Zwischenlager am Standort von AKWs. 2005 verbot die Bundesregierung den Transport von Brennelementen in Wiederaufbereitungsanlagen, von da ab wurden sie in die neu geschaffenen ober- oder unterirdischen Zwischenlager für hoch radioaktiven Müll an allen AKW-Standorten deponiert. Allein die dezentralen »End«lager sind etwas, wonach die Energiekonzerne seit Jahrzehnten gierten und die selbst das bisherige (Pro-)Atomgesetz untersagte. Die Grünen, allen voran Fischer und Trittin, gaben damit eines

DIE GRÜNE BRÜCKE ZUR ATOMFUSION

der wenigen rechtlichen Faustpfänder aus der Hand, die es gegen das Atomprogramm überhaupt gab.

Und der Atomkonsens erlaubte, wie wir im ersten Kapitel gesehen haben, Atommülltransporte nach Gorleben.

Wie hatte die *taz* nach der Bundestagswahl 1998 gejubelt? »Das zentrale Projekt des Umweltschutzes, der Ausstieg aus der Kernenergie, ist bereits entschieden. Zur Debatte steht nicht mehr ob, sondern wann.«[184] Was für ein dummes Zeug. Stattdessen gibt es eine Einheitslinie von SPD und Grünen bis zu CDU und FDP. Die verlängerte Laufzeit längst abgeschriebener AKWs ist höchst profitabel: Mindestens eine Million Euro bringt jedes Atomkraftwerk an jedem einzelnen Tag. Allein die drei Konzerne RWE, E.ON und EnBW (es fehlt Vattenfall) haben seit dem rot-grünen Atomkonsens mehr als 100 Milliarden Euro Gewinn erzielt, eine Versiebenfachung der Erträge.[185] Ein irrwitziger Profit auf dem Rücken der Menschen, ignoriert werden Krebs und Tod. Die Atomkonzerne haben dank Rot-Grün mehr Macht als je zuvor.

Was passierte in Sachen Atomenergie in Bundesländern, in denen die Grünen an der vielgerühmten Regierungsverantwortung beteiligt waren? Nehmen wir drei Beispiele: Die SPD/Grüne-Koalition in Schleswig-Holstein (1996–2005), die CDU/Grüne-Koalition in Hamburg (2008–2010) und die SPD/Grüne-Regierung in Nordrhein-Westfalen (nach den Jahren 1995–2005 wieder seit 2010).

Seit Jahrzehnten wissen wir, dass vor allem Kinder, die im Umkreis von Atomkraftwerken leben, besonders häufig an Krebs erkranken. Jedes Atomkraftwerk gibt, ganz ohne »Störfälle« und Unfälle, im Normalbetrieb radioaktive Strahlung (per Luft und mit dem Abwasser) ab, welche Krebs erzeugt und die Menschen auch anderweitig krank machen kann (zum Beispiel durch Schwächung des Immunsystems). Die AKW-Betreiber profitieren davon, dass die Datenbasis

4. KAPITEL

in dünner besiedelten Regionen kleiner ist. Und dann muss sich auch noch jemand finden, der eine solche Studie bezahlt. Darüber vergehen Jahre, und noch mehr Kinder werden todkrank.

Seit Frühjahr 1986 gab es in der unmittelbaren Umgebung des Atomkraftwerks Krümmel eine signifikante Häufung von Leukämieerkrankungen: In den Jahren 1990 bis April 2009 waren 19 Kinder neu an Leukämie erkrankt, das Dreifache dessen, was statistisch zu erwarten gewesen wäre.

Das *Deutsche Kinderkrebsregister* am Mainzer Institut für Medizinische Biometrie, Epidemiologie und Informatik (IMBEI) untersuchte das Vorkommen von Krebskrankheiten bei Kindern im Umkreis von Atomkraftwerken.[186] Es fand 2008 heraus, dass im Untersuchungszeitraum von 24 Jahren mehr als 13 000 Kinder unter fünf Jahren krebskrank wurden. »Im Bereich unter 50 Kilometer um die 16 Standorte deutscher Kernkraftwerke erkrankten insgesamt 1523 Kinder. Bei 121 bis 275 von ihnen ist der Krebs auf das Wohnen in der Nähe des Kernkraftwerks zurückzuführen«.[187] Kurz gesagt: Kinder bekommen umso mehr bösartige Tumore, je näher sie an einem Atomkraftwerk wohnen. Fast die Hälfte der Kinderkrebserkrankungen im Umkreis von fünf Kilometern um ein Atomkraftwerk geht auf radioaktive Niedrigstrahlung zurück.

20 000 Mädchen gingen im Lauf von 40 Jahren demografisch »verloren«. Als Folge der radioaktiven Belastung in der Umgebung von Atomanlagen starben sie als Embryonen in den Körpern ihrer Mütter. Das betraf auch Embryonen in der Nähe des Atommülllagers Asse/Niedersachsen, nicht nur in der Nähe von AKWs. Es kam zu so auffälligen geschlechtsspezifischen Veränderungen, dass ihre Ursachen inzwischen von Wissenschaftlern erforscht werden.[188]

Dazu kommen Hunderte von Störfällen und möglichen schweren Unfällen. 1995 berechnete das Öko-Institut Darmstadt im Auftrag der Hamburger Umweltbehörde, dass im

DIE GRÜNE BRÜCKE ZUR ATOMFUSION

94 Fall eines schweren Unfalls im Atomkraftwerk Krümmel und der entsprechenden Windrichtung (ohne das die Strahlung verstärkende *Wash-out* bei Schnee oder Regen) allein in Hamburg mit zusätzlichen 45 000 bis 107 000 krebsbedingten Todesfällen zu rechnen ist.[189]

Noch 1987 hatten die schleswig-holsteinischen Grünen verlangt: »Schleswig-Holstein muß das erste Bundesland werden«, das den sofortigen »Ausstieg aus der Atomenergie ernsthaft und konfliktbereit betreibt«. Man wolle keinen »Konflikt mit der Bundesregierung, den AKW-Betreibern und der Justiz« scheuen, um auch die »Betriebsgenehmigungen für die Atomkraftwerke Brokdorf, Krümmel und Brunsbüttel« zu widerrufen.[190]

Dann kamen die Grünen 1996 in Kiel mit der SPD an die Regierung. Sie verlangten 1998 den Weiterbetrieb des AKW Krümmel (es war kurzfristig aus technischen Gründen abgeschaltet worden), sonst platze die rot-grüne Kieler Koalition.[191] Auch wenn es um strengere Auflagen für die AKWs Brunsbüttel und Brokdorf ging, brauchte die Betreiberin PreussenElektra (seit 2000 mit Bayernwerk zu E.ON Energie fusioniert) nur mit einer Schadensersatzklage zu drohen, schon gingen die Kieler Grünen in die Knie.[192] In neun Jahren Regierungszeit kam man irgendeiner Form von »Ausstieg« keinen Millimeter näher.

Im CDU/Grünen-Koalitionsvertrag in Hamburg (2008–2010) war mit keinem Wort von den die Stadt betreffenden Atomkraftwerken Krümmel, Brokdorf und Brunsbüttel und irgendwelchen Maß- oder Einflussnahmen für ihre endgültige Stilllegung die Rede. (Die Atomkraftwerke Krümmel und Brunsbüttel sind seit 2007 aufgrund von Störfällen von ihrem Betreiber Vattenfall heruntergefahren). Nicht mal flaue Absichtserklärungen. Stattdessen heißt es in der Präambel des Koalitionsvertrages – und wer mit kritischem

4. KAPITEL

Kopf liest, erkennt darin die absurde Position der CDU –, **95**
dass Atomenergienutzung prächtig für das Klima sei: »Wirtschaftliche Leistungsfähigkeit und ökologische Tragfähig-
keit dürfen insbesondere in Zeiten des Klimawandels nicht
länger als Widerspruch behandelt werden. Die Notwendigkeit zur weltweiten Verringerung des CO_2-Ausstoßes stellt
neue Anforderungen. Hier gilt es, technologisch fortschritt-
lichste und wirtschaftlich vernünftigste Lösungen für Energieerzeugung, Verkehr, Produktion und Konsum zu finden.«
(Präambel, S. 4) Dazu wurde das Kohlekraftwerk Moorburg
gebaut, das auf jeden Fall zu verhindern die Grünen ihren
WählerInnen vor der Wahl versprochen hatten.

Der »Kreislauf« der Atomproduktion (Uranabbau, Uran-
anreicherung, Atomkraftwerke, Wiederaufbereitungsanlagen, Atomtransporte, Atommüll) ist übrigens ein Klimakil-
ler erster Klasse.

Wie hieß es 2010 in einem Werbefilmchen auf der Website
der Grünen? »Der Atomausstieg braucht Dich, komm zur
Menschenkette!« Gemeint war die Anti-Atom-Menschen-
kette am 24. April 2010. Claudia Roth stach mit spitzem Zei-
gefinger auf den Betrachter ein: »Aber Du … Du und Du
und Du und Du … kannst was dagegen tun …!« Bundesge-
schäftsführerin Steffi Lemke: »Sei dabei! Komm zur Menschenkette, von Krümmel bis Brunsbüttel!«

Aber dann unterwarfen sich die Grünen in der Hamburger Bürgerschaft der CDU und stimmten gegen die Aktion,
sie lehnten entsprechende Anträge der SPD- und der Links-
partei-Fraktion ab. Deren Anträge enthielten auch die Aufforderung, sich für die sofortige und endgültige Stilllegung
der beiden störanfälligen AKWs einzusetzen und den geplanten Laufzeitverlängerungen durch die CDU/FDP-Bundes-
regierung zu widersprechen. Aber nicht mal ihrer angeblich
eigenen Position wollten sich die Grünen anschließen.[193]

DIE GRÜNE BRÜCKE ZUR ATOMFUSION

Nordrhein-Westfalen wurde von 1995 bis 2005 und wird wieder seit 2010 von SPD und Grünen regiert. Wie sieht dort grüne Anti-AKW-Politik in der Praxis aus?

Von der Stilllegung der Atomanlagen in Ahaus, Jülich oder Gronau war in den rot-grünen Koalitionsvereinbarungen von 1995 in Nordrhein-Westfalen nicht mehr die Rede. Im Gegenteil: Das größte deutsche Atommülllager in Ahaus wurde unter Rot-Grün von 1500 auf 4200 Tonnen erweitert. Die Urananreicherungsanlage in Gronau wurde ausgebaut. Auch die Arbeit im Kernforschungszentrum Jülich (Reaktorentwicklung) ging weiter. Rot-Grün vereinbarte nur noch, dass die Öffentlichkeit an den Genehmigungsverfahren in Ahaus und Gronau beteiligt sein sollte. Aber nicht mal diese Winzigkeiten wurden umgesetzt. Eine rot-grüne Landesregierung prügelte mithilfe ihres grünen Polizeipräsidenten 1998 einen Castor-Transport in das Atommülllager in Ahaus.

Im Koalitionsvertrag von 2010 heißt es: »Atomkraft ist aus vielen Gründen eine unverantwortliche Form der Energieerzeugung. Deshalb ist NRW schon vor vielen Jahren aus der Nutzung der Atomkraft ausgestiegen.«[194]

Ach ja? Liegen Ahaus, Gronau und Jülich nicht mehr in Nordrhein-Westfalen? Oder kocht die grüne Schulministerin Sylvia Löhrmann ihren Kaffee oder Tee nur mit hausgemachtem Strom aus Windenergie? Der Satz soll manipulieren. Nur zwei Beispiele: Erstens liegen knapp 17 Prozent der Anteile des Atom- und Energiekonzerns RWE in kommunaler Hand. RWE arbeitet mit schätzungsweise »2000 Politikern und Verwaltungsbeamten« aus über 60 Städten und Kreisen in einer Art »zusammen«, die den Konzern immer wieder wegen Korruption ins Gerede bringt.[195] Für einen fürsorglichen Umgang mit RWE sorgt auch der Vorsitzende meiner Gewerkschaft ver.di, Frank Bsirske. Er ist Mitglied der Grünen. Er kassiert als stellvertretender Aufsichtsratsvorsitzender von RWE 234 000 Euro im Jahr 2009[196], zusätz-

4. KAPITEL

lich zu mindestens 160 000 brutto, die er als ver.di-Vorsitzender bekommt und zusätzlich zu all dem Geld, das er aus weiteren Aufsichtsratsposten bezieht. Ich erinnere mich, wie er in der Tarifkommission vortrug, dass er ein so extrem hohes Gehalt allein von ver.di beziehen müsse, weil er andernfalls »nicht auf gleicher Augenhöhe« mit seinem Tarifgegner zu verhandeln in der Lage sei. Was soll da ein Betriebsrat sagen?

Zweitens holt man sich den Atomstrom einfach aus dem niedersächsischen Grohnde und sonst woher. In Bielefeld koalieren die Grünen seit 2009 mit SPD und FDP. Die Bielefelder Grünen haben 2009 *vorab* der Laufzeitverlängerung der CDU/FDP-Regierung von 2010 für das AKW Grohnde zugestimmt, geben sich aber nach wie vor als AKW-Gegner. In ihrem Koalitionsvertrag steht: »Das Gemeinschaftskraftwerk Grohnde soll bis 2018 bzw. bei Laufzeitverlängerung durch Änderung der Beschlusslage bis zum Laufzeitende genutzt werden.«[197] Bei diesem »Gemeinschaftskraftwerk« handelt es sich um das 1985 in Betrieb genommene Atomkraftwerk Grohnde, Betreiber E.ON, an dem die Stadtwerke Bielefeld mit 16,7 Prozent beteiligt sind.

Eigentlich sollte das AKW Grohnde, dessen Bau wir mit den Aktionen von 1977 und danach nur verzögern konnten, das 1985 in Betrieb ging und das in den ersten zwei Jahren gleich siebenmal notabgeschaltet werden musste, nach den Plänen der Betreiber »nur« bis 2017 laufen. Dann machte die SPD/Grüne-Bundesregierung eine Verlängerung der Laufzeit bis 2019 möglich und zusätzlich die Einrichtung eines atomaren Zwischenlagers auf dem AKW-Gelände. Die CDU/FDP-Regierung verlängerte den Betrieb bis zum Jahr 2032. Die Liste der Störfälle allein im Jahr 2010 ist lang.[198] Auch dieses AKW ist eine Gelddruckmaschine. Was den Menschen nichts nützt, die an Krebs erkranken und sterben.

Die rot-grün regierte Stadt Bielefeld bezieht 53 Prozent ihres Stroms aus Grohnde und behält ihre AKW-Anteile,

DIE GRÜNE BRÜCKE ZUR ATOMFUSION

98   das nennt die rot-grüne Landesregierung »Ausstieg«. Die Grünen in Bielefeld winden sich. Inge Schulze, die grüne Fraktionsvorsitzende im Rat, klagt über eine »fast unlösbare Zwickmühle«: »Ein Verkauf der Bielefelder Anteile am AKW Grohnde an E.ON oder einen anderen Energiemulti bringt uns einer Abschaltung von Grohnde und bundesweit dem Ausstieg nicht näher«, einerseits. Andererseits: »Behält die Stadt Bielefeld über die Stadtwerke Bielefeld die Beteiligung am AKW, dann steht Bielefeld weiterhin kostengünstiger Strom zur Verfügung mit einer hohen Gewinnmarge für die Stadtwerke und einer hohen Ausschüttung an die Stadt Bielefeld. Dieser Gewinn ist angesichts der schwierigen Finanzlage der Kommune eine wichtige Einnahme im städtischen Haushalt.« Dann verrät sie aber noch, dass Bielefeld den Strom aus dem AKW nicht einmal braucht, sondern Strom in ungefähr der gleichen Menge *verkauft*. »Es ist eine Frage des Gewinns der Stadtwerke Bielefeld und der Stadt.«[199]

Heiko Tollkien, Kandidat der Grünen für den Stadtrat, gab zu, »für die Koalitionsvereinbarung gestimmt« zu haben »und damit auch direkt für den weiterlaufenden Bezug von Atomstrom aus dem AKW Grohnde durch die Stadtwerke und indirekt auch [für] eine Laufzeitverlängerung«. Er fragte sich, wie er jetzt bei der Anti-AKW-Demo in Berlin im September 2010 einem »aktiven Demonstranten ehrlich begegnen« solle? Er spielte es durch: »Hallo, ich bin der Heiko aus Bielefeld, der vor einem halben Jahr den Weiterbetrieb des AKW Grohnde mit ermöglicht hat – halt mal meinen grünen Luftballon, ich will fotografieren ...«[200] Heiko Tollkien hat sich ganz tapfer entschlossen, nicht zur Anti-AKW-Demo nach Berlin zu fahren.

Das rot-grüne NRW »aus der Nutzung der Atomkraft ausgestiegen«? Im nordrhein-westfälischen Atommülllager Ahaus, einem Brennelemente-Zwischenlager, lagern inzwischen mehr als 300 Castor-Behälter mit hochradioaktivem

4. KAPITEL

Atommüll. Hierher kommen strahlende Abfälle aus dem Atomforschungszentrum Jülich und aus der Wiederaufarbeitungsanlage La Hague, Betriebs- und Stilllegungsabfälle aus deutschen Atomkraftwerken, bestrahlte Brennelemente aus Leichtwasserreaktoren und so weiter. Die Zahl der Castor-Behälter soll verdoppelt werden. Damit wird Ahaus eine der größten Atommülldeponien Deutschlands. In der riesigen Halle dürfen in Zukunft bis zu 3960 Tonnen Kernbrennstoff in Castor-Behältern auf 370 Stellplätzen eingelagert werden,[201] noch etwas mehr als in Gorleben.

Atommüll, der aus dem stillgelegten Atomforschungszentrum in Rossendorf bei Dresden stammt, soll in die Wiederaufarbeitungsanlage Majak im Südural transportiert werden, in eine der am schwersten radioaktiv verseuchten Gegenden der Welt. Aufgrund von heftigen Protesten genehmigte Bundesumweltminister Norbert Röttgen (CDU) den Transport vorerst nicht, der Atommüll bleibt erst einmal in Ahaus.

Zurück zur rot-grünen Bundesregierung in Berlin (1998–2005). Haben sich die Grünen wenigstens gegen »Auslandseinsätze« deutscher Atomkonzerne gewehrt? Diese höchst profitablen und menschenrechtlich gemeingefährlichen Atomgeschäfte blieben auch in jenen sieben rot-grünen Regierungsjahren den meisten Menschen so sorgfältig verborgen, dass keine Historikerkommission eingesetzt werden musste. Die SPD/Grüne-Bundesregierung kündigte beispielsweise die Hermes-Bürgschaften für die brasilianischen Atomprojekte nicht, die im Jahr 2004 ausliefen. Und sie kündigte das deutsch-brasilianische Nuklearabkommen nicht, das zur Zeit der argentinischen Militärdiktatur von der SPD/FDP-Regierung unter Willy Brandt eingefädelt und unter Helmut Schmidt weitergeführt worden war.

Die Junta in Argentinien führte von 1976 bis 1983 »einen Vernichtungskrieg gegen die linke Opposition. Ihr wichtigs-

DIE GRÜNE BRÜCKE ZUR ATOMFUSION

tes Instrument dazu wurde das systematische ›Verschwindenlassen‹ [...] Die Verschleppten wurden in geheime Gefängnisse gebracht, dort oft wochenlang brutal gefoltert [...] und danach fast alle ermordet [...] ihre Leichen wurden entweder in Massengräbern verscharrt oder aus Flugzeugen ins Meer geworfen.« Die Militärs nannten ihre Wirtschaftspolitik »Neoliberalismus«. Alle Freunde der Junta waren entzückt über die Auslieferung argentinischen Reichtums an (auch deutsche) Konzerne, Militär und IWF.[202]

Deutsche Energiekonzerne wie Siemens co-finanzierten die brasilianische Diktatur. In Angra, dem einzigen erdbebengefährdeten Gebiet Brasiliens, sind zwei Atomreaktoren entstanden, ein drittes (Angra 3) soll 2018 ans Netz gehen. Deutschland gewährte allein für den Weiterbau von Angra 3 durch Areva/Siemens eine Hermes-Bürgschaft im Wert von 2,5 Milliarden Euro. 18 Umwelt- und Entwicklungsorganisationen forderten 2005 die SPD/Grüne-Regierung auf, den Vertrag zu kündigen. Aber da sei Siemens vor. Erst 2010, als die Grünen längst wieder zur parlamentarischen Opposition gehörten, erregten sie sich über neue Hermes-Bürgschaften.

Wenn man den Menschen Angst macht, dass zu ihren anderen finanziellen Belastungen zukünftig auch noch die Energiepreise in die Höhe klettern werden, ist das eine sehr wirkungsvolle Propaganda für Atomenergie. Die Chefs der vier großen Energiekonzerne veröffentlichten Mitte August 2010 große Zeitungsanzeigen, in denen sie gemeinsam »mit befreundeten Topmanagern und Prominenten davor warnten, voreilig aus der Atomenergie auszusteigen und überdies den Kraftwerksbetreibern hohe Steuern aufzubürden.«[203] Diese Propaganda ist noch älter als das älteste Atomkraftwerk.

Von 2000 bis 2008 haben die vier marktbeherrschenden Stromkonzerne E.ON, RWE, EnBW und Vattenfall Europa nach dem Abzug der Steuern 82,4 Milliarden Euro »verdient«.[204] Die Stromproduktionskosten sanken, die Stromkosten für PrivatkundInnen stiegen, Kostensenkungen werden nicht an sie weitergegeben.[205]

Strom aus AKWs ist nur scheinbar billiger, denn die SteuerzahlerInnen haben in den vergangenen rund 60 Jahren einen hohen Anteil der Forschungs-, Entwicklungs-, Sicherheits-, Entsorgungs- und Bürokratiekosten bezahlt und zahlen andauernd weiter. Der Staat hat die Atomindustrie von 1950 bis 2008 mit insgesamt − in heutige Preise umgerechnet − 203,7 Milliarden Euro finanziert.[206] Hätten die Atomkonzerne auch nur einen bedeutenden Teil der Kosten selbst tragen müssen, wäre die Atomtechnologie nie eingeführt worden.

Auch im Fall einer Atomkatastrophe muss der Staat, also die SteuerzahlerInnen, bezahlen, weil die Betreiber von Atomkraftwerken gegen einen solchen »Unfall« nicht annähernd ausreichend haftpflichtversichert sind. Geschätzte Kosten: 5,5 Billionen Euro. Die Betreiber von Atomkraftwerken müssen sich allerdings nur für 2,5 Milliarden Euro versichern.[207] Die versicherungstechnische Unterdeckung hat den vier Atomkonzernen E.ON, RWE, EnBW und Vattenfall seit 1950 Ausgaben zwischen 4,2 Milliarden und 11,4 Billionen Euro erspart.[208]

Übrigens verdanken Konzerne, zusätzlich zu allen anderen Wohltaten, einen der lukrativsten Deals der SPD/Grünen-Koalition: »Als Dankeschön für den Atomausstiegsbeschluss« verzichtete die rot-grüne Bundesregierung darauf, »die Rückstellungen der Konzerne für den späteren Abriss der Atommeiler zu besteuern.« Das brachte denen mehr als 20 Milliarden Euro.[209] Der kapitalistische Staat, alle Bundesregierungen, agiert hier sehr eindrucksvoll als »ideeller Gesamtkapitalist«, wie Friedrich Engels es im *Anti-Dühring* formulierte.[210]

DIE GRÜNE BRÜCKE ZUR ATOMFUSION

Die staatlich subventionierte Atomenergie machte die AKW-Betreiber so reich, dass deutsche Energiekonzerne auf Raubzüge in alle Welt gehen. Der Zugang zu Ressourcen und Rohstoffen »in aller Welt« wird ihnen ja dank der Verteidigungspolitischen Richtlinien zugesichert [mehr dazu in Kapitel 7].

Politischer Berater des Atomkonzerns RWE, der auch die hessischen Atomreaktoren Biblis A und B betreibt, wurde Joseph Fischer. Der ehemalige hessische Umwelt- und Bundesaußenminister berät OMV Gas & Power (Wien) und RWE Supply & Trading (Essen) in Sachen Nabucco-Gaspipeline; Baubeginn: 2011. Die Pipeline soll Europa via Türkei und Österreich mit kaspischen und anderen asiatischen Erdgasvorkommen verbinden. Die Beziehung des grünen Vorzeigeministers zum Atomkonzern RWE kann man »nachhaltig« nennen.

Fischer bezieht allein für diesen Job einen »sechsstelligen Betrag«[211], aber das zahlt RWE bei einem Umsatz von 48 Milliarden Euro, fünf Atomreaktoren und 70 000 Mitarbeitern aus der Portokasse.[212] Da ist es sicher nicht von Nachteil, dass Fischer 2003 im Namen der Grünen zugestimmt hat, dass die Förderung und Nutzung der Atomenergie in EU-Europa Verfassungsrang erhielt.

Um 4.30 Uhr am Morgen des 6. September 2010 unterzeichneten Bundeskanzlerin Merkel und die Vertreter der vier Energiekonzerne E.ON, RWE, EnBW und Vattenfall den »Förderfondsvertrag: Term Sheet aus Besprechung Bund – EVO«. Damit hob die schwarz-gelbe Bundesregierung den rot-grünen Atomkonsens aus dem Jahr 2000 auf und besiegelte den »sogenannten Ausstieg aus dem Ausstieg«. Wir wissen nun, dass uns nach dem Willen dieser Regierung »mindestens ein weiteres Vierteljahrhundert Atomenergie bevorsteht«, schreibt Detlef zum Winkel und fügt an: »Da man in solchen Zeiträumen schlecht planen kann, handelt

4. KAPITEL

es sich im Grunde um eine dauerhafte Garantie für Atomkraft.«[213]

Es rächte sich, dass der rot-grüne »Ausstieg« von 2000 (in Kraft seit 2002) keiner war. Gerhard Schröder und Joseph Fischer setzten dem Betrieb und der Nutzung von Atomkraftwerken kein Ende, sondern bauten, indem sie unter anderem die Übertragung von Reststrommengen von einem Kraftwerk auf ein anderes erlaubten, eine Hintertür, die so weit offen stand wie ein Tor in die atomare Zukunft es nur kann.

Die CDU/FDP-Bundesregierung behauptet, dass sie aus der Verlängerung der Laufzeiten der Atomkraftwerke viele Milliarden Euro Gewinn abschöpfen wird, mit denen sie die Förderung alternativer Energien finanzieren will. Die meisten Medien waren willfährige Marktschreier dieser Propaganda. Dass die Gelder aus einer Brennelementesteuer nur bis 2016 fließen sollen, wurde seltener erwähnt, es sind noch nicht einmal 15 Milliarden Euro. Ein paar Milliarden sollen in einen Fonds für erneuerbare Energien fließen – ich bin gespannt, wen sie beglücken werden –, weitere Milliarden Euro in die unmögliche, weil immer nur relative Sicherheit der zum Teil uralten Atomkraftwerke.

Den enormen Extra-Profit aus der Laufzeitverlängerung sacken die Atomkonzerne ein: Es sind je nach Lesart zwischen 100 und 200 Milliarden Euro.

Die ungeheuren Mengen Atommüll hingegen sind für uns alle da: 6000 Tonnen Atommüll, die bereits produziert sind, 4800 Tonnen, die bei Einhaltung der bisher geltenden AKW-Laufzeiten – auch durch die rot-grüne Regierung – dazukommen, und zusätzliche 4200 bis 4400 Tonnen, die der Vertrag vom September erlaubt. Das sind 15 000 bis 15 200 Tonnen, und bis zum Jahr 2040 werden es, wenn es so weitergeht, 21 600 Tonnen sein, »ein gigantisches Strahlenpotenzial«.[214] Wenn die Grünen in einer viertelseitigen

DIE GRÜNE BRÜCKE ZUR ATOMFUSION

vierfarbigen Anzeige in der *Süddeutschen Zeitung* klagen: »Der atomare Müllberg wächst – die Endlagerfrage ist ungeklärt«[215], vergessen sie ihren Anteil am Atommüll zu erwähnen, den ihr »Atomkonsens« von 2000/2002 für die seither vergangenen und für die nächsten Jahre gestattet hat. Es gibt keine und wird nie eine sichere Endlagerung über Jahrtausende geben.

Greenpeace hat Anfang September 2010 ausgerechnet, was die Konsequenz wäre, wenn die Konzerne die – wie auch immer berechneten – nicht mehr genutzten Strommengen auf ihre jüngeren Reaktoren übertragen und diese länger laufen lassen würden. Sollten die Atomkonzerne derart mit den sieben Alt-Atomkraftwerken und Krümmel verfahren, ginge das letzte Kraftwerk erst 2053 oder sogar erst 2064 vom Netz.[216]

Dann hoffen die Betreiber der *Atomfusion* so weit zu sein.

Setzen sich die Grünen wenigstens jetzt, in der Opposition, für alternative Energien ein? O ja, und für was für welche.

Die *Desertec Foundation* und die Münchner Rück initiierten das gigantische Projekt Desertec, bei dem es darum gehen soll, mit Hilfe solarthermischer Kraftwerke in der Sahara elektrischen Strom zu erzeugen und nach Europa zu transportieren – ganz nebenbei soll damit das Weltklima oder wenigstens ein Teil davon gerettet werden und vielleicht auch der Weltfrieden, übrigens von teilweise denselben Konzernen, die beides ruinieren ... Gigantisch werden auch die Profite des Kapitals sein, nicht nur der Gründungsmitglieder von Desertec: Deutsche Bank, Siemens, ABB, E. ON, RWE, HSH Nordbank und MAN Solar Millennium. Kostenschätzungen gehen heute schon von bis zu 1,5 Billionen Euro aus. Die deutsche Bundesregierung will zahlen, Wirtschaftsminister Brüderle hat den Investoren finanzielle Unterstützung zugesagt. Die Förderung sei zugleich Entwicklungshilfe.[217] Entwicklungshilfe für wen?

4. KAPITEL

Polizeistaatliche Regime wie in Marokko, Ägypten und Tunesien sind die Partner von Desertec.

Interessant ist auch, wie konkret die Grünen die Interessenvertreter deutscher Kapitalinteressen geworden zu sein scheinen und glauben, damit davonzukommen, wenn sie deren Projekte nur als »ökologisch« etikettieren. Als Desertec noch TREC hieß und 2008 sein neues Mega-Projekt der Öffentlichkeit vorstellte, war Ralf Fücks, Mitglied im Vorstand der grünen Heinrich-Böll-Stiftung, begeistert und freute sich über die Erfindung der »eierlegenden Wollmilchsau« im Energiebereich. Auf der Website der Heinrich-Böll-Stiftung darf der Aufsichtsratsvorsitzende der Desertec-Stiftung, Gerhard Knies, schreiben: »Da es um die Existenzsicherung für eine Weltbevölkerung von zehn Milliarden geht, erfordert der weltweite Übergang zu erneuerbaren Energien allerhöchste Priorität und Geschwindigkeit. Das Desertec-Konzept, also die Erschließung der bisher ungenutzten Sonnen- und Windenergie der Wüsten im großen Stil, könnte einen solchen Übergang möglich machen.«[218] Das klingt ziemlich berauscht.

Nun kennen wir die etwaigen Abhängigkeiten der Heinrich-Böll-Stiftung von der Solarwirtschaft nicht oder von den Betreibern von Desertec (siehe oben), und wollen auch nicht unterstellen, dass die Grünen schon ganz dabei sind, nur weil Herr Knies bei Böll auftritt und weil bei Desertec zwei Konzerne mitmachen, die ein Herr Fischer berät (Siemens, RWE) und der ehemalige Außenminister tatsächlich 2009 kurzfristig als Desertec-Repräsentant im Gespräch war. Den Job bekam 2010 übrigens der frühere deutsche Umweltminister und ehemalige Chef des UN-Umweltprogramms in Nairobi, Klaus Töpfer (CDU), dessen politische Kontakte nach Afrika allemal besser sind als die Fischers, der sich auch als Außenminister für Afrika nie sonderlich interessierte.

Was bedeutet ein Projekt wie Desertec? Was sind seine politischen Voraussetzungen? Wem gehört die Sahara? Was

DIE GRÜNE BRÜCKE ZUR ATOMFUSION

106 wird aus der Westsahara? Nicht hinterfragt, sagt Jutta Blume in der WOZ, wird der Strom»bedarf« Europas, des Nahen Ostens und Nordafrikas. Ausgeschlossen bleibt Afrika südlich der Sahara. Desertec beinhaltet ein großes Zerstörungspotenzial: Überflüssig gemacht würden dezentrale Systeme für die Gewinnung von Strom und Wärme aus erneuerbaren Energien. Mobile kleine sogenannte *solar-home-systems* wie im südlichen Afrika oder in Tunesien würden überrollt.

Desertec beantwortet auch die Machtfrage: Der gewaltige Netzausbau, der für Desertec zwischen Nordafrika, Europa und dem Nahen Osten nötig sein wird, übergibt alle Verfügungsgewalt an die großen Energieversorger. Alle angesprochenen Regionen wären aber problemlos auch dezentral mit erneuerbaren Energien zu versorgen. Und, so die berechtigte Kritik von *Eurosolar*: An das Netz wird man genauso gut Atomkraftwerke anschließen können.[219]

Erneuerbare Energien sind nicht per se »gut«. Imperiale Großprojekte zerstören die *demokratischen* Möglichkeiten, die in der Nutzung regenerativer Energien liegen. Zerstört wird die ökonomisch unglaublich potente, technisch machbare, aber vor allem ökologisch, sozial wie demokratisch einzige Alternative: ein dezentraler, öffentlich kontrollierter Mix aus regenerativen Energien.

Wohin soll es gehen? RWE-Chef Jürgen Großmann sagt, die »Brücke Atomkraft« müsse so lang und breit gemacht werden, bis »wir in eine neue Energiewelt eintauchen«. Die *Frankfurter Rundschau* hat gemerkt, worauf er hinaus will: »Nein, Ökostrom meint er nicht. Sondern das ferne Ziel Fusionsenergie.«[220]

Ein Atom*fusions*kraftwerk (AFKW) gibt im Normalbetrieb tausendmal mehr Radioaktivität ab und produziert fünfmal so viel radioaktiven Abfall wie ein heutiges AKW (Atom*spaltungs*kraftwerk). Unter dem Abfall ist Tritium

4. KAPITEL

(überschwerer Wasserstoff). Als Gas diffundiert es durch **107** fast alle Materialien. Tritium-Wasser ist chemisch von normalem Wasser nicht zu unterscheiden. Tritium wird deshalb vom menschlichen Körper aufgenommen und kann in jede Zelle eingebaut werden. Der Stoff ist krebserregend und genverändernd. Und: AFKW erhöhen die Gefahr der Herstellung von Atomwaffen.

Deutschland hat bisher Milliardenbeträge in diese größenwahnsinnige, gefährliche Technik gesteckt und sorgt in der EU dafür, dass auch hier gezahlt wird. Auch unter Rot-Grün wurde die Atomfusionsforschung in Deutschland weiter betrieben. Und es half, das darf nicht ungesagt bleiben, auch die SPD/PDS(Linkspartei)-Regierung in Mecklenburg-Vorpommern. Bundeskanzler Schröder lobte im Jahr 2000 die Linkspartei, weil sie in Greifswald über das übliche Maß der Aufgabenverteilung hinaus die Atomfusion fördere.[221]

Dank SPD, Grünen, CDU/CSU und FDP laufen die letzten Atomkraftwerke erst zur Mitte des Jahrhunderts aus. Damit wäre die Brücke zur Atomfusion gebaut, wovon die Atomkonzerne schon so lange träumen. Wäre der zeitliche Abstand zwischen dem Ende der Atomspaltungskraftwerke bis zum Beginn des Betriebs von Atomfusionskraftwerken durch Stilllegungen zu lang geworden, hätte das die Weiterentwicklung der Atomfusion behindern können. Was wäre das für eine Chance gewesen! Aber auch hier haben die Grünen nicht nur versagt, sondern die Situation verschlechtert. An dieser »Brücke« hin zu einer dauerhaften Nutzung der Mensch und Natur verseuchenden Atomenergie haben die Grünen mitgebaut, und das ist der Zynismus einer Partei, die einmal angetreten war, mit der Atomenergie endgültig Schluss zu machen.

DIE GRÜNE BRÜCKE ZUR ATOMFUSION

5. STUTTGART 21 –
VON DER KUNST DES VERRATS

» Ich plädiere [...] dafür, Schwarz-Grün als mögliche Konstellation unverkrampft in Erwägung zu ziehen und nicht von vornherein zu verteufeln. Da widerspreche ich in der Tat einigen meiner teilweise jüngeren Parteifreunde. Als ich jung war, da war ich sogar linksradikal und mein Idealismus für radikale Gleichheit auch noch ungebremst. Davon bin ich geheilt. [...] Vom Links-rechts-Schema halte ich nicht viel.«[222]

Winfried Kretschmann, April 2010

Als ob sich ihre Anhänger Scheuklappen vors Gesicht halten, gelingt es den Grünen, sich bei manchen Projekten immer noch als Oppositionelle darzustellen. Das schaffen sie sogar dann, wenn sie etwas Zerstörerisches, Unsoziales und Unökologisches selbst ermöglicht oder vorangetrieben haben. Und wieder einmal besteht, jetzt beim Widerstand gegen das Projekt *Stuttgart 21* (S 21), die konkrete Gefahr, dass sie dem Protest den Hals brechen, solange sie nur ein bisschen Regierungsmacht dafür bekommen. Bei S 21 geht es darum, den Kopfbahnhof von Stuttgart abzureißen, unter die Erde zu legen, zu drehen und einen Durchgangsbahnhof aus ihm zu machen und dann die frei werdenden Innenstadtflächen höchst profitabel zuzubauen.[223]

Als im Sommer 2010 die Bagger am Vordach des Bahnhofsnordflügels nagten, demonstrierten plötzlich 20 000 Menschen und hörten nicht mehr damit auf, sie übten alte Aktionen wieder ein und neue Parolen.[224] »Plötzlich« war der

Widerstand gegen S 21 allerdings nur für diejenigen, die sich all die Jahre nicht informiert oder die geglaubt hatten, das Projekt würde am Geld scheitern und im Sand verlaufen.

Der Widerstand gegen S 21 ist beinahe so alt wie das Projekt selbst: Das Vorhaben wurde 1994 bekannt gemacht. Die Grünen im Bundestag stimmten 1993, wie die Mehrheit im Bundestag und Bundesrat, für die »»Bahnreform‹ als erste Stufe der Bahnprivatisierung«.[225] Die »Reform« war eine Voraussetzung für S 21. Ende 1995 gründete sich die Initiative *Leben in Stuttgart – kein Stuttgart 21*.

Die Kritiker von S 21 hatten es viele Jahre schwer, gehört zu werden. 1996 lehnte der Gemeinderat ihren Antrag für einen Bürgerentscheid ab. Stuttgarter Grüne unterstützten die Proteste, aber die regierenden Grünen im Bundestag stimmten im Dezember 2004 dem Projekt S 21 zu.[226] Auf Unkenntnis konnten sie sich nicht berufen, schließlich waren baden-württembergische Grüne wie Winfried Hermann im Bundestag und Rezzo Schlauch war sogar Parlamentarischer Staatssekretär im Wirtschaftsministerium. Auch im Aufsichtsrat der Bahn hatten die Grünen einen Vertreter, den Bundestagsabgeordneten Albert Schmidt, auch der nickte dort S 21 ab.[227]

Es gibt heute *organisierte* S 21-Befürworter unter den Grünen, so zum Beispiel Stefan Faiß, Schatzmeister der Grünen im Kreis Esslingen, Professor an der Hochschule für Öffentliche Verwaltung und Finanzen. Er war einer der Redner auf der Kundgebung der S 21-*Befürworter* am 14. Oktober 2010.

In Frankfurt sprach der grüne Stadtverordnete Tom Koenigs, aus dem engsten Kreis um Joseph Fischer, 1988 begeistert von der Möglichkeit, den Frankfurter Hauptbahnhof in den Untergrund zu vergraben.[228] Meine FreundInnen und ich gehörten damals den Frankfurter Grünen noch an. Wir protestierten und argumentierten, mit der Folge, dass die Frankfurter Grünen wenigstens unterschiedlicher Meinung waren. Als dann 1996 das Projekt offiziell vorgestellt wurde, waren wir längst aus den Grünen ausgetreten, aber Koenigs, jetzt Stadtkämmerer eines rot-grünen Magistrats, war nach wie vor ein Anhänger von *Frankfurt 21*. Glücklicherweise gründete sich 1999 die Initiative *Frankfurt 22* mit kluger Kritik und alternativen Konzepten.[229] Das machte außerparlamentarischen Druck und am Ende gab es bei den Betreibern von *Frankfurt 21* finanzielle und andere Bedenken, so wurde das Vorhaben im Jahr 2000 beerdigt. Der schöne Frankfurter Kopfbahnhof von 1888 blieb oberirdisch und ist inzwischen saniert.

In Stuttgart lief die Sache leider anders. 2006 scheiterten mehrere Klagen der S 21-GegnerInnen vor dem Verwaltungsgericht. Die bis dahin größte Demo fand sich im September 2007 auf dem Marktplatz ein. Die Initiative *Leben in Stuttgart – kein Stuttgart 21* und ein breites Bündnis sammelten 67 000 Unterschriften für einen Bürgerentscheid, dessen Zulassung der Stuttgarter Gemeinderat im Dezember 2007 ablehnte. 2009 profitierten die Grünen vom wachsenden Widerstand gegen S 21 und wurden stärkste Fraktion im Gemeinderat (25,3 Prozent). Die rot-grüne Bundesregierung war seit vier Jahren beendet und die grüne Zustimmung zu S 21 im Bundestag, sofern je bekannt geworden, war offensichtlich vergessen. Auch die Liste *Stuttgart Ökologisch Sozial* (SÖS), die dem Widerstand entsprang, stieg auf 4,6 Prozent sowie die Linkspartei, die sich gleichfalls gegen S 21 gestellt hatte (4,5 Prozent).

Aufseiten der Betreiber gab es seit Jahren ein festes, mit viel Geld zuerst im Hintergrund agierendes Netzwerk aus PolitikerInnen, VertreterInnen der InvestorInnen, der Bahn, Prominenten und Medien. Sie taten jetzt alles dafür, das Projekt in den Himmel zu loben und die lauter werdende

Kritik an der stadtplanerischen, verkehrspolitischen, ökolo- **111**
gischen und finanziellen Seite unter die Gleise zu fegen. Im
Februar 2010 wurde der Baubeginn angekündigt. Es begannen die Demos gegen S 21, an denen regelmäßig 4000 bis
5000 Menschen teilnahmen, im Juli 2010 verdoppelte sich
die Zahl der DemonstrantInnen.

Der bis dahin größten Demonstration am 13. August anlässlich des Abrisses des Nordflügels, von der schon die Rede
war, folgten noch größere. Am 20. August 2010 demonstrierten 30 000, zwei Wochen später waren 65 000 Menschen
auf den Beinen.[230] Niemand konnte den Protest mehr übersehen, also versuchte man ihn herunterzuputzen. Einige
große Medien, eng verfilzt mit den Interessen des Staates,
der Bahn und der Investoren, unterstellten, es handele sich
bei der großen Mehrheit der Protestierenden um wohlsitu-
ierte, eigennützige BürgerInnen aus den Villen an den Hängen (den »Halbhöhen«), die sich durch die Bauarbeiten
belästigt fühlten.

Aber das benannte nur ein Motiv. Manche wollen den
denkmalgeschützten Bahnhof bewahren. Andere den Schloss-
park, die uralten Bäume, das Ökosystem. Die weitere Zerstörung ihrer Stadt durch die geplante höchst profitable Bebau-
ung des Bahnhofsgeländes und Schlossparks verhindern.
Viele kritisieren die explodierenden und undurchsichtigen
Kosten des Projekts, die bei einem zweistelligen Milliarden-
betrag liegen. Geld, das der Bahn überall fehlt, wie man im
täglichen Pendlerverkehr, bei der maroden Berliner S-Bahn
oder beim ersten Schneefall im ganzen Land beobachten
konnte. Manche S 21-GegnerInnen fürchten den jahrelangen
Baustellenlärm so wie andere in Frankfurt, Köln oder Berlin
den Fluglärm. Andere kritisieren, dass die Verringerung von
heute 16 auf nur noch 8 Gleise das Reisen beeinträchtigen
wird. Viele aber hatten es einfach satt, angelogen und nicht
beteiligt zu werden. Sie fordern mehr Demokratie.

STUTTGART 21 – VON DER KUNST DES VERRATS

Die Motive mischen sich so wie die Milieus und Einstellungen. Einige hatten noch nie in ihrem Leben demonstriert (auch der eine oder andere erfahrene Linke soll ja nicht in fertigem Bewusstseinszustand auf die Welt gekommen sein). Andere hatten Erfahrungen am Rand der APO gesammelt, in der Friedens- oder Anti-AKW-Bewegung. Dieter Rucht, Soziologe am Berliner Wissenschaftszentrum für Sozialforschung, fand mittels einer Umfrage im Oktober 2010 heraus: »Entgegen landläufiger Auffassung« komme die Mehrzahl der Stuttgart-21-Gegner »nicht aus dem konservativen Milieu, sondern ordne sich selbst der linken Mitte zu. Über 50 Prozent der Befragten sind zwischen 40 und 54 Jahre alt. Es sind die Akademiker, die den Widerstand tragen.«[231] Und: »Als Hauptmotive des Widerstands wurden die hohen Kosten für das Projekt, Demokratiedefizite bei der Umsetzung der Baupläne sowie die Profite für Banken und Baukonzerne genannt.« 75 Prozent würden, (das war im Oktober 2010), die Grünen wählen.[232]

Natürlich kann man sich fragen, was haben diese gebildeten Leute mittleren Alters in den vergangenen 10 bis 30 Jahren gemacht? Warum gehen sie jetzt auf die Straße und nicht, wie Hermann Gremliza zornig fragt, »gegen Kriege und Berufsverbote, nicht gegen die Plutoniumwirtschaft, nicht gegen prügelnde Bullen, nicht gegen Faschisten«? Gehören »80 oder 70 Prozent, mindestens aber eine absolute Mehrheit der Stuttgarter Demonstranten zu den Sympathisanten jenes Rassenkundlers [gemeint ist Thilo Sarrazin, J. D.], der in diesen Wochen die Wahrheit über Deutschland 21 ans Licht getrieben hat«?[233] Wo genau liegt eigentlich diese »linke Mitte«?

Ja, das alles muss man fragen. Gewiss sind manche S 21-GegnerInnen in den angesprochenen Fragen unsere GegnerInnen. Viele von ihnen haben nicht gegen den Jugoslawienkrieg protestiert, keine Kritik am »Kampf gegen den Terror« geübt und die sozialen Folgen der Agenda 2010 ignoriert. In derselben Zeit haben sie vielleicht im Konkurrenzkampf die Ellenbogen ausgestreckt, irgendwelchen esoterischen Gurus gehuldigt oder ihre Kinder geschlagen. Das wäre ihnen unbedingt vorzuwerfen, aber nicht, dass sie sich jetzt und hier organisieren. Übrigens sind die genannten Handlungsweisen bei TeilnehmerInnen linker Demos leider auch nicht immer auszuschließen.

Ein wirklich großer Fehler wäre es aber, die Auseinandersetzungen über diese anderen Fragen in der S 21-Bewegung gänzlich auszusparen und damit zu vergeuden, wofür die Bewegung neben dem Protest gegen S 21 vor allem taugt: für fortschrittliche Politisierung. Und dabei gehen mir »linke« VolksversteherInnen, die der Harmonie »mit der Masse« jeden schönen Konflikt opfern, mehr auf den Geist als manch ein verwirrter Bürgerlicher. Handelt es sich bei der Protestbewegung gegen S 21 um eine bürgerliche Bewegung oder nicht vielmehr um eine Bewegung der *Verbürgerlichten* – mit allen Ambivalenzen?[234] Das könnte auch manch einen absurden Auftritt erklären. Auf der Kundgebung am 2. August 2010 bezog sich Andreas Keller, der ehemalige Intendant der Internationalen Bachakademie, lobend auf das Bundeswehrgelöbnis vom 30. Juli (gegen das AntimilitaristInnen protestiert hatten) und sagte: »Lassen Sie uns die Form des öffentlichen Gelöbnisses übernehmen. Es ist beeindruckend.«[235] Einige buhten und pfiffen, die meisten aber sprachen Halbsatz für Halbsatz nach: »Wir geloben, den Bahnhof zu schützen ...«

Ob das zerstörerische Projekt aufgehalten werden wird, weiß noch niemand. Und keiner weiß, was genau gelernt wird, das über die anfänglichen, individuellen Motive hinausreicht. Wie entwickelt sich der Protest weiter? Gelingt es, die ökologische Frage mit der sozialen zu verbinden? Wie viele S 21-GegnerInnen werden sich befrieden und in

114   staatstragende Parteiinteressen einbinden lassen. Und welche Rolle spielen dabei die Grünen?

Als die Demonstrationen im Sommer 2010 anschwollen, wurden die ParteipolitikerInnen nervös. Winfried Kretschmann, der grüne Fraktionschef im Landtag, lud Ministerpräsident Mappus (CDU), Bundesverkehrsminister Ramsauer (CSU), Oberbürgermeister Schuster (CDU) und die Bahn AG an einen – man kann es nicht mehr hören – »runden Tisch«. Gangolf Stocker, Sprecher des Aktionsbündnisses gegen Stuttgart 21, ärgerte sich, »da verstehe ich Winfried Kretschmann nicht so ganz«, dass der Grüne nicht auf einem Abrissstopp als Bedingung für die Gespräche bestand, das widerspreche den Absprachen.[236] Bahnchef Rüdiger Grube missfiel der anschwellende Protest auch, wo doch so schön lange Ruhe geherrscht hatte; zum Zwecke der »Deeskalation der Proteste« wollte er aber jetzt bitte auch einen Tisch, einen runden.

Es war genau die Zeit, in der die Aktionen praktischer wurden; zum Beispiel gelang es einigen S 21-Gegnern, den Metallgitterzaun, der die Zerstörung des Nordflügels des Hauptbahnhofs absicherte, durchzusägen und in den eingezäunten Abschnitt vorzudringen.[237] Kretschmann schlug einen vorläufigen Baustopp vor, aber gleichzeitig auch einen Stopp der Demonstrationen und Protestveranstaltungen. Die *Frankfurter Allgemeine Zeitung* kommentierte: »Offenbar wächst bei den Grünen, die den Protest über Monate befördert haben, die Sorge, dass die Situation in den kommenden Tagen und Wochen eskalieren könnte und auch sie hierfür politisch verantwortlich gemacht werden könnten«.[238]

Der öffentliche Raum, in dem sich Menschen begegnen, die sich in Opposition befinden, ist auch der Ort an dem soziale Lernprozesse vorangetrieben werden. Auch das macht Stadtplanung hochpolitisch. Viel besser als jeder Club, jede Kneipe oder jedes Kulturzentrum ist die *Straße* als der Raum

5. KAPITEL

geeignet, an dem sich Biografien von Menschen überschnei- **115**
den, die sich sonst nie begegnet wären, schon gar nicht in
den üblichen, nach Altersgruppen, sozialer Herkunft, Life-
style und Konsumverhalten sortierten und mindestens un-
sichtbar gegen *Milieufremde* und *Abweichende* abgeschotteten Einrichtungen. Sie alle treffen auf der *Straße* aufein-
ander.

Diese irritierende Unberechenbarkeit kleinzuschlagen
war das Anliegen des Staates am 30. September 2010 im
Stuttgarter Schlossgarten. Der autoritäre Staat blendete die,
die ihn infrage zu stellen wagten. »Beweis- und Festnahme-
einheiten« (BFE) rückten gegen Jugendliche vor. Hochgerüstete Polizisten knüppelten Jugendlichen und Alten die
Köpfe blutig, sprühten ihnen mit chemischem Kampfgas in
die Augen, welches sie und die Medien als »Pfefferspray«
oder »Reizgas« verharmlosen. Der *blutige Donnerstag* vom
30. September änderte einiges. (Ich nenne ihn »blutig«,
denn »Schwarzer« Donnerstag hat eine rassistische Schlagseite).

Der Polizeieinsatz war ursprünglich für 15 Uhr geplant,
der Stuttgarter Polizeipräsident Siegfried Stumpf zog ihn
jedoch kurzerhand auf 10 Uhr vor. »Der Einsatz wurde vor-
verlegt, weil der eigentliche Termin durchgestochen wurde
und am Sonntag die Einsatzkräfte in Bremen gebraucht
würden zum Tag der Deutschen Einheit.«[239] Damit begann
der Einsatz zur gleichen Zeit wie eine angemeldete Schüler-
demonstration. Über 1000 Jugendliche zwischen 15 und 18
Jahren versammelten sich am Hauptbahnhof.

Als Überraschungscoup hatte die Polizei eine Absperrung
errichten wollen, um dahinter während der Nacht 25 uralte
große Bäume zu fällen. Aber die Polizeitrupps aus Bayern,
welche die Baufahrzeuge der Rodungsfirma begleiten sollten, verspäteten sich. So gelang es den S 21-GegnerInnen
via SMS und E-Mail 25 000 Menschen zu alarmieren. Einige
besetzten die Lkws der Polizei, auf denen die Absperrgitter

STUTTGART 21 – VON DER KUNST DES VERRATS

transportiert wurden, andere blockierten die Zufahrtswege der Einsatzwagen.

Ihr Scheitern machte die Polizei wütend und rachelüstern, sie meldeten ihrem Polizeipräsidenten Stumpf eine »insgesamt sehr aufgeheizte und aggressive Stimmung« – angeblich unter den DemonstrantInnen. Stumpf stimmte dem Schlagstockeinsatz und dem Einsatz von Wasserwerfern zu, das war in Stuttgart das erste Mal seit 40 Jahren. Er ließ Hundertschaften, darunter martialisch gekleidete Sondereinheiten, mit Schlagstöcken und Pfeffersprays auf SchülerInnen und RentnerInnen los. Die Mannschaften in den Wasserwerfern vergifteten ihre Wassertanks mit Kampfgas, sie erhöhten und konzentrierten den Wasserdruck und feuerten – auf Kinder, Jugendliche, Alte und alle anderen Demonstranten. Sie schossen hemmungslos, auch in die Gesichter. Sie kegelten Baumbesetzer von den Bäumen und riskierten, dass sie gelähmt sein würden. Der Einsatz dauerte vier Stunden, »bis zum letzten Wasserstoß um 16.33 Uhr vervierfachte die Polizei den Wasserdruck« aus vier Wasserwerfern. Dann war der Bauplatz frei. Tausende protestierten jetzt an den Gittern, hinter denen bis zum frühen Morgen 25 Bäume gefällt wurden.[240]

Die Polizei hatte nicht, wie vor einem solchen Einsatz üblich, die Rettungsdienste informiert. Aber unter den DemonstrantInnen waren ÄrztInnen und medizinisch erfahrene Menschen, die sofort mit den notdürftigsten Mitteln halfen und ihren Einsatz später als »Kriegsmedizin« und »Katastrophenmedizin«[241] beschrieben. Mehr als 400 Menschen waren verletzt, mindestens vier von ihnen schwer, Hunderte leichter, viele bluteten, waren benommen, hatten Risse, Prellungen, Schmerzen.

Der Staat blendete vier Menschen dauerhaft. Er schoss ihnen mit Wasserwerfern in die Augen.

Alexander Schlager hatte noch sechs Wochen später Blut in seinem rechten Auge und ein immer noch geschwollenes

5. KAPITEL

Gesicht, sein Sehvermögen droht beeinträchtigt zu bleiben. Der 31-Jährige hatte, wie ja immer verlangt, gewaltfrei demonstriert und sich in die hintere Reihe einer Sitzblockade gesetzt. Als er aufstand, traf ihn der Wasserschuss hart ins Gesicht, seine Brille flog weg und er stürzte zu Boden. Über sein Gesicht floss Blut, er konnte sein rechtes Auge nicht mehr öffnen. Die Netzhaut war gerissen. Am nächsten Tag wurde er operiert.

»Wenn ich auf meine Hand schaue, sehe ich nur einen Schatten, nicht wie viele Finger ich habe«, sagte Daniel Kartmann. Ein Wasserschuss zerriss ihm die Iris. Der freiberufliche 33-jährige Schlagzeuger, Vater von drei Kindern, weiß nicht ob er je wieder richtig sehen können wird. Erst einmal ist er arbeitslos, er kann keine Noten mehr lesen.[242]

Die Polizei schoss Dietrich Wagner ein Auge aus und zerstörte das zweite. Die Augenlider des 66-jährigen Rentners sind zerrissen, der rechte Augenbogen ist gebrochen, die Netzhaut eingerissen. Er wird auf einem Auge blind bleiben, auf dem anderen Auge hat er nur noch eine Sehleistung von acht Prozent und kann höchstens schemenhaft sehen. Wagner hatte sich schützend vor die zu seinen Füßen zusammengepferchten Schüler gestellt. Er erinnert sich: »Ich erhob meine Arme und winkte mit beiden Armen dem Wasserwerferfahrer und den anderen Beamten zu, um sie zum Einhalten zu bewegen.« Dann wurde er von einem Wasserwerfer angegriffen, die Polizisten schossen ihm mit direktem harten Strahl ins Gesicht, er fiel und verlor das Bewusstsein.[243]

Dass der Staat seine BürgerInnen nun auch mit Wasser blendet, wenn sie ihm nicht gehorchen, ist eine technische Neuerung des 21. Jahrhunderts.

Mit höchstmöglichem Druck schoss ein Wasserwerfer bei den Protesten gegen den G8-Gipfel in Heiligendamm im Juni 2007 ins Gesicht des Heilpraktikers und Rettungssanitäters Steffen B., zertrümmerte sein linkes Jochbein und riss ihm ein Augenlid halb ab. Er ist heute auf dem linken Auge blind, verlor seine Arbeit als Heilpraktiker und als Rettungssanitäter und bezieht Hartz IV. Die Rostocker Staatsanwaltschaft stellte 2009 die Ermittlungen wegen schwerer Körperverletzung ein und wertete den Fall als »bedauerlichen Unfall«.[244] Das Oberlandesgericht Rostock wies seine Beschwerde ab und meinte, es könnten Beamte aus Nordrhein-Westfalen gewesen sein.[245]

Bevor sie aus der Landesregierung von Mecklenburg-Vorpommern geflogen war, hatte die Linkspartei (damals PDS) geholfen, viele Millionen Euro in den Haushalt einzustellen, mit denen die Repressionen gegen die G8-Gegner bezahlt werden konnten.[246] In der eigens geschaffenen »Besonderen Aufbauorganisation (BAO) *Kavala*« herrschte eine »in der verfassungsmäßigen Ordnung so nicht vorgesehene verschränkte Zusammenarbeit von Bundes- und Landesbehörden und des Militärs mit der Landespolizei. Sämtliche Polizeiaufgaben im Zusammenhang mit dem Gipfeltreffen wurden Kavala übertragen.«[247] Die Mitverantwortung der Linkspartei/PDS für die rechtliche und finanzielle Vorbereitung des Gipfels könnte erklären, warum sich ihre Landtagsfraktion bei der Aufklärung und rechtlichen Verfolgung der Repressionen nach Heiligendamm so schwer tat.[248]

Wenn die Bewegung gegen S 21 die Erfahrung machen könnte, das Projekt zu verhindern, könnte daraus die Kraft erwachsen, sich auch andere Vorhaben von Staat und Kapital genauer anzusehen. Aber sie sollen keinen Erfolg haben dürfen. Das könnte eine unberechenbare Situation schaffen, die die Interessen staatstragender Kreise stört. In solchen Fällen heißt das Rezept »Mediation« oder »Schlichtung«.[249]

Hätten sich die S 21-GegnerInnen doch nur ein Beispiel an den Anti-Castor-Initiativen genommen! Die waren klug genug, die im Herbst 2010 »vom Ministerium ins Gespräch gebrachte Mediation nach Stuttgarter Vorbild« abzulehnen:

5. KAPITEL

»Das kommt 33 Jahre zu spät.«[250] Solche Befriedungsangebote kommen immer unpassend: Sie treffen ja erst ein, wenn eine Bewegung beunruhigend stark geworden ist und töricht wäre, sich auf eine Mediation oder Schlichtung einzulassen.

Jetzt wurden die Grünen gebraucht. Es musste eine »Schlichtung« her. Die Grünen schlugen Heiner Geißler als Schlichter vor. Nach den Bildern von verletzten Köpfen und blutend leeren Augenhöhlen hatte Ministerpräsident Mappus begriffen, dass er anders auftreten musste, auch im Parlament dröhnte er nicht mehr so selbstherrlich: »Auch mich haben die Bilder berührt. Unser Mitgefühl ist bei den Verletzten auf beiden Seiten. [...] Der Streit um ein Eisenbahnprojekt darf nicht dazu führen, dass Menschen verletzt werden – weder unter den Demonstranten noch unter unseren Polizistinnen und Polizisten.«[251] Er griff in seiner Rede Winfried Kretschmanns »Vorschlag« auf, Heiner Geißler zum »Vermittler« zu machen. Kretschmann wiederholte zwar seine Forderung nach einem Baustopp, »wohl um diese Verhandlungsposition nicht zu früh zu räumen«, sagte dann aber, »seine Partei habe sich entschieden, sich ›in die Hände des Herrn Geißler‹ zu begeben.«[252] *Frankfurter Allgemeine Zeitung*: »Der hat ihnen mit dem – zuvor von der Protestbewegung vergeblich geforderten – vorübergehenden Baustopp nun wenigstens Aufschub verschafft.«[253]

Zur Berechenbarmachung, nicht des Bahnhofs, sondern des Widerstands, braucht der Staat »vernünftige« grüne PolitikerInnen, als ob diese Vernunft je etwas anderes war als das ganz gewöhnliche verklärte *Interesse* des Bürgers. Was ist das Interesse des Bürgers Kretschmann und seiner politischen Freunde? Mitzuregieren, bourgeoise Reputation zu gewinnen, teilzuhaben an *staatlicher* Macht? Einige ihrer Verbündeten haben es ja schon geschafft. Und sie selbst war-

120 ten schon so lange darauf, dass sie darüber alt und grau geworden sind.

Der nur in diesem Sinne sehr vernünftige Kretschmann hält es mit K-Gruppen: Der 63-jährige Gymnasiallehrer war in den siebziger Jahren Mitglied des Kommunistischen Bundes Westdeutschlands (KBW). Mit den Grünen machte er Karriere: 1980 Landtagsabgeordneter, viele Jahre Fraktionsvorsitzender, 1985/86 Leiter des Grundsatzreferats im hessischen Umweltministerium unter Minister Joseph Fischer. Wie Fischer ist Kretschmann Katholik (auch Fischer ist in seinen »radikalsten« Zeiten nicht aus der Kirche ausgetreten), ein praktizierender sogar, er gehört seit einigen Jahren dem Zentralkomitee der deutschen Katholiken und dem Diözesanrat des Erzbistums Freiburg an.

Seit den achtziger Jahren gehört Kretschmann mit Fritz Kuhn zu den frühesten grünen BefürworterInnen einer Koalition mit der CDU, später traten dem Club viele Grüne bei, nicht nur der Parteivorsitzende Cem Özdemir.

Winfried Kretschmann könnte im Frühjahr 2011 Ministerpräsident von Baden-Württemberg werden. Das hätte höchst profitable Folgen für sehr viele grüne Mitglieder, eine Flut von hoch bezahlten Jobs mit lukrativen Staatspensionen bis ans Lebensende, eine Menge Einfluss, soziale Anerkennung, eine Masse an Privilegien. Nicht parteigebundene S 21-GegnerInnen sollten diesen Antrieb bei ihren grünen BündnispartnerInnen *niemals* unterschätzen. Schon gar nicht in Zeiten, in denen auch die grüne Mittelschicht mehr als sonst von Abstiegsängsten geplagt wird. Die Zahl der Personen, die davon unberührt und unbeeinflusst bleibt, ist winzig.

Gangolf Stocker, Sprecher der Initiative *Leben in Stuttgart*, sagte Anfang Oktober hoffnungsvoll: Je mehr sich die Grünen »in der Frage Stuttgart 21 festlegen, desto mehr sind sie auch daran gebunden. Es ist eigentlich undenkbar, dass sie

5. KAPITEL

in eine Regierung gehen, die das Projekt weiterführen will. **121**
Das würde ich mittlerweile wirklich ausschließen. Ich kenne
die Akteure bei den Grünen«.[254] Vielleicht kennt er sie nicht
so gut, wie er denkt. Manchmal heißt »undenkbar«, dass
einer lieber nicht denken möchte, weil er das traurige Ergebnis schon ahnt. Eine Journalistin fragte Stocker: Ob er
das glaube, obwohl die Grünen in Hamburg damit Wahlkampf gemacht haben, dass sie das Kohlekraftwerk Moorburg verhindern wollten, in der Koalition aber dann zugestimmt haben? Stocker ist überzeugt: »Sie wären damit aus
der Landespolitik abgemeldet, wenn sie da wackeln würden,
und zwar für die nächsten zehn, fünfzehn Jahre, und das
wissen sie auch.«[255]

Die Grünen waren einmal bedingungslos gegen den Krieg
und gegen jede Beteiligung der Bundeswehr an internationalen Militäreinsätzen. Dann wurden sie mitverantwortlich
für die erste Beteiligung Deutschlands an einem Krieg, 1999
gegen Jugoslawien. Seither sind ihre Wahlergebnisse *angestiegen*. Was sagt uns das über die Grünen? Und was sagt
uns das über ihre WählerInnen?

Ende Oktober 2010 begann die Arbeit des Untersuchungsausschusses über den »blutigen Donnerstag«, eingerichtet
auf Antrag der Grünen und der SPD im Landtag. Es stellte
sich heraus, dass der Stuttgarter Polizeipräsident Stumpf am
Tag vor dem blutigen Donnerstag sein Einsatzkonzept den
Vertretern von fünf Ministerien und Ministerpräsident
Mappus präsentiert hatte.[256] Und es hatte mindestens ein
weiteres Gespräch zwischen der Polizeiführung und Mappus gegeben. Nach 69 Zeugen, zweieinhalb Stunden Film-
material und 2250 Aktenseiten war man nicht viel weiter.
Natürlich wurde keine schriftliche Anweisung des Ministerpräsidenten an die Polizei gefunden. Mappus dementierte
jede politische Einflussnahme auf den Polizeieinsatz. Klar
wurde aber, dass er »die politische Verantwortung sogar mit

STUTTGART 21 – VON DER KUNST DES VERRATS

122 Macht an sich gezogen hatte. Nicht der Innenminister, sondern er war direkt in die Diskussion mit der Polizei eingebunden.« Mappus machte Druck, der 3. Oktober stand bevor und seine Regierungserklärung, da sollte geräumt sein. »So ist auch die Hektik und Hast der polizeilichen Vorbereitung politisch zu erklären. Heute wissen wir, dass es innerhalb der Polizei die Auffassung gab, dass eine Räumung mit verhältnismäßigen Mitteln nicht möglich sei.«[257]

Filmausschnitte zeigten DemonstrantInnen bei Gewalttaten: beim Werfen von Kastanien gegen heranwütende, knüppelnde und gassprühende Polizisten.[258]

Tja, was hätten die konservativen Südwestgrünen tun sollen, wenn die Demonstrationen einfach ungeordnet, ungeschlichtet, unberechenbar weitergelaufen wären und die Grünen vielleicht wegen möglicher »Ausschreitungen«, mit denen uneinsichtige WählerInnen sie identifiziert hätten, kurz vor der Landtagswahl, nach der sie zum ersten Mal einen Ministerpräsidenten hätten stellen können, ihr konservatives Wahlpublikum vor den Kopf gestoßen hätten? Hätten sie sich dann aber wiederum von den Anti-S 21-DemonstrantInnen distanziert, wären ihnen ihre linksbürgerlichen WählerInnen aus der Wahlkabine gehüpft. Also schön vorsichtig. In diesem Dilemma war der Geißler im Schafspelz genau der richtige Mann.

Heiner Geißler, langjähriger CDU-Generalsekretär und Bundesminister unter Helmut Kohl, ist Mitglied bei attac, Schlichter in Tarifkonflikten im Baugewerbe und bei der Bahn. Er will inzwischen einen irgendwie *besseren* Kapitalismus, nicht mehr ganz so Turbo. Ausbeutung, Mehrwert, Profit – ja klar, aber nicht übertreiben. Hat Geißler sich geändert? Am 15. Juni 1983 hatte er im Bundestag eine Rede zur Verteidigungspolitik gehalten und gesagt: »Der Pazifismus der dreißiger Jahre, der sich in seiner gesinnungsethi-

5. KAPITEL

schen Begründung nur wenig von dem unterscheidet, was wir in der Begründung des heutigen Pazifismus zur Kenntnis zu nehmen haben, dieser Pazifismus der dreißiger Jahre hat Auschwitz erst möglich gemacht.«[259] Heute schwärmen Leute für Geißler, die ihn früher für solch infame Aussagen angegriffen hätten. Dabei hat er die Aussage nie zurückgenommen, was sich manche gern einbilden wollen. Kürzlich sagte Geißler sogar frech − auf seine Pazifistenschmähung angesprochen −, »nicht er, sondern die Leute [hätten] sich geändert«[260].

Die einzig klare Linie bei den Schlichtungsgesprächen hielten die Parkschützer ein, deren Sprecher Matthias von Herrmann vor Beginn der Schlichtung gefordert hatte: »Wir werden uns mit Heiner Geißler nur an einen Tisch setzen, wenn wirklich alles stillsteht.« Konsequenterweise zogen sich die Parkschützer dann aus der Schlichtung zurück, weil trotz Geißlers Behauptung im Park weitergebaut wurde.[261]

Die erste Schlichtungsrunde, übertragen von Phoenix und vom SWR, hatte mehr Zuschauer als die SWR-Telenovela *Rote Rosen*. Phoenix freute sich über die zweithöchste Einschaltquote seit seiner Gründung. Es gibt also offensichtlich ein Interesse am Blick hinter die Kulissen, an der Teilnahme an Entscheidungen, die das eigene Leben betreffen.

Der inzwischen allseits bekannte Schlichterspruch lautete: Stuttgart 21 soll gebaut werden, mit ein paar Extras und Extrakosten, und das Ganze nennt sich »S 21 plus«.

Heiner Geißler wusste besser als manch S 21-Gegner, dass ihm gelungen war, »die Austragung des Konfliktes [zu] harmonisieren und [zu] humanisieren«.[262] Es gelang ihm auch, einen Keil in die Bewegung zu treiben, als er sagte: »Aber niemand kann die Verantwortung übernehmen für kleine Gruppierungen wie die *Aktiven Parkschützer*, die an der Schlichtung nicht teilgenommen haben. Das sind vielleicht 15 Leute mit vielleicht noch einmal 50 Anhängern. Sie sind keine Massenbewegung, sie sind nicht die eigentlichen Träger des Alternativkonzepts. Die Träger sind vielmehr die Zehntausende Bürger von Stuttgart, ganz normale Leute, die die Methoden der Parkschützer ablehnen. Und das Gründungsziel der Parkschützer ist ja erreicht. Sie wollten den Park schützen. Genau das ist eine der Verbesserungen, die in der Schlichtung erzielt worden sind. Keine gesunden Bäume werden gefällt.«

Ich habe nichts davon gehört, dass die Grünen die unverschämten Spaltungsversuche ihres Schlichters zurückgewiesen hätten. Auch hier zeigte sich die parteitaktische Kunstfertigkeit des CDU-Mannes.

Winfried Kretschmann gab sich ganz begeistert vom Schlichter und seinem Spruch: Geißler habe das »ganz glänzend und charmant gemacht, und ohne ihn und seinen Charme, seine Autorität, seine Kenntnis, seine Abgeklärtheit wäre das niemals so erfolgreich verlaufen.« Natürlich werde man weiter protestieren, denn die Schlichtung habe ja ergeben, »dass unser Alternativkonzept Kopfbahnhof tatsächlich technisch machbar und realisierbar ist. Insofern haben wir da natürlich eine Differenz zum Schlichterspruch. Trotzdem glaube ich, es war ein großer Erfolg, denn die Bahn muss jetzt einen Stresstest für Stuttgart 21 vorlegen. Das heißt, ihr eigenes Konzept wird jetzt erst mal geprüft, und das ist doch nach 15 Jahren Planung ein ziemlicher Offenbarungseid.«

Tagesthemen-Moderator Tom Buhrow fragte: »Aber auf der anderen Seite sagt der Schlichterspruch: kein Baustopp und Stuttgart 21 unterirdisch wird gebaut. Und Sie picken sich jetzt gerade nur das heraus, was für Sie spricht?«

Kretschmann: Wenn nachgebessert werden müsse, dann wird das »wieder eine halbe Milliarde mehr kosten und dann wird das Kosten-Nutzen-Verhältnis für Stuttgart 21 noch schlechter, als es jetzt ist, und unsere Alternative, die etwa die Hälfte kostet, noch attraktiver«. Ja, man halte am oberirdischen Kopfbahnhof fest.

5. KAPITEL

»Wofür das ganze Schlichterverfahren?«, fragte Buhrow.

Kretschmann: »Das Schlichterverfahren war ja eine Sach- und Faktenschlichtung und sie hat jetzt erst mal erreicht, dass im öffentlichen Raum auf gleicher Augenhöhe Projektbefürworter und -gegner aus der Zivilgesellschaft miteinander auf sehr hohem Niveau verhandelt haben.«

Buhrow fragte, ob Kretschmann, falls er Ministerpräsident würde, »alles wieder über den Haufen werfen [würde] und trotz des heutigen Schlichterspruchs Stuttgart 21 stoppen?«

»Ja«, sagte Kretschmann, »das werden wir auf jeden Fall versuchen und jedenfalls darüber einen Volksentscheid herbeiführen, damit das Volk in dieser wichtigen Frage das letzte Wort hat.«[263] Wutsch, da war es wieder, das Hintertürchen. Denn eine Landesregierung könnte qua Mehrheit ja auch aus dem Projekt aussteigen. Und von einer Volksabstimmung über den *Stuttgarter* Hauptbahnhof nur in Stuttgart hört man von den Grünen gar nichts.

Im Jahr 2010 veränderte sich das rechnerische Verhältnis von CDU, SPD und Grünen bei Wahlumfragen drastisch. Im Februar lagen die Parteien wie folgt: CDU 43, SPD 20, Grüne 17 Prozent. Am 8. Oktober, rund eine Woche nach dem blutigen Donnerstag, waren die CDU auf 28 und die SPD auf 17 Prozent gesunken, aber die Grünen auf 36 Prozent gesprungen; für einen kurzen Moment waren sie stärker als die CDU.

Der Schlichterspruch aber war ein Erfolg – für die CDU: »Also, die Stimmung für Ministerpräsident Mappus und für die CDU hat sich in den letzten Tagen deutlich verbessert, das ist klar, aber zur politischen Ruhe reicht das noch immer nicht.«[264] Das Schlichtungsergebnis, das dem S 21-Widerstand schadete, nützte neben der CDU auch der grünen Partei: 28 Prozent der Menschen wollten ihnen Anfang Dezember 2010 ihre Stimme geben (Landtagswahl 2006: 11,7 Prozent)[265] und 50 Prozent der Befragten einer Infra-

STUTTGART 21 – VON DER KUNST DES VERRATS

126 test-dimap-Umfrage konnten sich auf einmal einen grünen Ministerpräsidenten vorstellen.[266]

Mitte Dezember 2010, *nach* der Schlichtung und am *Ende* des Untersuchungsausschusses, war die CDU mit 41 Prozent ungefähr wieder am alten Platz, aber das Verhältnis zwischen SPD und Grünen hatte sich verkehrt und gefestigt: SPD 19, Grüne 29 Prozent. Die Grünen waren jetzt die zweitstärkste Partei.[267] Sofern nicht CDU und SPD miteinander koalieren, werden die Grünen ab April 2011 in einer rotgrünen Koalition den ersten Ministerpräsidenten in der Geschichte der Grünen stellen.

In der Schlichtung haben – wie es der alte Fuchs Geißler garantiert vorausgesehen hatte –, streberhafte grüne Politiker der Welt stolz ihr technokratisches Wissen präsentiert, und sind im See der Anerkennung durch »Experten« ersoffen, während sie gleichzeitig die reale soziale *Machtbasis* ihres Protestes beschädigten. Mit der Schlichtung kippte nämlich, und da nützte alle Fleißarbeit nichts, die Haltung ihrer potenziellen WählerInnen in Sachen S 21. Waren noch im September 2010 54 Prozent der Befragten *gegen* Stuttgart 21 gewesen und nur 35 Prozent dafür, war es *nach* der Schlichtung genau umgekehrt: 54 Prozent waren jetzt *für* den unterirdischen Bahnhof und nur noch 38 Prozent dagegen.[268] Das vorhersehbare Schlichtungsergebnis hatte einen Teil der KritikerInnen »integriert«, autoritätsgläubig wie viele Deutsche nun mal sind. Das kommt auch davon, wenn man einen Schlichter vorschlägt, der, wenn auch streitend, in der CDU sozial verankert ist und weiß, was er für seine Partei zu erledigen hat.

Den Grünen verschaffte der Schlichtungsprozess Akzeptanz als staatstragende Partei. Dem Widerstand gegen S 21 nützte der Schlichtungsprozess fast nichts. Die Grünen haben den Widerstand gleichsam von der Straße vor den Fernseher gesetzt und die Unberechenbarkeit der Gegenmacht geschwächt.

5. KAPITEL

Bei den baden-württembergischen Grünen gibt es seit Jahr- zehnten, ein paar Jährchen länger als anderswo innerhalb der Grünen, die Sehnsucht nach einer Koalition mit der CDU. Winfried Kretschmann, der Ministerpräsident von Baden- Württemberg werden will, wird es vermutlich durch eine Koalition mit der SPD werden, was ihm nicht behagt, weil er sich der CDU kulturell näher fühlt. Aber er weiß auch, dass die große Mehrheit seiner WählerInnen in allen Umfragen eine Koalition mit der SPD vorzieht.

Im April 2010 fragte ihn die *Frankfurter Allgemeine Sonntagszeitung*: »Sie gehören zu jenen Grünen, die schwarz- grüne Koalitionen laut befürworten«. Kretschmann: »Einspruch! [...] Ich plädiere nur dafür, Schwarz-Grün als mögliche Konstellation unverkrampft in Erwägung zu ziehen und nicht von vornherein zu verteufeln. Da widerspreche ich in der Tat einigen meiner teilweise jüngeren Parteifreunde. Als ich jung war, da war ich sogar linksradikal und mein Idealismus für radikale Gleichheit auch noch ungebremst. Davon bin ich geheilt.« Und weiter: »Vom Links- rechts-Schema halte ich nicht viel. Und auch nicht davon, dass die Grünen eine Partei der linken Mitte sein sollen. Sie sind ein soziales, kein linkes Projekt. Die gefühlte Nähe zu den Sozialdemokraten ist bei uns immer größer – auch bei mir. Geht es aber um konkrete Politik, können wir uns mit der Union genauso zusammenraufen wie mit den Sozialdemokraten. Das kann man in Hamburg und im Saarland sehen. Wenn ich mir dagegen die Haushaltspolitik der Sozialdemokraten im Stuttgarter Landtag anschaue, dann nimmt die gefühlte Nähe zu ihnen rasch ab.«[269] Schade, dass der Interviewer an dieser Stelle nicht nachfragte, was damit gemeint sei. Kretschmann: »Kernaufgabe einer schwarz-grünen Koalition müsste es sein, dass der ökologische Gedanke in das Zentrum der Wirtschaft getragen wird. Grüne und CDU könnten sich da ergänzen.«[270]

STUTTGART 21 – VON DER KUNST DES VERRATS

128 Die nächste Generation der ehrgeizigen Würdenträger folgt dieser Strategie.

Boris Palmer, Oberbürgermeister von Tübingen, das mal eine linke Hochburg war, wurde im August gefragt: »Müsste Mappus für eine schwarz-grüne Koalition nach der Landtagswahl 2011 weg?« Palmer: »Eine Koalition mit Mappus wäre mit den Inhalten, *die er momentan propagiert*, ganz sicher nicht möglich. Wir wollen aber keine generelle Ausschließeritis betreiben, sondern regieren.« [Hervorhebung J. D.] Wer eine Koalition mit der CDU grundsätzlich ausschließt, leidet also an einer Infektionskrankheit. Als die CDU Berlin-Steglitz-Zehlendorf Palmer 2009 zum Vortrag lud, sagte er dort: »Der ökologische Umbruch in der Wirtschaft [ist] leichter mit der CDU zu erreichen«.[271]

Boris Palmer im August 2010: Im »Tonfall und im Habitus« habe Mappus sich bereits verändert, »früher war er wesentlich härter in den Attacken«, aber gewiss, es ginge um Inhalte: »Inhaltlich ist für uns unabdingbar, dass der Atomausstieg bleibt [!] und wir bei den erneuerbaren Energien in die Offensive gehen. An Stuttgart 21 *unverändert* festzuhalten wäre für uns ein Knackpunkt, der den Einstieg in die Landesregierung verhindert.«[272] Tja, dieser Politikerjargon: *Verändert* daran festzuhalten wäre demnach okay?

Oder eine unverbindliche Volksabstimmung und sehr viel Beeinflussung der doch weitgehend, wie Umfragen zeigen, unsicheren öffentlichen Meinung außerhalb von Stuttgart? Wir wissen ja, die Grünen leiden immer schrecklich, wenn sie wortbrüchig werden müssen, dann entscheiden sie, seit 30 Jahren, »mit Bauchschmerzen«. So viel Bauchschmerzen kann einer gar nicht haben. Und nie tut ihnen der Kopf weh.

Mit Mappus regieren zu müssen, sagte Palmer opferbereit, wäre »nicht komfortabel, sondern höchst schmerzhaft […] Wenn es doch so sein sollte, müssten wir nach vorn schauen.« Tapfer sind sie schon, die Grünen. Gut, dass es Schmerzensgeld gibt.

5. KAPITEL

Andere Parteialternativen stellen sich für Palmer kaum: »Für eine neue Wirtschaft braucht man auch die Unterstützung der Wirtschaft. Die gibt es mit der CDU wesentlich leichter als mit der SPD, selbst wenn die Politik dahinter inhaltlich die gleiche ist.«[273]

Auch Heiner Geißler kann sich ein schwarz-grünes Bündnis in Baden-Württemberg vorstellen. Er wischte all das Getue weg und sagte: »Die Rangeleien von heute sind doch alle Schall und Rauch in dem Moment, in dem es ernst wird.«[274]

Wer die Grünen für zuverlässige S 21-GegnerInnen hält, wer tatsächlich glaubt, sie würden irgendetwas riskieren, hat nicht zugehört, denn windelweich waren sie von Anfang an:

Winfried Kretschmann im *August 2010*: »Wir sind parlamentarisch eine Minderheit, wir können es nur schaffen, wenn die parlamentarische Mehrheit zur Einsicht gelangt.«[275] Unsinn. Erstens ignoriert er damit die Dialektik von sozialer Bewegung und (möglicher) parlamentarischer Vertretung, vor allem vergisst er, zweitens, dass ein großer Teil des Atomprogramms der siebziger Jahre ohne jegliche parlamentarische Vertretung verhindert wurde. Auch das starre Glotzen auf Parlamente und Regierungen macht blind.

Silke Krebs, Landesvorsitzende der Grünen in Baden-Württemberg, im *September*: Meine Partei wird »nicht mit dem Versprechen in den Landtagswahlkampf gehen, Stuttgart 21 noch zu stoppen: ›Ich sage ganz offen: Das können und werden wir auch nicht versprechen‹.«[276]

Winfried Kretschmann im *September:* »Wir versprechen, alles für den Ausstieg aus diesem Projekt [S 21] zu tun. Aber garantieren können wir das nicht. Das wäre nicht seriös.« Und: »Wir sind hier eine bürgerliche Partei. Unsere Themen sind in der Mitte der Gesellschaft angekommen. Man hat keine Angst mehr vor uns.« Ja, leider. »Wir stehen für Ver-

130 lässlichkeit.«[277] Genau das ist ihr Problem. Die herrschenden Kreise können sich auf sie verlassen.

Winfried Hermann, Bundestagsabgeordneter, im *September*: »Wir haben immer gesagt: wir werden alles tun, um das Projekt zu stoppen.« Der Moderator der SWR-Talkrunde fragt: »Aber Sie versprechen es nicht?«, und verlangt Klarheit: »Sagen Sie hier: Wir können es nicht versprechen!« Hermann nach Protestrufen aus dem Publikum: »Ich kann hier deutlich sagen, dass wir nicht allein auf der Welt sind und auch nicht allein regieren werden nach der Wahl, sondern natürlich, wir wollen da gar nicht übertreiben, wir bleiben da auf dem Teppich, aber das heißt trotzdem, wir werden alles tun, um dieses Jahrhundertprojekt, was ein Jahrhundertfehler wäre, wenn wir es machen, um das zu verhindern.«[278]

Zur Erinnerung: Obwohl die Kritik an S 21 damals schon öffentlich war, stimmten die Grünen dem Mammutprojekt während ihrer Regierungszeit im Jahr 2004 zu[279], auch Winfried Hermann, der damals noch dazu umweltpolitischer Sprecher der grünen Bundestagsfraktion war. Auch der damalige verkehrspolitische Sprecher der Grünen *Albert Schmidt* (ausgebildet in Coaching, Focusing, Gestalttherapie und Psychodrama, heute Politikberater) hat 2001 in seiner Funktion als Aufsichtsrat der Deutschen Bahn AG der Fortführung des Projektes S 21 und dem Verkauf von Grundstücken dafür zugestimmt.[280] Das ist wohl gemeint, wenn Hermann sagt: »Wir haben *immer* gesagt: Wir werden alles tun, um das Projekt zu stoppen.« Was sie reden, was sie tun ...

Boris Palmer versprach im September 2010, dass die Grünen nach der Wahl als stärkste Landtagsfraktion das Projekt S 21 beenden würden.[281] Winfried Kretschmann tadelte seinen Parteifreund sofort: »Man sollte keine Versprechen abgeben, von denen man nicht weiß, ob man sie halten kann.« Er wusste auch, was Palmer eigentlich hatte sagen wollen: »Boris Palmer wollte sagen, dass die Grünen bei einer

5. KAPITEL

Regierungsbeteiligung das Projekt stoppen würden, um danach einen Volksentscheid darüber zu machen. Das ist etwas anderes. Für einen direkten Ausstieg hätten wir auch nach der Wahl keine Mehrheit. Alle anderen Parteien sind für Stuttgart 21, auch die SPD.«[282]

Werner Wölfle, Fraktionsvorsitzender im Stuttgarter Gemeinderat, Anfang Oktober: Was würde passieren, fragte ihn die *taz*, »wenn das Volk für Stuttgart 21 ist, [dann] haben Sie am Ende doch nichts erreicht?« Wölfle: »Doch, dann haben wir erreicht, dass hinter einer milliardenschweren Investition auch die Bürger stehen. Selbstverständlich würden wir uns dem Votum beugen.« Und auf die Frage: »Stimmen Sie Ihrem Fraktionsvorsitzenden Kretschmann zu: Nach der Landtagswahl im März kann man nichts mehr rückgängig machen, sollten die Bauarbeiten weitergehen?«

Wölfle: »[...] Dem Wähler versprechen wir: Wir tun, was möglich ist, um Stuttgart 21 zu verhindern. In der Hand haben wir es allerdings nicht.«[283]

Winfried Kretschmann Ende Oktober: Wir würden »einen Volksentscheid über das Projekt einleiten. Nur das Volk kann diesen Konflikt schlichten«.[284] Er hielt den »Spruch des Volkes [...] für die einzige Lösung zur Befriedung des Konfliktes«.[285] Selbstverständlich ist Kretschmann für einen »weiteren Bau- und Vergabestopp bis zur Wahl«.[286] »Können Sie im März überhaupt noch zu vertretbaren Kosten aussteigen?«, fragte ihn die *Süddeutsche Zeitung*. Kretschmann: »Die Kosten eines Ausstiegs hängen auch davon ab, was die Projektverantwortlichen bis zur Landtagswahl an Aufträgen vergeben.«[287] Damit gibt er den S 21-Bauherren einen Hinweis: Wir Grünen bleiben *vernünftig*. Schafft Ihr so viele Fakten wie möglich, dann können auch wir nicht mehr Nein sagen. Eine Rolle könnte dabei spielen, dass die grünen WählerInnen durchaus nicht eindeutig gegen S 21 sind.

Cem Özdemir träumt seit seiner *Pizza-Connection* aus schwarzen und grünen Abgeordneten von einer Koalition mit der CDU, würde aber auch eine mit der SPD nehmen, wenn er nur endlich Minister werden darf. Der grüne Parteivorsitzende verachtet aber jede außerparlamentarische oder parlamentarische linke Opposition. Auf dem Freiburger Parteitag im November sagte er: »Radikal reden kann jeder, wir streben Verantwortung an«. Die Grünen würden so lange weiter machen, »bis das Bahnhofschsprojekt Stuttgart 21 unterirdisch und oberirdisch beerdigt isch«.[288]

Kurz darauf aber, beim Landesparteitag in Bruchsal Anfang Dezember 2010, hielt er eine Rede, bei der ihn binnen weniger Minuten die Delegierten ratlos anschauten. Özdemir verkündete: Die Grünen »akzeptieren« den Schlichterspruch, sie würden »alles dafür tun, dass die Auflagen im Kleingedruckten eins zu eins umgesetzt werden«: »Ohne Auflagen kein Ja zu Stuttgart 21«. Aber eben ein Ja.

Was war passiert? Die *Frankfurter Rundschau* vermutete: »Özdemir hatte das ›Wording‹, die Sprachregelung aus den Telefonkonferenzen falsch verstanden.«[289] *Wording*. Das Einüben von Sprechblasen. Das verrät uns endlich, warum die grünen FunktionärInnen in Berlin und anderswo seit einiger Zeit so begriffsgleich daherreden, wenn sie interviewt werden. Ich empfehle Özdemir mehr *Denking*.

Werner Wölfle kassierte die verräterische Aussage seines Parteivorsitzenden in Bruchsal sofort ein: K 21 sei die bessere Lösung.[290] Da ließ Özdemir hastig erklären, dass er »selbstverständlich« für »einen Volksentscheid über das Bahnprojekt« sei, »wie dies auch die Partei in einer Resolution forderte«.[291] Wahrscheinlich ist ein Ja mit Auflagen das Gleiche wie die Auslieferung an eine Volksabstimmung.

Die Grünen verabschiedeten auf ihrem Landesparteitag in Bruchsal das Programm für die Landtagswahl am 27. März 2011. »Die Partei hält die Koalitionsfrage offen und macht das Zusammengehen mit CDU oder SPD vom Atomausstieg, von mehr Bürgerbeteiligung und von einer Volksabstimmung über das Milliarden-Bahnprojekt Stuttgart 21 abhängig.«[292]

5. KAPITEL

Also von der Zustimmung zur rot-grünen AKW-Laufzeitverlängerung von 2000, Änderung einiger Verwaltungsvorschriften, die keinem wehtun, und der Inkaufnahme des Baus von Stuttgart 21. Das müsste zu schaffen sein.

Was sie reden, was sie tun …

In ein paar Jahren wird man vielleicht verstehen, dass Stuttgart 21 nur zu verhindern und der viel bessere Kopfbahnhof nur durchzusetzen gewesen wäre, wenn der Widerstand nicht gespalten, befriedet und von den Grünen – und nur von ihnen – auf eine Wahl, eine parlamentarische Mehrheit und eine Volksabstimmung fixiert worden wäre, von der die Grünen doch schon bald zugaben, dass sie mit ihr auch nichts Grundsätzliches mehr ändern konnten.

Die herrschende Meinung ist üblicherweise die Meinung der Herrschenden. Wer eine Volksabstimmung gewinnen will, muss in den Medien ausführlich und regelmäßig zu Wort kommen. Die S 21-GegnerInnen haben keine solche Freiheit. So wird die Volksabstimmung »zum Herrschaftsmittel der Bourgeoisie. Sie allein verfügt über den Apparat der Bewusstseinsindustrie und Stimmungsmacherei.«[293]

Anstatt den Widerstand solidarisch zu unterstützen und voranzutreiben, hat man ihn auf falsche Hoffnungen gelenkt. Wenn dann bei einer möglichen künftigen Volksabstimmung die Baden-WürttembergerInnen, wie zu erwarten, mehrheitlich für S 21 stimmen, sind die Grünen aus dem Schneider. Ihnen nützt es. Denn dann hat es am Ende genau so viel soziale Bewegungsmacht gegeben, wie sie brauchten, um an die Regierung zu kommen. Exakt das ist ja auch die Funktion von Bewegungen in den Augen der Grünen.

Hätten sie die Bewegung aber nicht auf einen Schlichterspruch hin orientiert und nicht auf eine Volksabstimmung, hätte sich der Widerstand vielleicht in seiner größtmöglichen Breite entfalten und durch seine Gegenmacht eine Landesregierung zum Projektende zwingen können.

STUTTGART 21 – VON DER KUNST DES VERRATS

Verrat ist eine Kunst, die die Grünen meisterlich beherrschen. Widerstand zu spalten und zu schwächen, können sie wie keine zweite Partei im Land. Das haben sie schließlich von der Pieke auf gelernt.

Aber auch wenn der Widerstand in einzelne Teile zerfällt, wenn er sich spalten lässt, wenn der Tiefbahnhof gebaut und der Park zerstört wird, wäre das zwar eine herbe Niederlage, und Frust und Wut herrschten, aber das Gelernte ginge nicht verloren: das Wissen, wie Widerstand organisiert werden kann, die Erfahrung von Solidarität mit Fremden, die das gleiche Interesse haben, also die mühsame Herstellung eines Arbeitszusammenhangs wie der in den Fabriken, der für die Stärke der Arbeiterbewegung Voraussetzung war.

Selbst wenn die Bewegung gegen den unterirdischen Bahnhof und für einen modernisierten Kopfbahnhof verschwände, wäre sie doch nicht notwendigerweise fort. Die Erfahrung in sozialen Bewegungen der siebziger und achtziger Jahre zeigt, dass neue Kämpfe von solchen emanzipatorischen Lektionen profitieren. So kann ein neuer Anlauf in anderer Angelegenheit entstehen, der dann eines Tages scheinbar plötzlich vom Himmel fällt. Individuen und Gruppen werden sich kommenden Bewegungen anschließen und ihre Erfahrungen weitergeben. Auch die mit den Grünen.

»Man hat keine Angst mehr vor uns«, sagt der mögliche künftige grüne Ministerpräsident Kretschmann. Ja, leider. »Wir stehen für Verlässlichkeit.«[294] Genau das ist das Problem. Die herrschenden Kreise können sich fest darauf verlassen, dass die Grünen nur wegen S 21 oder Atomanlagen kein Amt riskieren, sie können längst sicher sein, dass die Grünen die herrschende Wirtschaftsweise nicht mehr infrage stellen und dass sie »für deutsche Interessen« sogar mit in den Krieg ziehen. Was ist da schon ein Bahnhof?

5. KAPITEL

6. IN STAHLGEWITTERN

» Mr. Fischer hat bereits gesagt, dass Kontinuität in der rotgrünen Außenpolitik eine zentrale Angelegenheit sein wird. Seine anhaltende Geringschätzung von Krawatten wird durch seinen wachsenden Respekt für die NATO ausgeglichen. ›Keine Abenteuer‹ ist seine Maxime.« Zwar habe er Vorbehalte gegen einen Angriff auf Jugoslawien, aber »die Geschichte von Mr. Fischers Leben [legt] nahe, dass er für einen Kompromiss empfänglich sein wird. […] Aber selbst die vielen amerikanischen Regierungsvertreter, die davon überzeugt sind, dass Mr. Fischer am Ende das Kosovo- und andere Vorhaben unterstützen wird, sind besorgt wegen seiner Partei. ›Kann er die Grünen liefern? ‹ sagte einer. ›Das ist es, was wir wissen müssen.‹«[295]
The New York Times, 9. Oktober 1998

» ›Die Grünen wollen regieren‹, sagt Fischer auf seine düstere Art: ›Jetzt werden sie gehärtet – oder zu Asche verbrannt.‹«[296]
Der Spiegel, 12. April 1999

»Eine große Gruppe feindlicher Flugzeuge nähert sich Belgrad. Wir bitten alle Bürger, ihre Lichter auszumachen. Nachdem Sie die Räume verdunkelt haben, appellieren wir an Sie, den Strom abzuschalten. Achtung, eine große Gruppe feindlicher Flugzeuge in Richtung Belgrad. Bürger, bleibt in eueren Schutzräumen und wartet auf die Empfehlungen aus dem Informationszentrum. Ende der Durchsage.«[297]

Das war nicht 1941, als das Deutsche Reich Jugoslawien angriff und zerschlug, sondern 1999. Deutschland war 54

Jahre nach dem Ende des Zweiten Weltkrieges zum ersten Mal wieder an einem Krieg beteiligt. Die NATO-Luftstreitkräfte hatten am 24. März etwa um 20 Uhr mit den Luftangriffen auf Jugoslawien begonnen, zuerst bombardierten sie Belgrad, Priština, Novi Sad und Podgorica. Niemand hatte sich vorstellen können, dass ausgerechnet eine vormals pazifistische und antimilitaristische Partei namens *Die Grünen* der deutschen Beteiligung an diesem NATO-Krieg gegen Jugoslawien den Weg ebnen würde.

Ab diesem Tag fielen etwa 9160 Tonnen Bomben. Die NATO flog in 78 Kriegstagen 38000 Lufteinsätze.[298] Menschen starben auf Wiesen, in Häusern, in Zügen, auf der Flucht, in Krankenhäusern, Fabriken, Studentenwohnheimen und Schulen. In Krankenhäusern fiel der Strom aus, Strahlenbehandlungen gegen Krebs wurden abgebrochen, Brutkästen abgestellt und Dialysegeräte abgeschaltet. Man nannte die Toten »Kollateralschäden« eines Krieges aus »humanitären« Gründen.

Die Luftangriffe, denen die Grünen zugestimmt hatten, verwandelten Chemiefabriken und Petroleumraffinerien in Giftbomben. Phosgen schädigte die Atemwege der Menschen, krebserregende Dioxine reicherten sich in ihren Körpern an. Quecksilber, Zink, Kadmium und Blei verseuchten die Trinkwasserreservoirs.[299] Jugoslawien hatte der NATO vor dem Krieg einen Plan chemischer Anlagen ausgehändigt, um vor den Folgen eventueller Angriffe zu warnen. Die NATO nahm den Plan und bombardierte auf seiner Basis. Pančevo, Novi Sad, Kragujevac und Bor wurden zu Zentren der chemischen Verseuchung.

In 100 Flügen mit A-10-Kampfflugzeugen feuerte die NATO außerdem rund 31000 Geschosse mit insgesamt zehn Tonnen abgereichertem Uran auf Jugoslawien ab.[300] Sie verweigerte die Auskunft, wo die radioaktiven Bomben aufprallten, so dass keine Schutzmaßnahmen getroffen werden konnten. Eine wahrhaft »strahlende« *humanitäre Interven-*

6. KAPITEL

tion, tödlich und umweltverseuchend. Kein Wort der Kritik **137** kam von den Grünen oder von Greenpeace. Im Gegenteil, die Grünen rechtfertigten ihren Krieg.

Keine Partei kommt in Deutschland an die sogenannte Regierungsmacht, ohne mit grundlegenden linken Positionen zu brechen: Sie muss den Antikapitalismus abwerfen und der NATO die Treue schwören. Die jeweiligen Verlaufsformen der Anpassung sind unterschiedlich. Die SPD hat diesen Prozess 1959 in Bad Godesberg abgeschlossen, die Linkspartei steckt unumkehrbar mitten darin, die Grünen sind seit 1999 eine prokapitalistische Kriegspartei.

Dabei hatte bei den Grünen vor 31 Jahren alles so pazifistisch und antimilitaristisch begonnen. In ihrem *Bundesprogramm* (1980) wollten sie die Militärbündnisse NATO und Warschauer Pakt sofort auflösen, »einseitig« abrüsten und die Bundeswehr abbauen. Im *Friedensmanifest* (1981) lehnten sie den Einsatz der Bundeswehr selbst für den Fall ab, dass die Bundesrepublik militärisch angegriffen werden würde. Stattdessen vertrat die Partei einen antimilitaristischen Standpunkt und das pazifistische, »aktiv gewaltfreie Konzept« namens *Soziale Verteidigung,* das seinen Ursprung im Prager Frühling von 1968 und in Diskussionen der siebziger Jahre hatte. Militärpolitiker der »etablierten« Parteien prüften das Konzept auf seinen Nutzen für die *militärische* Landesverteidigung und legten es 1982 als kriegsuntauglich zu den Akten.[301] Die Grünen veranstalteten Bundestags-Hearings über *Soziale Verteidigung* (1984 und 1988). Aber als sie mitregieren durften und den Außenminister stellten, interessierte sie dieser nichtmilitärische Umgang mit kriegerischen Konflikten nicht mehr.

1983 beschlossen die Grünen »die Auflösung der beiden Militärblöcke NATO und Warschauer Pakt. Wir müssen raus aus der NATO.«[302] Diese Position war Konsens, sie kam

IN STAHLGEWITTERN

138   aus der Friedensbewegung und wirkte zurück in sie. Auch in den Niederlanden, in Belgien, Dänemark, Griechenland, Italien und Spanien gab es starke Friedens- und Anti-NA-TO-Bewegungen. Zur Überraschung aller, die ihn als lang-jährigen NATO-Gegner kannten, behauptete Joseph Fischer 1998, soeben Außenminister geworden: »Ich war weder ge-gen die USA noch gegen die NATO. Ich gehörte zu jener Handvoll, die 1985 [Er meinte wahrscheinlich 1986; J. D.] auf dem Parteitag der Grünen gegen den ›Raus aus der NATO‹-Beschluss stimmte.«[303] Keiner hat's gesehen.

Bei der Bundestagswahl 1987 unterstrichen die Grünen ihre Forderungen: »Wir wollen, dass die Bundesrepublik sich der militarisierten Außenpolitik von NATO und der USA entzieht und aus der NATO austritt.« Und: »Wir müs-sen raus aus der NATO, weil es mit der NATO keinen Frie-den geben kann und die Schwächung, Desintegration und schließliche Aufhebung dieses Bündnisses unabdingbar ist, um Frieden zu schaffen. Die NATO ist nicht reformierbar.«[304] Die Wähler bescherten den Grünen 1987 – auch wegen ihrer radikalen Anti-NATO- und Anti-Kriegshaltung – das für die nächsten 15 Jahre höchste Bundestagswahlergebnis (8,3 Prozent). Aber hinter dem Rücken der Partei und der basisdemokratisch gewählten Parteigremien begannen die Realos, mit der SPD geheime Absprachen zu treffen und, zwecks Regierungsvorbereitung, den grünen Antimilitaris-mus und Pazifismus zu verramschen.

Im Juli 1989 fand auf Schloss Crottorf im Bergischen Land ein Geheimtreffen auf Einladung der SPD statt. Für die SPD nahmen teil: Egon Bahr (1976 aus der Bundesregierung aus-geschieden, MdB), Horst Ehmke (1974 aus der Bundesregie-rung ausgeschieden, Parteivorstand, MdB), Karsten Voigt (außenpolitischer Sprecher der Bundestagsfraktion) und Hans-Ulrich Klose (Bundesschatzmeister der SPD, MdB). Ohne Auftrag der Partei, mit keinem Gremium abgestimmt, nahmen für die Grünen teil: Otto Schily (ein paar Monate

6. KAPITEL

später Mitglied der SPD), Joseph Fischer (heute Nabucco, **139**
Siemens, BMW, REWE), Alfred Mechtersheimer (heute bei
der rechtsextremen Deutschland-Bewegung) und Ruth
Hammerbacher (heute »Kommunikationsberaterin« für Konzerne). Nach dem Gespräch teilte Bahr süffisant mit, die grünen Gesprächsteilnehmer hätten nicht protestiert, als er von
der »Notwendigkeit einer europäischen Atomstreitmacht«
gesprochen habe.[305] Er verlangte von den Grünen die Zustimmung zur NATO und plädierte »für eine europäische Abschreckungsmacht einschließlich der französischen Nuklearwaffen«[306].

Die Grünen erfuhren aus der Presse von diesen heimlichen »Koalitionsverhandlungen« für die Bundestagswahlen
1990, bei denen die Grünen aus dem Bundestag flogen. Petra
Kelly kommentierte: »Die NATO ist für die Realos plötzlich
fast ein Friedensbündnis. Das bedeutet die Preisgabe gewaltfreier Politik.«[307]

Thomas Ebermann definierte 1988, als er noch Mitglied der
Grünen war, wann er aus der Partei »abhauen« würde: »wenn
das eine Partei werden sollte, die in der NATO [...] integriert
ist [...]. Wenn das eine Partei ist, die die jetzigen wirtschaftlichen Verhältnisse bewahren will. Wenn das eine Partei ist, die
alle Gedanken des zivilen Ungehorsams durch die Akzeptanz
des staatlichen Gewaltmonopols ersetzt«. Selbstgefällig erwiderte Joseph Fischer: Damit sei klar, »dass Ebermann uns
nicht abhauen wird, weil er ein Bild von den Grünen zeichnet,
bei dem ich auch Reißaus nehmen würde.«[308] Zwei Jahre später ging Ebermann. Fischer blieb, denn er und seine Realos
stellten die von Ebermann gefürchteten Verhältnisse ja her.

Die grünen Realos wussten längst, dass sie niemals an die
Regierung kommen würden, wenn sie nicht den Kapitalismus und die NATO akzeptierten. Dazu war auf allen Fronten ein bisschen Unterwerfung nötig. Konservative Beob-

IN STAHLGEWITTERN

140   achter wie der Publizist und ehemalige hessische Staatssekretär Alexander Gauland (CDU) betrachteten schon in
den frühen Neunzigern Fischer als »das grüne Idealbeispiel«
einer »Politikerklasse«, deren »bloße Darstellungsorien-
tiertheit [...] in reinem Opportunismus« ende, »Überzeu-
gungen im klassischen Sinn« könne er bei Fischer »nicht
mehr ausmachen«.[309] Als Fischer sich mit seinem Buch *Die
Linke nach dem Sozialismus* 1992 auch öffentlich von der
Linken verabschiedete – die gesamte »Dritte Welt« handelt
Fischer darin mit ein paar Seiten ab –, fragte Rezensent Gauland: »Was sollen wir eigentlich von der Urteilsfähigkeit
eines Politikers« halten, »der dem verdutzten Publikum
nunmehr die Positionen des politischen Gegners« – also die
der CDU – »als neueste Einsichten anpreist«?[310]

Fischers *langer Marsch* ins Außenministerium ähnelte
dem zielstrebigen Torkeln eines Matrosen, der soeben seine
Heuer versoffen hat, aber trotzdem, koste es was es wolle, in
die nächste Kneipe unterwegs ist. Früh übte er sich im taktischen Umgang mit Menschenrechten, an Vorbildern
herrschte ja kein Mangel.

Der junge Bundestagsabgeordnete wollte gern nach China
und schaffte es 1985. Das war »ausschließlich sein Verdienst.
Monatelang hatte Fischer den Kontakt zur chinesischen Botschaft in Bonn gepflegt, sich an den vielen Gängen der fern-
östlichen Küche gelabt und zielstrebig auf eine Einladung
hingearbeitet.« Die Reise war ein Erfolg – für Fischer: »Die
wenigen Gespräche mit Vertretern der staatlichen Wirt-
schaftskommission, des Umwelt-, Städtebau- und Außen-
ministeriums ließen den Grünen genug Zeit für ausgiebiges
Sightseeing. Sie besuchten den Himmelstempel und den
Kaiserpalast in Peking, die Ming-Gräber und die Große
Mauer. [Sie] ergötzten sich an einer Akrobatik-Schau mit
Trapezkünstler und Pandabär, zu einer Bootstour auf dem
Huangpu-Fluss hatten die Gastgeber eigens einen Zauberer
bestellt.« Begeistert klopfte Fischer beim Bummel durch die

6. KAPITEL

Altstadt von Shanghai seinem Freund Hubert Kleinert auf die Schulter: »Wir haben die schönste Fraktionsreise der letzten zwei Jahre an Land gezogen.«[311]

Fischers Delegation war so »bemüht, den Gastgebern zu gefallen, dass sie alle heiklen Themen aussparten: kein Wort über die Unterdrückung jeglicher Opposition in China, über Zensur und politische Gefangene. ›Das hätte‹, entschuldigte Fischer, ›nirgends gepasst.‹«[312] Als frisch gewählter Außenminister versprach er viele Jahre später: »Der Einsatz für unterdrückte Minderheiten und verfolgte Demokraten wird eines meiner Hauptanliegen sein.«[313] Es »passte« aber leider nie, außer wenn es galt, einen Krieg mit Menschenrechten zu rechtfertigen.

1994 war Fischer – so wie der damalige Verteidigungsminister Volker Rühe (CDU) – noch gegen den Einsatz von deutschen Kampftruppen in Jugoslawien, wo die deutsche Wehrmacht ganze Dörfer ausgelöscht hatte: »Ich bin der festen Überzeugung, dass deutsche Soldaten dort, wo im Zweiten Weltkrieg die Hitler-Soldateska gewütet hat, den Konflikt anheizen und nicht deeskalieren würden.« Und im selben Gespräch betonte er: »Wo deutsche Soldaten im Zweiten Weltkrieg gewütet haben, darf es keine Einsätze geben.«[314] Als plane er da aber schon seine Kehrtwende von morgen, formulierte Fischer: »Für die Zukunft sehe ich die erhebliche Gefahr, dass die Bundesregierung, Koalition und Generalität nach den Gesetzen der Salamitaktik Anlässe suchen und Anlässe schaffen werden, um die Barrieren abzuräumen, die es gegenüber der Außenpolitik des vereinigten Deutschland noch gibt. *Als Vehikel dienen dabei die Menschenrechts- und Humanitätsfragen.*«[315] [Hervorhebung J. D.] Er beschrieb damit exakt die Methode, mit der er vier Jahre später den ersten Krieg der Bundesrepublik Deutschland nach 1945 entfesseln würde.

IN STAHLGEWITTERN

142 Noch vor den grünen Amtsträgern waren die neokonservativen Ideen der Grünen im Auswärtigen Amt (AA) angekommen: vor allem eine bestimmte völkische Definition von
»Menschenrechten«, die geeignet ist, den deutschen Herr-
schaftsbereich auszudehnen, indem in die Souveränität
anderer Staaten eingegriffen wird. Die Entdeckung deutscher und anderer genehmer »Volks«gruppen all überall,
welche die ethnische Parzellierung Europas rechtfertigen
soll, ist eine alte Spezialität deutscher Außenpolitik.[316]

Der grüne Multikulti-Dezernent und heutige Europaabgeordnete Daniel Cohn-Bendit hatte schon immer eine gute
Nase für gesellschaftliche Trends, was er nicht nutzte, um
diese Trends fortschrittlich zu unterlaufen und zu beeinflussen, sondern um Erfolgsoptionen zum eigenen Vorteil
und dem der Grünen zu erspüren. Und wenn die Herrschenden einen Krieg wollten, wenn sie eine neue Stufe imperialistischer Macht erklimmten, dann folgte er. Cohn-Bendit
wollte seit Beginn der bürgerkriegsähnlichen Auseinandersetzungen in Jugoslawien militärisch intervenieren. Als einer der ersten betrieb er die Relativierung des Massenmords
an den JüdInnen: auf einer Kundgebung der Grünen auf
dem Frankfurter Römerberg im April 1994 verglich er die
Situation im belagerten Goražde mit der Lage der JüdInnen
im Warschauer Ghetto und forderte eine militärische Intervention.[317]

Anfangs repräsentierte er nur eine kleine bellizistische
Minderheit bei den Grünen, aber eine mit schwerer rassisti-
scher Schlagseite. Auf einer grünen Bundesversammlung im
Oktober 1993 brüllte Daniel Cohn-Bendit in den Saal, man
müsse Truppen nach Bosnien schicken, denn die bosnischen
Muslime seien »Teil der europäischen Kultur« und »Menschen von *unserem Blut*«.[318] [Hervorhebung J. D.]

Je blutiger seine Entscheidungen wurden, mit umso mehr
historisierendem Brimborium rechtfertigte Fischer sie: »Da-

6. KAPITEL

mals, 1991, waren wir – Briten, Franzosen und Deutsche – wirklich wieder bei den Frontstellungen von 1914 angekommen. [...] Die schreckliche Erfahrung des Bosnien-Krieges hat die Erkenntnis verstärkt, daß Europa mehr ist als nur eine materielle Interessengemeinschaft, es ist eben auch eine Wertegemeinschaft. [...] Das sogenannte christliche Abendland kämpft dort für die Menschenrechte eines muslimischen Volkes.«[319] Die Toten werden es zu schätzen wissen.

Daniel Cohn-Bendit und Joseph Fischer inszenierten 1994 und 1995 eine Reihe von öffentlichen Streitgesprächen miteinander, theatralische Schaukämpfe mit dem Ziel, die grüne Basis allmählich kriegsbereit zu machen und die Partei rechtzeitig zu den Bundestagswahlen 1998 in eine regierungsfähige Partei zu verwandeln. Cohn-Bendit spielte in dieser Inszenierung, was er *ist*: den opportunistischen Kriegshetzer. Fischer spielte, was er *nicht* ist: den von moralischen Zweifeln gequälten Antimilitaristen, der die ganze Last der deutschen Geschichte auf seinen Schultern trug. Es muss jene Phase gewesen sein, als Repräsentanten der USA ihn besser kennenlernten. Ein Sprecher des Foreign Relations Committee sagte 1998 rückblickend: »Als Fischer vor zwei Jahren hier war, kam er bei einer Begegnung mit Abgeordneten des außenpolitischen Ausschusses sehr gut an«.[320]

Ein kleiner Rückblick: Die »Elefantenrunde« war die Fernsehrunde der Parteivorsitzenden bei ARD und ZDF am 23. Januar 1987, bei der ich die Grünen vertrat und mit Franz Josef Strauß (CSU), Helmut Kohl (CDU), Johannes Rau (SPD) und Martin Bangemann (FDP) diskutierte. Mein Plan war, verfemte linksoppositionelle, radikaldemokratische und antikapitalistische politische Positionen vor Millionen von Menschen vorzutragen und – in den engen Grenzen des Mediums – zu vermitteln. Franz-Josef Strauß explodierte, als ich ihn »einen der besten Vertreter der Interessen der Atomindustrie international« nannte. Ich schlug mich so

IN STAHLGEWITTERN

144 gut, dass einige Politik- und Medienkreise überlegten, ob sie versuchen sollten, mich kleinzukriegen oder einzukaufen. Ich ließ ihnen keine Wahl. Es passierten sonderbare Dinge, dazu ein anderes Mal.

David Marsh, Korrespondent der englischen *Financial Times*, schrieb: »She probably won a sizeable number of extra votes for the Greens by marshalling her arguments and standing her ground under furious attack from Mr Franz Josef Strauss, the Bavarian Prime Minister.« (2. Februar 1987) Die Grünen erreichten 8,3 Prozent, das bis dahin und bis 2002 beste Ergebnis bei einer Bundestagswahl. Die relativ linken Grünen hatten sich in vielen sozialen und ökologischen Kämpfen bewährt.

Nach der Wahl ließ mir das US-Außenministerium mitteilen, man wolle mich besser kennenlernen. Ich reiste in jenem Jahr, teils als Reporterin, teils als grüne Bundesvorsitzende, nach Moskau, Kuba, China und Tibet und hatte eine Einladung zu einer Vortragsreise in die USA an verschiedene Universitäten. Es war die Zeit von US-Präsident Ronald Reagan. Ich hatte kein Interesse, mich im US-Außenministerium durchleuchten zu lassen und sagte Nein. So nutzte »man« meine Reise durch die USA, um mich unter die Lupe zu nehmen. Zu meinem Vortrag an der John-Hopkins-University in Washington, die sich als geschlossene Veranstaltung entpuppte, erschienen die Vertreter verschiedener CIA-Abteilungen, NATO und US-Army (in Uniform), republikanischer Thinktanks und des State Department sowie ein ehemaliger Berliner Stadtkommandant. Mein Vortrag wirkte, einige Offiziere verließen Türen schlagend den Saal.

Beim anschließenden offiziellen Abendessen meiner Gastgeber kam es zwischen uns – Manfred Zieran war dabei – und einigen Gästen zum offenen, bald lautstarken Streit. Der Abzug der US-Truppen aus Deutschland, den die Grünen verlangten, sei nur zu willkommen, denn man brauche das Militär ja in Zentral- und Lateinamerika, sagte einer höh-

6. KAPITEL

nisch. Wir kritisierten unter anderem die Rolle der USA in Nicaragua und El Salvador scharf. Irgendwann sprang der frühere Stadtkommandant auf und brüllte uns an: »Wenn wir es nicht zugelassen hätten, hätte es die Grünen nie gegeben!«

Obgleich der Abend im offenen Streit endete, blieb unser Gastgeber vom American Institute For Contemporary German Studies erstaunlich gelassen und fragte mich, ob ich bereit sei, eine Studie über meine Partei zu verfassen. Ich lehnte ab. Um mich zu überreden, nannte er mir Namen von Grünen, die kooperationsbereiter waren. Einer hieß Lukas Beckmann, der andere Otto Schily. Petra Kelly kannte man gut. Es blieb beim Nein.

Ich erfuhr in diesen Tagen eine Menge darüber, welche »Zusatzausbildung« deutschen PolitikerInnen angeboten wird, die man für brauchbare Führungskräfte hält. Daran musste ich denken, als ich elf Jahre später las, man kenne Fischer gut. Das ist die übliche Sprachregelung, wie man sie heute zum Beispiel über Verteidigungsminister zu Guttenberg in den Wikileaks-Dokumenten wiederfindet.

Die Sache fiel mir auch wieder ein, als ich las, dass Cem Özdemir, nachdem er 2002 sein Bundestagsmandat niederlegen musste, weil er ein günstiges Privatdarlehen vom PR-Berater Moritz Hunzinger erhalten und dienstlich erworbene Bonusmeilen privat genutzt hatte, »Transatlantic Fellow« des German Marshall Funds wurde und 2004 zu den Unterzeichnern eines von der neokonservativen US-amerikanischen Denkfabrik *Project for the New American Century* (PNAC) veröffentlichten offenen Briefes an die Staatsoberhäupter und Regierungschefs von NATO und EU gegen die Politik des russischen Präsidenten Wladimir Putin gehörte. Aber zu Özdemir später noch.

Liest man Fischers vermeintliche Anti-Kriegs-Formulierungen der neunziger Jahre, bemerkt man, dass sie von Anfang an auch ihr Gegenteil enthielten. Es bedurfte nur eines

IN STAHLGEWITTERN

146 emotionalisierbaren Ereignisses, mit dem er sich von seinen Entscheidungsqualen befreien konnte. So betrachtet war dieser grüne Held vermutlich das erste Opfer des Kriegs.

Einen emotionalen Anlass, den Fischer für das Vorspiel für den letzten Akt seiner NATO-Unterwerfung benötigte, lieferten ihm bosnische Serben, die im Juli 1995 die von den UN schlecht verteidigten bosnischen Schutzzonen Srebrenica und Zepa überrannten und 7000 bis 8000 bosniakische Männer ermordeten. Bosniaken nennt man heute die muslimischen Bosnier.

Fischer schrieb in einem Offenen Brief an seine Partei: »Läuft die deutsche Linke jetzt nicht massiv Gefahr, ihre moralische Seele zu verlieren, wenn sie sich, egal mit welchen argumentativen Ausflüchten, *vor diesem neuen Faschismus* und seiner Politik der Gewalt wegduckt?«[321] [Hervorhebung J. D.] Hier begann die NS-Relativierung schon. Aber die seelenvolle grüne Klientel zeigte sich damals noch nicht gänzlich kriegsbereit. Kritischen BeobachterInnen fiel auf, dass Fischers »moralische Seele« stumm blieb, als bald darauf Hunderttausende Serben aus der kroatischen Krajina und aus Sarajevo (Bosnien-Herzegowina) verjagt wurden.

Arno Luik von der *taz* fragte die grüne Bundestagsabgeordnete Kerstin Müller, eine ehemalige Trotzkistin, sarkastisch: »Frau Müller, Gratulation! Ihre Partei ist bald regierungsfähig. Die schnelle Eingreiftruppe um Schoppe, Fischer, Cohn-Bendit und Antje Vollmer ist bereit zum Äußersten: militärische Aktionen.« Die erwiderte: »Das wird von einer kleinen Minderheit in der Partei vertreten. Bloß weil Herr Fischer nun ein Papier vorgelegt hat, gibt es für die Grünen keinen Grund, in der Bosnien-Frage eine andere Position zu vertreten als vor einem Monat. Ich bin auch heute noch gegen eine Militärintervention in Bosnien. [...] Fischers Überlegungen haben nichts mit realen Optionen zu tun.«

taz: »Vielleicht geht es ihm mit seinem Papier um etwas

6. KAPITEL

ganz anderes: Es ist das Bewerbungsschreiben fürs Amt des Außenministers.«

Kerstin Müller: »Das ist sehr böse, was Sie da sagen, aber …«

taz: »… so sieht es etwa die FAZ und lobt Fischers staatsmännischen Realitätssinn: ›Wer Außenminister werden will, der muß auch Gewalt als politische Option anerkennen.‹«

Müller: »Wenn das die Voraussetzung ist für eine Regierungsbeteiligung, nein danke, dann ist das für die Bündnisgrünen verheerend.«[322]

So wie Kerstin Müller argumentierten Mitte der neunziger Jahre Legionen von grünen Funktionären. Drei Jahre später stimmte sie für den Krieg, zog wieder in den Bundestag ein und wurde Staatsministerin.

Immer hastiger folgte die grüne Partei den Anforderungen des Koalitionswunschpartners SPD und der NATO-Staaten, Beschluss für Beschluss, über Blauhelmeinsätze bis zum Krieg. Sie stand auch unter dem Trommelfeuer ihr allzu nahestehender Medien wie der *tageszeitung*, die allein in dieser Zeit (1993 bis 1996) mehr als 4000 Beiträge zum Stichwort »Bosnien« veröffentlichte, und nicht wenige trommelten für den Krieg. 1995 schrieb ich: »Hat einer [bei den Grünen] noch Zweifel an der friedensstiftenden Wirkung von Krieg, wird er Schritt für Schritt in großdeutsche und nationale Logik eingebunden. Es gibt keine andere deutsche Partei, der es gegenwärtig vergleichbar erfolgreich gelingen könnte, einen skeptischen, ökologisch angehauchten und sozial noch nicht vollends skrupellosen Teil der Mittelschicht in die herrschende Politik einzubinden und mitzuziehen: heim ins Reich, notfalls in den Krieg.«[323] (Die Passage »sozial noch nicht vollends skrupellosen Teil« habe ich vor vielen Jahren zurückgenommen.) Grüne haben mich dafür heftig attackiert und Linke haben mich der Übertreibung geziehen.

IN STAHLGEWITTERN

148 Die PDS, heute Linkspartei, marschierte nach einer ähnlichen Logik, hatte aber das Glück, Anfang 1999 noch auf der richtigen Seite zu stehen, sie war noch nicht so weit und besaß alte politische Verbindungen nach Jugoslawien. Also nahm sie, wie vor ihr SPD und Grüne, den Anpassungsumweg über die UNO: »Die Anerkennung des Gewaltmonopols der UNO, verbunden mit dem Recht zu internationalen Militäreinsätzen [...], soll das Überleben der PDS sichern.«[324] Sie begann, wie von der SPD gefordert, ihr Alleinstellungsmerkmal »einzige Antikriegspartei im Bundestag« aufzuweichen. Die *junge Welt* kommentierte zutreffend: »Bis zur Bundestagswahl im Jahr 2002 will die PDS-Spitze alle Bedingungen erfüllt haben, die für die Zulassung zum Regierungsgeschäft auch auf Bundesebene gestellt werden.«[325] – Dass dann niemand mit ihr koalieren wollte, wurde Anlass für noch heftigere Unterwerfungsbemühungen. Schon da beschloss die Linkspartei, ihre Haltung zu militärischen UN-Einsätzen nicht mehr grundsätzlich, sondern »von Fall zu Fall« festzulegen.[326] Der stellvertretende Fraktionsvorsitzende Wolfgang Gehrcke erklärte, die Fraktion wolle die bisherige Forderung nach Abschaffung der NATO durch einen »Parallelismus« zwischen Stärkung der OSZE (Organisation für Sicherheit und Zusammenarbeit in Europa) und gleichzeitigem »Rückbau der NATO« ersetzen und endgültig die Linie des »Gefühlspazifismus« verlassen. Als habe er die Sprachregelungen der Grünen während ihres Anpassungsprozesses genau analysiert, sagte Gehrcke, es gehe darum, aus der Rolle einer Totalopposition herauszukommen und »realistische Politikangebote« zu unterbreiten.[327] Gleichzeitig gab Gregor Gysi ein Signal Richtung CDU, den lästigen »Gefühlspazifismus« durch einen nationalen Konsens zu ersetzen: »Linke und Konservative haben in Deutschland zum ersten Mal seit Kriegsende eine *gemeinsame* Verantwortung. Das ist die Herstellung der inneren Einheit Deutschlands. Für die CDU geht es dabei vor allem um die

6. KAPITEL

nationale Frage, für uns um die soziale. Das ist eine Aufgabe nicht nur für ein Jahr. Aber sie darf auch kein ganzes Jahrhundert dauern.«[328]

Wenn zutrifft, was US-Botschafter Philip Murphy laut *Wikileaks* über Gregor Gysi nach Washington gemeldet hat, ist auch Gysi heute als NATO-Freund enttarnt.[329] »Gesellig und in Plauderlaune« habe er dem Botschafter im November 2009 erläutert, »die Forderung der Linken nach Abschaffung der NATO sei in Wirklichkeit ein Weg, den gefährlicheren Ruf nach einem Rückzug Deutschlands aus dem Bündnis zu verhindern«. Gysi sagte, er könne sich an den genauen Wortlaut des Gesprächs nicht erinnern. Ein härteres Dementi hat die Welt nie gesehen.

Nach der Bundestagswahl vom 27. September 1998 durften die Grünen endlich mitregieren, an der Macht waren sie nicht und das winzige Machthebelchen gegen den Krieg, das sich ihnen bot, verschmähten sie, weil sie sonst die schönen Ämter und Posten samt hoher Staatspensionen sofort wieder losgeworden wären. Schröder mochte »Koch« und Fischer »Kellner« sein und die interne Hierarchie zwischen den beiden damit geklärt, aber, um in Schröders törichtem und millionenfach recyceltem Bild zu bleiben, weder der Koch noch der Kellner waren Eigentümer der Kneipe.

Deutsche JournalistInnen sorgten sich, ob Washington einen Ex-Revoluzzer als Außenminister akzeptieren würde. US-Medien machten sich über die deutschen Zweifel lustig. Man hatte Fischer doch längst durchleuchtet. Eine Sprecherin des State Department erklärte: »»Aber die Grünen sind für uns keine unbekannte Größe, und Fischer [ist] keine Überraschung.‹ Grüne seien wiederholt in Bildungs- und Besuchsprogramme der US-Regierung einbezogen worden. ›Wir wollten sie kennenlernen, wollten, daß sie uns kennenlernen.‹ [...] Keinerlei Bedenken hat man im US-Kongress

IN STAHLGEWITTERN

150   [...], erklärt ein Sprecher des Foreign Relations Committee.«[330]
So *die tageszeitung*.

Näher an der rauen politischen Wirklichkeit war die *New York Times*, als sie Joschka Fischer mit folgendem Beitrag begrüßte, als der am 9. Oktober 1998 in den USA seinem Flugzeug entstieg: »Mr. Fischer, 50, hat bereits gesagt, dass Kontinuität in der rot-grünen Außenpolitik eine zentrale Angelegenheit sein wird. Seine anhaltende Geringschätzung von Krawatten wird durch seinen wachsenden Respekt für die NATO ausgeglichen. ›Keine Abenteuer‹ ist seine Maxime.« Der künftige Außenminister habe zwar Vorbehalte gegen einen Angriff auf Jugoslawien, aber »die Geschichte von Mr. Fischers Leben – sowie der Machthunger der Grünen 20 Jahre nach ihrer Gründung –, legen nahe, dass er für einen Kompromiss empfänglich sein wird. [...] Aber selbst die vielen amerikanischen Regierungsvertreter, die davon überzeugt sind, dass Mr. Fischer am Ende das Kosovo- und andere Vorhaben unterstützen wird, sind besorgt wegen seiner Partei. ›Kann er die Grünen liefern?‹ sagte ein Regierungsvertreter. ›Das ist es, was wir wissen müssen.‹«[331] – Yes, he could!

Genau hier hätte ein echter Zipfel *Gegen*macht gelegen: Eine grüne Partei, die Nein zum Krieg sagt, eine grüne Bundestagsfraktion, die Nein zum Krieg sagt – sie hätten in dieser konkreten Situation tatsächlich Einfluss gehabt, den angekündigten Krieg wenigstens stören und vielleicht Menschen das Leben retten können. Der geringe Preis wäre das Scheitern der Regierung von SPD und Grünen und der Verzicht auf Staatsgehälter und -pensionen gewesen.

Im Mai 1999, als einige Wochen nach Kriegsbeginn immer mehr Menschen starben, jammerte Fischer: »Fünfzehn Minuten blieben uns [am 12. Oktober 1998], um eine Frage von Krieg und Frieden zu entscheiden«[332]. 15 Minuten? Tatsächlich entschieden sich Gerhard Schröder, der designierte

6. KAPITEL

Bundeskanzler, und Joseph Fischer, der designierte Außen- **151**
minister, Wochen *bevor* sie vereidigt wurden und *bevor* der
Bundestag entschieden hatte und *ohne* UN-Mandat für den
Krieg gegen Jugoslawien.

Die häufig kolportierte Legende der *Zeit* geht so: Kurz
nach der Bundestagswahl, aber noch vor ihrer Vereidigung,
stimmten Schröder und Fischer am 9. Oktober 1998 in Washington Präsident Clintons Anliegen eines NATO-Angriffs
auf Jugoslawien grundsätzlich zu, der Präsident habe ihnen
mit ihrer endgültigen Entscheidung aber bis zur Installie-
rung des neuen Bundestages Zeit gelassen. Drei Tage später
jedoch habe sie der nachdrückliche Wunsch aus Washington erreicht, – in manchen Erinnerungen war es die deutsche CDU/FDP-Regierung, die hinter den Kulissen drängte,
in anderen Außenministerin Madeleine Albright, die den
Novizen eine Lektion verpassen wollte –, sie sollten sofort
Ja zu einem möglichen NATO-Krieg sagen, weshalb sie unter diesem hässlichen großen Druck am 12. zugestimmt hätten.[333]

Einen Tag zuvor aber hatte *Bild am Sonntag* ein Interview
mit dem Noch-Verteidigungsminister Volker Rühe veröffentlicht, in dem dieser bereits mitteilte: »Gerhard Schröder hat
in Washington fest zugesagt, dass wir dem Aktivierungsbe-
fehl der NATO (ActOrd) zustimmen […] Das ermöglicht es
dem Bundeskabinett, morgen der NATO grünes Licht zu
geben, so dass sie noch am selben Tag die notwendigen Beschlüsse fassen kann.«[334] Schröder dementierte nicht. Weder er noch Fischer bestritten, was Willy Wimmer, der ehemalige CDU-Staatssekretär im Verteidigungsministerium
und Vize-Präsident der Parlamentarischen Versammlung der
OSZE, öffentlich sagte: »Es gibt undementierte Zitate, dass
Gerhard Schröder im Oktober zu Joschka Fischer sinngemäß
gesagt hat: ›Die Amerikaner wollen Krieg. Wenn Du Außenminister werden willst, musst Du das mitmachen.‹«[335] Und
die *International Herald Tribune* titelte am 12. Oktober,

IN STAHLGEWITTERN

152 hatte demzufolge die Nachricht spätestens am 11. Oktober erhalten: »Alle Nato-Staaten unterstützen Militäraktion gegen Milošević«, Schröder habe, kaum in Washington angekommen, verkündet: »Niemand, erst recht nicht der Präsident von Jugoslawien, soll hoffen, daß wir einen weniger entschiedenen Kurs als die bisherige Regierung fahren«, und Joseph Fischer habe »diese harte Linie« wiederholt, »bevor er und Schröder ihre Gespräche mit Präsident Bill Clinton in Washington begannen.«

Die rot-grüne Entscheidung für den Krieg fiel, der *Herald Tribune* zufolge, spätestens am 9. Oktober. Abends verabschiedeten die NATO-Botschafter in Brüssel ein Dokument, das den Angriff juristisch »legitimierte«. Damit war an diesem Tag der Durchbruch erreicht, und als am 12. Oktober der NATO-Rat zusammentrat, um nun auch die »Activation Order« (ActOrd) zu beschließen, handelte es sich »nur noch um eine Formalität«.[336]

Noch vor der Konstituierung des neuen Bundestages am 26. Oktober und der Vereidigung des neuen rot-grünen Kabinetts am Tag danach lag einer außerordentlichen Sitzung des *alten* Bundestages am 16. Oktober ein Antrag der noch im Amt befindlichen CDU/FDP-Mehrheit zugrunde: »Deutsche Beteiligung an den von der NATO geplanten begrenzten und in Phasen durchzuführenden Luftoperationen zur Abwendung einer humanitären Katastrophe im Kosovo-Konflikt«.

Der Bundestagsabgeordnete Joseph Fischer, in den Startlöchern zur Amtsvereidigung als Bundesaußenminister sechs Tage später, hatte in dieser Sitzung zwei Aufgaben. Er musste einerseits der NATO und den USA seine Zuverlässigkeit demonstrieren und andererseits möglichst viele Stimmen der grünen Fraktion für den Krieg einsammeln, seine Partei »liefern«. Er würzte seine Pro-Kriegs-Rede mit Sülze, Vernebelung und Pathos: »Wir entscheiden heute über die

6. KAPITEL

Beteiligung der Bundeswehr an einem Militäreinsatz der NATO, von dem wir alle hoffen und heute Gott sei Dank begründet hoffen können, dass er niemals stattfinden muß und niemals stattfinden wird«, aber zu treffen sei eine »sehr schwere« Entscheidung über »Krieg und Frieden«. – Die vorgespielte Hoffnung bezog sich auf ein weiteres Abkommen des US-Diplomaten Richard Holbrooke, das wie für diese Bundestagssitzung gemacht, drei Tage zuvor abgeschlossen worden war, aber bald scheiterte. – Fischer bedankte sich bei Außenminister Kinkel (FDP) dafür, weil der erklärte habe, dass es sich um keine »Selbstmandatierung der NATO« und um keinen »Präzedenzfall« handele – was es natürlich war. Jetzt [also nachträglich], so Fischer, brauche man eine »UN-Resolution mit einer eindeutigen, klaren Rechtsgrundlage« und man wolle »zur klaren Grundlage des Gewaltmonopols [...] der UN und ihres Sicherheitsrats in den internationalen Beziehungen *zurückkehren*.« Er mache es sich richtig schwer mit dieser Entscheidung, klagte Fischer, denn sie könne »auf einen Krieg, auf einen Militärschlag« hinauslaufen, mit »unüberschaubaren Konsequenzen für Frieden und Sicherheit in Europa«. Das Problem sei aber »nicht nur die humanitäre Katastrophe, so schlimm sie auch ist. Das Problem ist, dass von der Politik der Bundesrepublik Jugoslawien, von der Politik Milošević [...] eine dauerhafte Kriegsgefahr in Europa ausgeht. Diese Kriegsgefahr können wir nicht akzeptieren.« Und es klang wieder an, dass er den angekündigten Krieg mit einer Relativierung des NS-Faschismus zu legitimieren versuchen würde: »Wenn wir die Lehre aus unserer Geschichte und aus der blutigen ersten Hälfte des 20. Jahrhunderts gelernt haben, dann darf es in Europa keine Kriegstreiberei mehr geben: von niemandem und aus welchen Gründen auch immer.«

Noch-Verteidigungsminister Volker Rühe (CDU) informierte die Abgeordneten realitätsnäher: »Alle unsere NATO-Partner [...] haben sich unzweideutig hinter die *geplanten*

IN STAHLGEWITTERN

154 *Luftoperationen* der NATO gestellt. Sie alle erwarten ein klares Votum des Deutschen Bundestages. […] Ein Einsatz auch der deutschen Streitkräfte kann keinesfalls ausgeschlossen werden. Wenn Sie Ihre Stimme abgeben, müssen Sie das in dem Bewußtsein tun, daß dieser Einsatz durchgeführt und von uns abverlangt werden kann. Im übrigen muß jeder wissen, dass im Zusammenhang mit dem Kosovo weitere militärische Entscheidungen auf den 14. Deutschen Bundestag zukommen«.[337]

Deutschland war nicht etwa ein Opfer von Entscheidungen der USA und der NATO, sondern trieb die Hetze gegen Jugoslawien früh voran, mancherorts schimmerte die Parole der NS-Außenpolitik »Jugoslawien zerschlagen« durch. Wenn man sich über die propagandistische Begleitung von Deutschlands Weg in den Krieg einen kleinen Eindruck verschaffen möchte, möge man beispielsweise die zum Krieg treibenden Artikel des Jahres 1998 von Johann Georg Reißmüller nachlesen, damals Herausgeber der *Frankfurter Allgemeinen Zeitung*.

Der Antrag für den Krieg fand am 16. Oktober 1998 im Bundestag eine große Mehrheit, auch eine Mehrheit der grünen Fraktion: 29 von ihnen stimmten dem kommenden NATO-Krieg zu, Nein sagten nur 9 Grüne und 8 enthielten sich.[338] Ich kommentierte: »Von deutschem Boden kann wieder ein Krieg ausgehen. Die NATO hat eine rot-grüne Kriegsregierung auf Abruf.«[339] Auch dafür gab's Schmähungen und man beschuldigte mich der Schwarzmalerei. Fünf Monate später bombardierte die NATO Jugoslawien.

Fischers Wilhelminismus im Amt überraschte selbst seine Anhänger. Er kannte weder eine linke noch eine grüne, sondern nur noch eine *deutsche* Außenpolitik. *Die Zeit* fragte ihn: »Ein paar Tage sind Sie im Amt: im Auswärtigen Amt.

6. KAPITEL

Und immerzu reden Sie von der Kontinuität deutscher Außenpolitik. Aber was wollen Sie ändern, Herr Minister?« Antwort Joseph Fischer: »Die wichtigste Veränderung ist, daß sich nichts verändert in den Grundlagen der deutschen Außenpolitik.«[340] Die *Frankfurter Allgemeine Zeitung* lobte ihn bald: Die Außenpolitik Deutschlands habe sich »durch die neue Bundesregierung [...] in ihrem Kern« nicht verändert. »Bundeskanzler Schröder und sein Außenminister Fischer beherzigen – ihrem Kontinuitätsversprechen folgend – die Prinzipien außenpolitischen Handelns, wie sie Kohl in Erz gegossen hatte. Solidarität im atlantischen Bündnis, wie im Kosovokrieg bewiesen, ist für die rot-grüne Bundesregierung Teil der Staatsräson. Die schließt die Pflege eines stabilen Verhältnisses zu den Vereinigten Staaten von Amerika ein, deren Führungsrolle in der Welt und in der NATO von Schröder und Fischer anerkannt wird«.[341] Aber wenn sich dadurch nichts ändert, wozu dann wählen?

Die Grünen täuschen seit dem Massenexodus von Linken und BasisdemokratInnen Anfang der neunziger Jahre gern vor, dass es in ihren Reihen noch Linke gäbe. Allen voran Jürgen Trittin, Ludger Volmer, Claudia Roth und Angelika Beer übernahmen diese Rolle.

Etwa zu der Zeit, als Cohn-Bendit das bosnische Blut entdeckte, riss Ludger Volmer die Klappe ein letztes Mal auf und empfahl Fischer, sich eine »Knarre« anzuschaffen und damit nach Sarajevo zu marschieren.[342] Noch 1997 rief Volmer wegen Fischers zunehmender Kriegsbereitschaft zum Wahlboykott auf.[343] Aber ein Jahr später nahm Fischer ihn als »Staatsminister in die Pflicht« und brachte ihn so »zum Schweigen«[344], wie Fischers Hofbiografin Krause-Burger lobte. An Fischers Seite durfte der »politische Gartenzwerg« (Johannes Agnoli) am 9. Oktober 1998 Bill Clinton in Washington brav die Hand schütteln.

Und die ach so linke Menschenrechtsexpertin Claudia

156 Roth reiste 1999 in die USA und weinte wochenlang um den wegen Mordes zum Tode verurteilten Deutschen Karl La-Grand aus Augsburg.[345] Sie inspizierte seine Zelle und erkannte: »Die Todesstrafe ist noch schrecklicher, als ich sie mir vorgestellt hatte«.[346] Vergleichbares hat keiner von ihr gehört, als vier Wochen später der Krieg gegen Jugoslawien begann. Die jugoslawischen Opfer ihrer grünen MenschenrechtskriegerInnen waren ihr keine Tränen wert, so wenig wie der Journalist und ehemalige Black-Panther-Aktivist Mumia Abu-Jamal, der seit bald 30 Jahren in den USA in einer Todeszelle eingesperrt ist. Heute stimmt Roth grünen Kriegseinsätzen in aller Welt zu, ist aber unbedingt der Meinung – und man weiß nie, ob sie spinnt oder lügt –, dass die »Maßstäbe grüner Außenpolitik« in »Gewaltfreiheit und dem Schutz der Menschenrechte« bestehen und dass das grüne »Konzept der erweiterten Außen- und Sicherheitspolitik« seinen Schwerpunkt auf »zivile Konfliktprävention und -bearbeitung« und den »Dialog der Religionen und Kulturen« lege.[347] Wirklich schade, dass seine Opfer diesen »erweiterten Dialog« einfach nicht zu würdigen wissen.

Kaum in der Regierung, akzeptierten die Grünen Krisenreaktionskräfte, NH-90-Kampfhubschrauber, Eurofighter und Großraum-Militärtransporter. Die rot-grünen Koalitionsvereinbarungen erlaubten sogar Rüstungsexporte. Außenminister Fischer lehnte im Sommer 1999 im Bundessicherheitsrat die Verschärfung der Rüstungsexport-Richtlinien ab. Er stimmte der Lieferung von sechs Minensuchbooten an die Türkei zu.[348] Für ein bisschen grüne Imagepflege sagte er im Oktober 1999 im Bundessicherheitsrat Nein zur Lieferung eines Testpanzers Leopard 2 an die Türkei.[349] Alles Taktik, denn die Mehrheit im Gremium war klar: Fischer kam zur Sitzung, »um überstimmt zu werden«, es war »ein kalkulierter Konflikt«, verriet ein Sozialdemokrat.[350] Ein Vetorecht gegen Rüstungsexporte, wie es FDP-Außenminister

6. KAPITEL

in der CDU/FPD-Koalition besaßen, nahm der grüne Außen- **157**
minister nicht für sich in Anspruch. Die Koalition gefährden? Niemals. Verstümmelte Körper hin, zerfetzte Menschen
her – keiner konnte von ihm verlangen, sein Amt zu riskieren.

Aber wenn das dann eines Tages weg ist: SPD und Grüne
hatten am Ende ihrer zweiten Wahlperiode bei den Bundestagswahlen am 18. September 2005 ihre Mehrheit verloren,
waren aber noch geschäftsführend im Amt, als sie Anfang
November rasch noch, gleichsam als Abschiedsgeschenk,
zwei fragwürdige Rüstungsexporte genehmigten: die Lieferung von 298 gebrauchten Leopard-2-Panzern in die Türkei
und zweier U-Boote aus der Kieler Werft HDW im Wert von
einer Milliarde Euro nach Israel, wovon die Bundesregierung ein Drittel zahlte. Der grüne Außenminister stimmte
im Bundessicherheitsrat zu.[351]

Seit Jahren hatten Beobachter des Auswärtigen Amtes die
Grünen auf ihren Parteitagen studiert, Texte analysiert, mit
Genugtuung den Abgang der Linken beobachtet und in einer wachsenden Zahl von »Hintergrundgesprächen« die
möglichen künftigen Regierungsmitglieder geprüft. Blitz-
schnell verschluckten die Strukturen des Auswärtigen Amtes den neuen Außenminister Fischer und seinen kleinen
Beraterstab.

Fischer nahm einige Freunde mit ins Amt. Darunter Georg Dick alias »Trino Gordo« *(Pflasterstrand)*. Der erfahrene
Schmutzarbeiter hatte seinen Kumpel schon 1983 als Pressesprecher nach Bonn begleitet und 1985 nach Wiesbaden.
Außerdem war Georg Dick 1988 vermutlich an der Finanzintrige gegen den linken Bundesvorstand beteiligt [mehr dazu
in Kapitel 4]. 1991 stieg er zum Vizeregierungssprecher der
hessischen rot-grünen Koalition auf. Kurz bevor Fischer
1994 von Wiesbaden wieder in den Bundestag nach Bonn
wechselte, hievte er Dick in einer »Sprungbeförderung«

IN STAHLGEWITTERN

158 von einer B-3- auf eine B-6-Stelle (12 000 D-Mark monatlich). Dick wurde Beamter auf Lebenszeit. So viel Dank für die Bekämpfung der linken Grünen musste sein. 1998 ernannte Fischer seinen Freund zum Leiter des Planungsstabes im Außenministerium und zum Ministerialdirektor »mit dem Gehalt eines Drei-Sterne-Generals – so etwas dürfte es in der Schaltzentrale der deutschen Außenpolitik noch nicht gegeben haben«[352]. Georg Dick »beherrscht die Machtspiele der politischen Szene perfekt«, schrieb die *Frankfurter Rundschau,* »die Geheimdiplomatie ist seine Leidenschaft.« Dick wurde deutscher Botschafter in Chile und ist es heute in Venezuela.

Wie geschmeidig der frühere Linke sich im rechten politischen Filz bewegte, beschrieb der frühere Frankfurter Kulturdezernent Hilmar Hoffmann (SPD) in seiner schmeichlerischen Ode an den Frankfurter Ehrenbürger Bruno Schubert. Schubert war Generalkonsul von Chile, als am 11. September 1973 das Militär putschte, den gewählten marxistischen Präsidenten Salvador Allende ermordete, die Regierung stürzte und Tausende von ChileInnen folterte und tötete. Schubert blieb auf Wunsch des Junta-Generals Pinochet und des deutschen Außenministers Hans-Dietrich Genscher (FDP) im Amt. Sozialdemokrat Hoffmann schrieb, keineswegs ironisch: »Diplomatische Elastizität, das ist die Kunst des menschlichen Umgangs auf subtiler, höherer Stufe.« Der »elastische« Diplomat Schubert öffnete dem neuen grünen ebenso beweglichen Botschafter Georg Clemens Dick in Chile die Türen einflussreicher Leute, die »ihm ihrerseits Entrees in exklusive Kreise vermittelten« (Hoffmann).[353]

Als die Realo-Grünen 1982 den hessischen Landesverband mit taktischen Neueintritten feindlich »überschwemmt« hatten, bekamen sie Personalprobleme, weil sie auf keinen Fall linke Grüne in bedeutenden Ämtern sehen wollten, zu-

6. KAPITEL

mal diese unvorstellbarerweise entsprechende Angebote meist ablehnten. Zwischen den früheren Frankfurter Spontis und ihren alten FeindInnen vom KBW in Hessen, Baden-Württemberg, Bremen und so weiter summten die Telefonleitungen. Ab 1998 fand der ehemalige KBW-Chef Hans-Gerhart »Joscha« Schmierer (»Der Osten ist rot, China ist jung, Joscha Schmierer grüßt Mao-tse-tung«[354]) sein Auskommen als Mitarbeiter und Referatsleiter, zuständig für Europafragen im Planungsstab des Auswärtigen Amtes. Noch 1980 hatte Schmierer in seiner *Kommunistischen Volkszeitung* (KVZ) eine Hymne auf Pol Pot und seine Roten Khmer geschrieben.[355] Die Verbrechen Pol Pots und der Roten Khmer waren seit 1977 allmählich öffentlich geworden, sie hatten zwischen 1,2 und zwei Millionen Intellektuelle und Oppositionelle ermordet. Diese Taten wurden allerdings auch von den USA geleugnet, die an der kambodschanischen Gegnerschaft zur Sozialistischen Republik Vietnam interessiert waren. Auch der elastische grüne Außenpolitiker Schmierer unterstützte den Golfkrieg (1990/91), den Krieg gegen Jugoslawien (1999) und den in Afghanistan (seit 2001).

Fischer kam mit ein paar Freunden, aber ohne Hausmacht ins Auswärtige Amt. Vom ersten Moment an hinterließ er eine breite Schleimspur und unterwarf sich der herrschenden Ministerialbürokratie. Er unterstützte – gegen die früheren radikaldemokratischen Bildungsprogramme seiner Partei , Eliteschulen für Diplomatenkinder. Lobte seine Betreuung durch das Protokoll, das einem sage, wo man zu stehen und mit wem man wann zu reden habe. »Selbst über die Steuervorteile der Diplomaten hielt Fischer seine schützende Hand, aus der ihm seine Leute seither fressen«, wusste die *Zeit*.[356] Die *Frankfurter Allgemeine Zeitung* lobte ihn in Grund und Boden: »Den dicksten Stein hat Fischer aber bei den Diplomaten im Brett, weil er sich erfolgreich für die volle Beibehaltung der bisherigen Auslandszulage gegen-

IN STAHLGEWITTERN

160 über dem Koalitionspartner einsetzte. Beim Geld fängt die Freundschaft an.«[357]

Ein Außenminister, der politisch tut, was die Ministerialbürokratie will, und zudem die materiellen Privilegien der Diplomatie sichert – was wollten die Seilschaften des Auswärtigen Amtes mehr? Sie wussten den Rückgratlosen zu nutzen. »Für viele eröffnet der Wechsel schlicht neue Karrierechancen. Da stört ein unorthodoxer Außenminister keineswegs«[358], belehrten AA-Insider die Medien. Fischer »ließ selbst enge Vertraute seines Vorgängers an ihrem Platz. Den Politischen Direktor von Klaus Kinkel (FDP), Wolfgang Ischinger, beförderte er gar zum Staatssekretär«.[359] »Ischinger hat mit am Tisch in Dayton gesessen. Er ist der erste Mann der operativen Außenpolitik«.[360] Fischer besetzte die NATO-Botschafterstelle in Brüssel mit Kohls Berater Joachim Bitterlich, einem sicherheitspolitischen Hardliner.[361] Ischinger und Staatssekretär Hans-Friedrich von Ploetz, der »zur Riege der Genscheristen gezählt«[362] wurde, »bürgen für politische Kontinuität, die Fischer abschirmen wird«, lobte die *Süddeutsche Zeitung*.[363]

Wofür brauchten die herrschenden Kreise in Deutschland einen Grünen als Außenminister? Vielleicht sucht sich eine gelangweilte Ministerialbürokratie ab und an neue Gesichter wie leere, manchmal etwas zerknitterte Seiten, auf die sie neue Kapitel alter deutscher Außenpolitik schreibt? Aber im Ernst: Ein Krieg stand bevor. Hätte Helmut Kohl Ja zum Krieg gegen Jugoslawien gerufen, wären die Straßen deutscher Städte von FriedensdemonstrantInnen verstopft worden. Die grüne Neubourgeoisie hätte einen Außenminister Guido Westerwelle schallend ausgelacht, wenn der sich mit schmerzverzerrtem Gesicht vor sie hingestellt und behauptet hätte, »wegen Auschwitz« in den Krieg ziehen zu wollen! Da war einer wie Fischer, der einen Teil des alternativen Neubürgertums tatsächlich mit in einen Krieg schleppen

6. KAPITEL

konnte, weil er aus ihren Reihen kam, langfristig nützlicher.

Auch wenn heute nur noch wenige in Deutschland über den vor zwölf Jahren stattgefundenen Krieg gegen Jugoslawien sprechen, es hat ihn gegeben. Etliche lesenswerte Bücher beschreiben den Weg in den Krieg und seinen Verlauf, deshalb hier nur einige kurze und unvollständige Anmerkungen.

Seit dem Winter 1997/98 hatte die UÇK, »die Befreiungsarmee für den Kosovo«, eine paramilitärische albanische Organisation und der bewaffnete Arm der Partei LPK, begonnen mit Terroranschlägen, Flugzeugabschüssen, Mord an Polizisten und an albanischen und serbischen ZivilistInnen Angst und Schrecken zu verbreiten.[364] Die UÇK sei aufgrund ihrer »nicht gerade zimperlichen« Handlungen »bestimmt nicht« qualifiziert, »in der Liga der Engel auch nur einen untersten Liga-Platz einzunehmen«, sagte Klaus Naumann, der Vorsitzende des NATO-Militärausschusses und ehemaliger Generalinspekteur der Bundeswehr.[365] Die NATO half, die UÇK aufzubauen und aufzurüsten. Auch die CIA half. Und die britische Armee. Aus Deutschland gingen Waffentransporte unbeanstandet über die Grenzen. Tausende von Albanern, viele mit begrenzten Mobilitätsrechten, weil ohne Aufenthaltsrecht in Deutschland, durften den ihnen »räumlich zugewiesenen Aufenthaltsbereich« (Asylverfahrensgesetz) im Gegensatz zu anderen Flüchtlingen ohne Beanstandung verlassen. Weder Bundeskanzler Schröder intervenierte, noch Verteidigungsminister Rudolf Scharping oder gar der grüne Außenminister. Fischers Ministerium folgte »klammheimlich der Logik, derzufolge der Feind meines Feindes mein Freund ist. Dabei galt die UÇK dem Auswärtigen Amt bis zum Beginn der NATO-Luftschläge als ziemlich obskure Bande«.[366]

Ab dem Sommer 1998 schlugen die serbische Polizei und

das Militär zurück. Jugoslawien wurde dafür regelmäßig von den USA wegen Verletzung des Waffenstillstandsabkommens von Dayton gerügt. Die UÇK nicht. Die hatte das Abkommen auch gar nicht unterzeichnet und betrachtete dies als Freibrief, eine Situation herzustellen, die die Abspaltung des Kosovo von Jugoslawien und den Anschluss an Albanien näherbrachte.

Die jugoslawische Regierung und Präsident Slobodan Milošević hatten, wie später auch General a. D. Klaus Naumann zugab, dem »Abzug substantieller Polizeikräfte und der Rückkehr des serbischen Militärs in die Garnisonen« zugestimmt und dann ihre Meinung geändert: »Vermutlich ausgelöst dadurch, dass die UÇK ohne jedes Zögern in das Vakuum, das der Abzug der serbischen Kräfte geschaffen hatte, hineinströmte und innerhalb des Kosovo anfing, Teilansprüche auf Souveränität zu erheben. Etwas, was Milošević ebenso wenig wie vermutlich jeder andere Staatschef eines unserer Länder hätte tolerieren können«, erkannte Naumann, »wir würden es auch nicht tolerieren, wenn eines unserer Bundesländer plötzlich erklären würde, wir erkennen die Hoheit des Bundes nicht mehr an, und wir errichten eigene Polizeikontrollen, eigenes Militär. Ich glaube nicht, dass die Bundesrepublik Deutschland sich das bieten lassen würde.«[367]

Bundeskanzler Gerhard Schröder hätte es sich gewiss auch nicht bieten lassen, »Germanenführer Schröder« im deutschen Fernsehen genannt zu werden vergleichbar dem »Serbenführer Milošević«, wie TV-ModeratorInnen den gewählten jugoslawischen Ministerpräsidenten Slobodan Milošević höhnisch nannten, was an »Bandenführer« erinnern sollte, aber vor allem die staatliche Souveränität der Bundesrepublik Jugoslawien infrage stellen sollte.

Der Westen begann von »ethnischen Säuberungen« durch die Serben zu sprechen. Das Auswärtige Amt unter Joseph Fischer bestritt gleichzeitig in seinen Lageberichten, dass im

6. KAPITEL

Kosovo die Menschenrechte gravierend verletzt würden. **163** »Namentlich in den größeren Städten verläuft das öffentliche Leben zwischenzeitlich wieder in relativ normalen Bahnen«[368], hieß es da. Auf dieser Grundlage wurden von bundesdeutschen Gerichten Entscheidungen gefällt, in denen kosovo-albanischen AsylbewerberInnen in der Bundesrepublik Deutschland das Asylrecht abgesprochen wurde.

Die USA drängten. Aber die Stimmung in der deutschen Bevölkerung war noch nicht reif, auch manch eine grüne »moralische Seele« brauchte noch ein bisschen Propaganda. Jamie Shea, NATO-Sprecher, würde die rot-grüne Regierung bald dafür loben, wie sie die »Seelen« auf Kurs gekriegt hatte: »Nicht nur Minister Scharping, auch Kanzler Schröder und Minister Fischer waren ein großartiges Beispiel für politische Führer, die nicht der öffentlichen Meinung hinterherrennen, sondern diese zu formen verstehen. [...] Und jenseits der sehr unerfreulichen Begleiterscheinungen, der Kollateralschäden, der langen Dauer der Luftangriffe, hielten sie Kurs.«[369] Jamie Shea sagte auch: »Das wichtigste ist, dass der Feind nicht das Monopol auf die Bilder haben darf, denn das rückt die Taktik der NATO in das Licht der Öffentlichkeit [...] Beim nächsten Mal, wenn die ARD, CNN oder die BBC ein Bild von einem zerschossenen Flüchtlingstreck zeigen, dann will ich sagen können: Ja, das stimmt. Ich entschuldige mich [...] Aber sehen Sie hier: Ein Massengrab, Leute, die absichtlich umgebracht und in dieses Grab geworfen wurden! Auf welcher Seite stehen Sie also?«[370]

Die richtigen Bilder lieferte William Walker, Leiter der Kosovo-Beobachtermission der OSZE. Auf die Frage, wann die Entscheidung für den Krieg denn wirklich gefallen sei, antwortete der Friedensforscher Johan Galtung: »Man nennt jetzt den August 1998, eine Sitzung des Republican Foreign Policy Committee im amerikanischen Senat. Gerhard Schröder soll es im Oktober erfahren haben [...] Das Republican

IN STAHLGEWITTERN

164 Committee hat gesagt, man müsse einen Anlass haben. Und das müsse medial verwertbar sein, sonst ginge das nicht.«[371] Auch die Grünen brauchten dringend medial verwertbare Bilder. Galtung: »Also hat man gewartet bis Račak.« William Walker »war als CIA-Mann derjenige, der die ›schwarze Arbeit‹ machte. Er war eine Woche vor dem Militärputsch 1987 auf Fidschi, er war in El Salvador und Nicaragua, und er war immer vor Ort als derjenige, der Fakten produziert hat, wodurch man die interventionistische Politik der USA legitimieren konnte«, sagte Galtung.[372]

Was trieb die OSZE überhaupt im Kosovo? Für die Weltöffentlichkeit war die Organisation damit beauftragt, Menschenrechtsverletzungen auf beiden Seiten nachzugehen. 2000 Soldaten sollten unter OSZE-Flagge in den Kosovo geschickt werden, es kamen aber nur 1200. Aus den USA kamen hauptsächlich Söldner. Mehr als 70 Prozent des Personals der angeblich zivilen Mission bestand aus Angehörigen des Militärs. Halfen sie Frieden herzustellen? Nein, sie halfen, die besten Bedingungen für einen NATO-Sieg im kommenden Krieg vorzubereiten. Sie unterstützten die UÇK logistisch und ermittelten mit Hilfe des amerikanischen Satellitensystems GPS die potenziellen Ziele für spätere NATO-Bombardierungen.[373]

Nicht allen OSZE-Angehörigen gefiel ihre Funktion. Der Schweizer Geologe und OSZE-Beobachter Pascal Neuffer erklärte: »Wir waren uns von Anfang an darüber im klaren, dass die Informationen, die im Laufe unserer Mission bei den OSZE-Einsätzen gesammelt wurden, die Satellitenbilder der NATO vervollständigen sollten. Wir hatten den sehr scharfen Eindruck, für die NATO zu spionieren. […] Wenn Berichte nicht kritisch genug gegenüber Aktionen der Serben waren, wurden sie [vom Büro Drewienkiewicz] abgeändert oder zerrissen.«[374] Walkers Vertreter, der britische General John Drewienkiewicz, leitete die Sicherheitsabteilung der OSZE-Zentrale in Priština.

6. KAPITEL

Wachsender Kritik an den Taten der OSZE entzog sich **165**
William Walker mit einem Schlag, als er »das Massaker von
Račak« entdeckte: Mit fürsorglicher Hilfe der UÇK fand
Walker am 16. Januar 1999 beim Dorf Račak 46 Leichen in
einem Graben. Er attackierte sofort in allen internationalen
Medien »das serbische Massaker« an unschuldigen kosovo-
albanischen Zivilisten: »Ich war in anderen Kriegsgebieten
und habe sehr grauenvolle Dinge erlebt. Dies aber übertrifft
alles, was ich je in meinem Leben gesehen habe.«[375]

Was waren das für »andere Kriegsgebiete«, in denen William Walker unübertroffen »grauenvolle Dinge erlebt« haben will? Mitte der siebziger Jahre war Walker Leiter der
Abteilung Politik der US-Botschaft in El Salvador. Er wurde
Anfang der achtziger Jahre nach Honduras entsandt. Dort
bereitete die CIA Angriffe auf die linke Regierung in Nicaragua vor. Die von der CIA unterstützten Contras und die
argentinischen »Militärberater« bildeten Todeskommandos,
»durch die mehr als 200 politisch verdächtige Studenten
und Arbeiterführer verschwanden«. Walker stieg auf. 1985
übernahm er die Verantwortung für Geheimoperationen der
Reagan-Administration zum Sturz der sandinistischen Regierung in Nicaragua. Walker wird vorgeworfen, verantwortlich dafür gewesen zu sein, dass den Contras in El Salvador Waffen zum Angriff gegen Nicaragua geliefert wurden.
Von 1988 bis 1991 war Walker US-Botschafter in El Salvador.
Am 16. November 1989 ermordete ein von den USA ausge-
bildetes salvadorianisches Militärbataillon in einem Schlaf-
raum der katholischen Universität von San Salvador sechs
jesuitische Priester, die Köchin und deren 15-Jährige Tochter. Die Toten wurden der Sympathie für die unterdrückten
Bauern »verdächtigt«. Walker erklärte, dass »solche Situati-
onen immer außer Kontrolle geraten« können.[376] Wir sehen,
William Walker ist ein Spezialist für »humanitäre Interven-
tionen«.

IN STAHLGEWITTERN

166 Warum begann der Krieg? Kriegsminister Scharping von der SPD sagte drei Tage nach Kriegsbeginn: »Wir wären ja auch niemals zu militärischen Maßnahmen geschritten, wenn es nicht diese humanitäre Katastrophe im Kosovo gäbe mit 250 000 Flüchtlingen innerhalb des Kosovo, weit über 400 000 Flüchtlingen insgesamt, und einer zur Zeit nicht zählbaren Zahl von Toten.«[377] »Nicht zählbare Tote« schon vor Beginn der NATO-Bombardierung? Die OSZE, Organisation für Sicherheit und Zusammenarbeit in Europa, müsste davon doch gewusst haben. Denn ihre BeobachterInnen hatten penibel die Vorkommnisse im Kosovo gemeldet. Ihr Fazit für den März 1999: 39 Tote im gesamten Kosovo – bevor die NATO-Bomber kamen. Drohte also eine ›humanitäre Katastrophe‹? OSZE-General a. D. Heinz Loquai dazu in einer Dokumentation: »Die Legitimationsgrundlage für die deutsche Beteiligung war die sogenannte humanitäre Katastrophe; eine solche humanitäre Katastrophe als völkerrechtliche Kategorie, die einen Kriegseintritt rechtfertigte, lag vor Kriegsbeginn im Kosovo nicht vor.«[378] Und die US-Diplomatin Norma Brown, damals an der Seite Walkers im Einsatz im Kosovo, sagte 2001: »Bis zum Beginn der NATO-Luftangriffe gab es keine humanitäre Krise«[379], und sie sagt heute: »Die humanitäre Katastrophe im Kosovo gab es erst durch die NATO-Luftangriffe. Dass diese die Katastrophe auslösen würden, wussten alle bei der NATO, der OSZE und bei unserer Beobachter-Gruppe.«[380]

Walker prahlte damit, dass die Weltöffentlichkeit ihm und nicht den SerbInnen glauben werde. Die Nachricht von bestialisch verstümmelten Leichen von Račak lief um die Welt und funktionierte bestens als letzter Anstoß für den Krieg. Ein »Wendepunkt« sei Račak für ihn gewesen, sagte Joseph Fischer. Wende wohin? Wo er doch dem Krieg schon ein halbes Jahr zuvor zugestimmt hatte.

Aber Račak war wohl, wie wir bald erfuhren, nicht das, was es zu sein schien. Viele Militärs, ÄrztInnen, Wissen-

6. KAPITEL

schaftlerInnen, Politiker, politische AktivistInnen und
JournalistInnen recherchierten die Fakten. Soweit die Fakten öffentlich geworden sind – zentrale Militär- und Geheimdienstberichte sind heute noch unter Verschluss –, ergibt sich zusammengefasst etwa folgendes Bild:

In der Gegend um Račak wurden im Winter 1998/99 immer wieder serbische Polizisten von UÇK-Einheiten angegriffen. Serbische Polizisten meldeten der OSZE eine polizeiliche Maßnahme, bestellten ein lokales Fernsehteam von Associated Press TV (AP TV) und umstellten am 15. Januar das Dorf. Außerdem waren JournalistInnen von *Le Figaro* und *Le Monde* am Ort des Geschehens. Die Polizei vermutete in Račak eine Schaltzentrale der UÇK und suchte die UÇK-Kämpfer, die fünf Polizisten und zwei albanische Zivilisten ermordet und zahlreiche Menschen entführt hatten. Eine unbekannte Zahl UÇK-Leute floh, andere blieben. Wer zu schießen anfing, ist unklar, aber Serben feuerten auf Račak, Kroaten feuerten aus dem Hinterhalt auf die serbischen Polizisten. Die folgenden Gefechte spielten sich hauptsächlich in den umliegenden Wäldern ab. Am Nachmittag war die Auseinandersetzung zugunsten der Serben beendet. Die UÇK meldete acht in Račak gefallene »Kameraden«. Französische JournalistInnen sahen zwei Verletzte im Dorf und beobachteten Fahrzeuge der OSZE in Račak. Am Ende waren 46 Menschen tot, die meisten waren Männer. Sie lagen plötzlich fast alle zusammen, in Zivilkleidung.

Walker hielt flammende Ansprachen an die Medien. Er ließ JournalistInnen und Schaulustige alle Spuren am vermeintlichen Tatort zertrampeln, und die zuständigen serbischen Behörden durften erst nach drei Tagen an den angeblichen Tatort. Tatsächlich interessierte sich fast niemand für die Darstellung der jugoslawischen Seite.

Während die Nachricht von bestialisch verstümmelten Leichen um die Welt jagte, machte sich ein Team von weißrussischen, jugoslawischen und finnischen WissenschaftlerInnen (letztere im Auftrag der EU) an die forensische Untersuchung. Ergebnis: 37 von 46 Toten hatten Pulverspuren an den Händen, hatten also selbst geschossen. Alle waren aus Gefechtsentfernung erschossen worden, also im Kampf. Es gab keine Genickschüsse und keine bestialischen Verstümmelungen. Andere Aufklärer fanden außerdem Anhaltspunkte dafür, dass die UÇK nachts vermutlich unter dem Schutz der OSZE ihre Toten aus den Wäldern geholt, zivil umgekleidet und dann in den Graben geworfen hatte. UNO-Ermittler gaben »hinter vorgehaltener Hand zu, etwa die Hälfte der Opfer seien UÇK-Helden oder Sympathisanten« der UÇK gewesen, [...] die vorher Anschläge und Attentate gegen serbische Einrichtungen und Beamte gutgeheißen oder selbst durchgeführt hatten.«[381] Der damalige UÇK-Führer Hashim Thaçi gestand später freimütig: »Uns fiel damals ein Stein vom Herzen, als Walker kam und ohne zu zögern sagte: Das ist ein Massaker an Zivilisten.«[382]

Die Nachrichtenagenturen der NATO-Staaten meldeten ein Massaker an Zivilisten und sagten nichts über die Rolle ihres Kriegspartners UÇK. Der Bericht der finnischen PathologInnen wurde dem damaligen EU-Präsidenten überreicht, der ihn nicht veröffentlichte: Das war ausgerechnet Joseph Fischer, denn Deutschland hatte zu jener Zeit die EU-Präsidentschaft inne.

Wolfgang Pohrt hatte recht, als er sagte: »Wenn die Medien ein serbisches Massaker melden, heißt das, dass die NATO-Jets startklar sind. Die Nachricht muß man als Absichtserklärung lesen.«[383]

Sie waren längst startklar, aber genügte das Massaker von Račak in den Augen der Öffentlichkeit, vor allem in den Augen der Bevölkerungen der NATO-Partnerstaaten? Sicherheitshalber schob man im Februar und im März noch eine Verhandlungsrunde im französischen Rambouillet ein, mit der Jugoslawien Bedingungen auferlegt werden sollten, die

6. KAPITEL

kein souveräner Staat, der es bleiben will, unterschreiben **169** kann. »In Anhang B wurden Forderungen wie die freie Beweglichkeit der NATO in ganz Jugoslawien, inklusive des Luftraumes und der See und ihrer Nutzung für Manöver, Training und andere Operationen (Artikel 8) festgelegt, die die völlige Immunität von NATO und NATO-Personal gegenüber jugoslawischen Behörden (Artikel 6) und die kostenlose Nutzung der gesamten Infrastruktur Jugoslawiens (Artikel 10) festschrieben.«[384] Kritische SpezialistInnen und politische BeobachtInner auf der ganzen Welt schätzten diesen Anhang als unannehmbar und als taktisches Manöver ein, mit dem die NATO die Verhandlungen scheitern lassen und wie seit Monaten angekündigt endlich in die Schlacht ziehen wollte.

Fischer beteiligte sich an diesem Manöver, er inszenierte sich als harter Kritiker von Milošević und ließ sich streitend filmen. Er leugnete aber, dass der Anhang mitverhandelt wurde. Dass es ihn gegeben hatte, konnte er gleichwohl nicht bestreiten. *Die Zeit* fragte ihn einen Monat nach Rambouillet: »Der Vertragsentwurf sah keine Stationierung von NATO-Truppen in ganz Serbien vor?« Fischer: »Das ist nun wirklich eine kuriose Debatte, die es so nur in Deutschland gibt. Im militärtechnischen Anhang des Vertrages hat die NATO Vorschläge auch über die Zuführung und den Nachschub ihrer Truppen in das Kosovo gemacht. Aber darüber wurde leider nie verhandelt, folglich ist es unsinnig, zu behaupten, an diesen Vorschlägen seien die Verhandlungen gescheitert. Das ist eine schlichte Legende. Der serbischen Seite ging es immer nur darum, keine fremden Truppen auf ihrem Territorium, auch nicht im Kosovo, zu haben. Aber eine Vereinbarung ohne militärische Implementierung, das wäre wieder nur bedrucktes Papier gewesen.«[385] Also gab es ihn, aber er wurde nicht verhandelt, weil sein Inhalt selbstverständlich war?

Ehrlicher war der EU-Sonderbeauftragte Petritsch, der

als Mitglied der NATO-Kontaktgruppe die Rambouillet-Verhandlungen leitete: »80 Prozent unserer Vorstellungen werden einfach durchgepeitscht [...] das Endergebnis wird wohl ein Diktat sein. Vor Ende April wird der Kosovo-Konflikt entweder formal gelöst sein oder wir bombardieren.«[386]

Mit dem Krieg gegen Jugoslawien schickten die kapitalistischen Zentren USA und EU-Europa eine Botschaft auch an die neuen »unabhängigen« Staaten in Zentralasien: Seht her, das geschieht, wenn sich ein Staat den Interessen der kapitalistischen Großmächte in den Weg stellt und sei es nur durch seine widerspenstige Existenz. Denn die NATO betrachtete Jugoslawien als einen störenden »Riegel« vor ihren Interessen in Zentralasien. Ihr Ziel war der Brückenschlag bis zum NATO-Vorposten Türkei und die Stabilisierung des Balkans für die Interessen der USA und für die EU-Europas mit Deutschland an der Spitze.

Die Zerstückelung Jugoslawiens und seine Unterwerfung wurden mit in der Welt bewährten Mitteln vorbereitet. Wie erfolgreich man war, zeigt zum Beispiel diese Erinnerung der *Monitor*-Moderatorin Sonja Mikich:

»Ich war stolz, in den Sechzigern halbe Jugoslawin zu sein. Da gab es dieses Vorzeigeland, wo die Arbeiterselbstverwaltung praktiziert wurde und die Ideologie nicht betonstarr war. Wo man westlichen Rock hörte und westliche Zeitungen in den Kiosken lagen. Wo die Jugend Minis und Jeans trug. Das Land, das sich aus eigener Kraft vom Hitlerfaschismus befreit und Stalin auch noch getrotzt hatte. Mit dem Aufstieg Miloševics mutierte ich zur halben Serbin. Und meine vielsprachigen kosmopolitischen Verwandten zu international Geächteten. Und jetzt lese ich in manchen Kommentaren: Die Serben, sie sind eigentlich moralische Untermenschen«.[387]

Thomas Ebermann drückte es so aus: »Die Transformation von einem eher sympathischen Staat, der sich so be-

6. KAPITEL

wundernswert tapfer unabhängig von Moskau hält, seinen Untertanen Reisefreiheit gewährt und eine nette Olympiade zu veranstalten vermag, in ein Völkergefängnis mit serbischem Aufsichtspersonal, war eine Demonstration der Wirkungsmacht ideologischer Apparate und des Funktionierens manipulativer Techniken.«[388]

Der hohen Auslandsverschuldung in den achtziger Jahren folgte die Destabilisierung der jugoslawischen Wirtschaft in den neunziger Jahren. Das war auch dem Strukturanpassungsprogramm geschuldet, das der Internationale Währungsfonds (IWF) 1990 diktierte. Wie auch in der »Dritten Welt« war es jetzt in Jugoslawien das Ziel, die Betriebe zu privatisieren und das Land für ausländische Investitionen und Konsumgüter aufzubrechen. Vor allem aber ging es darum, die weitgehenden sozialen Rechte der ArbeiterInnen zurückzuschneiden. Das Gesetz über die *Basisorganisation der Assoziierten Arbeit* störte. Ein solches Vorbild konnte man im künftigen EU-Europa nicht brauchen, denn man wollte die ArbeiterInnen in ihrem Kampf um Einkommen und soziale Rechte schwächen.

Die Zerstörung der sozialen Grundlagen wiederum verschärfte die Entsolidarisierung des reichen Nordens mit dem Süden Jugoslawien. Es folgte wieder einmal die *Ethnisierung des Sozialen* mit tatkräftiger Unterstützung der deutschen Regierung, besonders der FDP. Unter erpresserischen Bedingungen setzte Deutschland gegen seine EU-»Partner« 1991 die nationale Anerkennung und die frühzeitige Abspaltung der reichen Bundesstaaten Slowenien und Kroatien durch – eine wesentliche Voraussetzung für die weitere Destabilisierung und schließlich den Krieg.

Mit dem Krieg verfolgte die NATO auch den Plan, Russland aus dem weltweiten Wettbewerb auszugrenzen und China einen Warnschuss zu verpassen, um so die Konkurrenz zwischen EU-Europa und den USA ohne Störungen auszutra-

IN STAHLGEWITTERN

gen. Es ging und geht um die unterschiedlichen Wege nach Zentralasien, um Streckenführungen von Rohstoffrouten – auch durch den Balkan. Das Ziel der großen Gier sind die ungeheuren Bodenschätze, Gold, Uran und bis zu 30 Milliarden Tonnen Öl, die zwischen der Türkei, dem NATO-Vorposten in Vorderasien, und China in den Gebieten um und unter dem Kaspischen Meer liegen.[389] Allein Turkmenistan besitzt die viertgrößten Erdgas-Reserven weltweit.[390]

Erdgas, mit dem das Nabucco-Projekt, von der deutschen RWE und der österreichischen OMV betrieben, Geschäfte machen will, wobei beide Firmen vom ehemaligen deutschen Außenminister Fischer beraten werden. Nabucco wird von der EU-Kommission mit rund 200 Millionen Euro co-finanziert.[391]

Diese ökonomischen Interessen lagen auch zur Zeit des Krieges gegen Jugoslawien keineswegs im Verborgenen: »Wer im Namen der ›internationalen Stabilität‹ die Hegemonie in der Welt beansprucht, muss irgendwann damit beginnen, sie zu demonstrieren – mit oder ohne Mandat der Vereinten Nationen oder des Sicherheitsrates, mit oder ohne Rücksicht auf das Völkerrecht. Politisch gesehen – und aus der Perspektive der Vereinigten Staaten – mag das plausibel sein. Nur besonders moralisch ist es nicht«, schrieb Franziska Augstein.[392] Und zwei konservative Wissenschaftler in der *Frankfurter Allgemeinen Zeitung* schrieben: Es gehe immerhin um »die Erschließung des beiderseitigen Nutzens einer Freihandelszone«, für welche »strategische Projekte der Infrastrukturentwicklung auf den Weg zu bringen« seien, für »die geoökonomische Verknüpfung der westlichen Schwarzmeerküste mit den Häfen Russlands, der Türkei und Georgiens, die für den Transport russischer, kaukasischer oder auch zentralasiatischer Energieträger (Öl, Gas) den sinnvollsten Brückenkopf zur Versorgung Südost- und Mitteleuropas auf dem Land- beziehungsweise Flußwege bilden können«.[393]

6. KAPITEL

Aus früheren sowjetischen Republiken wie Usbekistan, Kasachstan und Turkmenistan waren formal unabhängige neue Staaten geworden. Der Sowjetunion, zu der sie gehört hatten, hatte es an den materiellen und technischen Mitteln gemangelt, um die ungeheuren Naturressourcen in großem Maßstab auszubeuten. So sprach das US-Establishment zur Zeit des Jugoslawienkrieges vom »weichen Unterleib« der Sowjetunion mit seinen Rohstoffen, einem vollen Bauch, in den hineingestochen werden müsse. Sie sprachen von einem »Erdbebengürtel«, der vom Balkan über den Kaukasus bis an die Westgrenze Chinas reiche und der notfalls mit Gewalt befriedet werden müsse.[394]

Beinahe wie in einer erneuten ursprünglichen Akkumulation – bei der ersten vor rund 500 Jahren wurde Amerika von europäischen Eroberern ausgeplündert, was bis heute für Zentral- und Lateinamerika ein ökonomisches Ungleichgewicht zur Folge hat – gelangte mit dem Zusammenbruch der UdSSR ein immenser Reichtum an Bodenschätzen in den Zugriff europäischer und US-amerikanischer Konzerne. Sie konnten in kurzer Zeit ungeheuer viel Beute machen.

Das *Handelsblatt* schrieb sechs Monate vor Kriegsbeginn über die ökonomischen Erwartungen deutschen Kapitals: »Der gesamte ost- und mitteleuropäische Raum biete gute Perspektiven für künftige Investitionen. Vom Grundsatz her lasse sich der osteuropäische Markt mit Südamerika vergleichen. Lokale Produktion in Osteuropa profitiert von dem dort herrschenden Lohnniveau. [...] Außerdem entfallen die zum Teil sehr hohen Importzölle.«[395] *Die Welt* drückte es dabei aus: »Die NATO hat sich den Balkan zu etwas gemacht, das die Amerikaner ihren ›Hinterhof‹ nennen würden. Das ist gut so, denn der Balkan geht uns an.«[396]

Das deutsche Kapital hat seine ganz eigenen Interessen auf dem Balkan und in Zentralasien. Der deutsche Staat, der ideelle Gesamtkapitalist, wollte die Kriegsfähigkeit Deutschlands einüben, um langsam wieder die langfristigen deut-

IN STAHLGEWITTERN

schen Kapitalinteressen auch militärisch abzusichern. – Es gab also gar keinen Grund, dass Bundespräsident Horst Köhler 2010 zurücktrat, er war nur beleidigt, weil seine ParteifreundInnen öffentlich nicht zu dem stehen, was sie tun und was ja auch in den *Verteidigungspolitischen Richtlinien* von 1992 und von 2003 niedergelegt ist. – Das Interesse der USA war (und ist) es, ihre einseitige Öl-Abhängigkeit von den Golfstaaten, besonders von Saudi-Arabien zu mindern.

Aus all diesen Gründen war es EU-Europa und den USA wichtig, ihre imperialistische Handlungsfähigkeit zu demonstrieren, unabhängig von den UN und von den erwartbaren Vetos von Russland und China. Ein satter Gewinn für das Rüstungskapital war mit im Gepäck. Der Zugang zu Zentralasien, zur kaspischen Region, ist und bleibt von zentraler Bedeutung, es ist »ein Gebiet von strategischem Interesse für die NATO. Die Ausdehnung der NATO wirft einen immer längeren Schatten über die ganze Region«, heißt es in den *Thinktanks* der USA.

In einer Studie des Instituts für Internationale Politik der Bundeswehruniversität in Hamburg hieß es vor dem Krieg gegen Jugoslawien: »Der Einsatz militärischer Kräfte der NATO im Kosovo wiederum ohne Legitimation durch den UN-Sicherheitsrat [...] wird als Präzedenzfall für mögliche künftige Einsätze im unmittelbaren Vorfeld Rußlands gewertet, etwa im Kaukasus [...], wo in der Auseinandersetzung um die Erdölressourcen in der kaspischen Region und die Nutzung bzw. die Verlegung von Pipelines ein heftiger Konkurrenzkampf zwischen westlichen und russischen Ölkonzernen bzw. Washington und Moskau im Kontext strategischer Interessen entbrannt ist [...]«.[397]

Mit ihrem Gründungsvertrag, der bis zum April 1999 galt, hatte sich die NATO verpflichtet, in Übereinstimmung mit der Charta der Vereinten Nationen zu handeln, jeden internationalen Streitfall auf friedlichem Weg zu regeln, den Frieden zu erhalten und sich jeder Gewaltandrohung und

6. KAPITEL

Gewaltanwendung zu enthalten. Seit dem Jugoslawienkrieg gilt, ganz offiziell, das genaue Gegenteil. Der Bruch des Völkerrechts wird zur Regel. Die NATO erklärte sich auch prompt im April 1999, bei den Feiern zu ihrem 50. Geburtstag, zu einem Welt-Kriegsbündnis. Sie kann sich jetzt unabhängig von UN-Entscheidungen selbst mit Kriegseinsätzen beauftragen. Sie will »sich nicht mehr auf die Verteidigung der territorialen Integrität ihrer Mitgliedsstaaten beschränken, sondern muß sich ihrer strategischen, politischen und ökonomischen Interessen annehmen, die durch Krisen *in weit entfernten Regionen* gefährdet werden können«. [Hervorhebung J. D.] Der Raum, in dem sich die NATO anmaßt, für tödliche Ordnung zu sorgen, ist mit dem Begriff des »euro-atlantischen Raums« üppig weit definiert.

Auch dafür braucht es eine aggressive moderne Angriffsarmee und nicht mehr die alte Bundeswehr, die »uns« gegen die bösen »Russen« verteidigen sollte. Auch die Grünen sind seit langem dabei, wenn es gilt, die Bundeswehr umzuformen. Joschka Fischer sagte 2001: »Wir alle wollen ja eine kleinere und moderne Bundeswehr.«[398] Und dass sie an künftigen Kriegen teilnehmen, sobald sie die berüchtigte Regierungsverantwortung tragen, zeigte rasch ihre Entscheidung, dass der Einsatz der Bundeswehr im Ausland künftig nicht mehr von einer Zweidrittelmehrheit, sondern nur noch von einer einfachen Stimmenmehrheit im Bundestag abhängen soll, sofern der überhaupt gefragt wird.[399]

Zwei Tage nachdem Joseph Fischer und Gerhard Schröder in Washington eilfertig dem kommenden Krieg gegen Jugoslawien zugestimmt hatten, hielt Martin Walser am 11. Oktober 1998 in der Frankfurter Paulskirche seine Dankesrede für den Friedenspreis, in der er vor den Augen des entsetzten Ignatz Bubis und seiner Frau Ida Bubis, aber »unter dem Beifall eines großen Teils des Publikums« – worunter sich auch sozialdemokratische und grüne Amts- und Würden-

IN STAHLGEWITTERN

176 träger befanden –, die Juden aus dem »kollektiven Wir« der Deutschen ausschloss, ja »ausspie«[400] (Dan Diner).

Joseph Fischer und seine grünen Kriegerinnen und Krieger griffen sich kurz darauf Martin Walsers »Moralkeule Auschwitz« in einem anderen Sinn und instrumentalisierten »unsere Schande zu gegenwärtigen Zwecken« (Walser) als »Einschüchterungsmittel« gegen alle, die ihrem Krieg im Weg standen.[401]

»Auschwitz« ist das – heute ein wenig zu abstrahierende – Synonym für die Ermordung von Millionen Juden, Kommunisten, Sozialisten, Homosexuellen, Osteuropäern, Roma und Sinti durch Deutsche. Die Lage im Kosovo mit Auschwitz zu vergleichen und Slobodan Milošević mit Adolf Hitler war ein infames Unterfangen des grünen Außenministers, um seinen Positionswechsel durch eine unzulässige Analogie zu rechtfertigen und in überbordender Dramatisierung zu ertränken. Er vermanschte die deutsche Geschichte wie Gulasch, aus dem er sich dann die besten Happen rausfischte.

Der Vergleich – gerade aus dem Mund eines ehemaligen Linken und Antifaschisten – relativierte die Vernichtung der Jüdinnen und die Blutspuren der Wehrmacht in Europa. Und er schmiedete aus einem Opfer der Deutschen den Täter: Jugoslawien, das 1914 vom kriegslüsternen Deutschland geschmäht und 1941 von Deutschland zertrümmert worden war, wurde 1999 plötzlich in Fischers widerwärtigem Vergleich identisch mit dem deutschen Aggressor, als habe es sich selbst zerstört. Die andere Facette des perfiden Bildes war, dass von nun an ein Schlussstrich gezogen werden konnte, denn die Deutschen unter grünem Helm retteten Hitlers Opfer, und Hitler war jetzt Serbe.

Die deutsche Sprache enthält genügend Worte, um Verbrechen und Entsetzen zu beschreiben, dafür bedarf es keiner Analogie zu Auschwitz, genauso wie sich jeder Vergleich

6. KAPITEL

Israels mit Nazi-Deutschland verbietet. Wäre der grüne Außenminister jener Geschichtskenner, als der er sich gern geriert, hätte er auf der Stufe der Verbrechen, Vertreibungen und Morde durch die serbische Regierung und das serbische Militär eine ganze Reihe von Regierungschefs auf dieser Welt mit Hitler vergleichen und mit Hilfe der NATO bombardieren müssen. Verglichen mit den MilitaristInnen von SPD und Grünen war George Orwell ein Anfänger. Fischer verlangte von JournalistInnen, das Wort »Kriegsflüchtlinge« durch die einheitliche Sprachregelung »Vertriebene« bzw. »Deportationen« zu ersetzen.[402] An anderer Stelle zeigte er, wie der Kampf um Worte in Zeiten des Krieges funktioniert: »Wir führen keinen Krieg, wir leisten Widerstand, verteidigen Menschenrechte, Freiheit und Demokratie.«[403]

1999 wurde jedes tatsächliche oder behauptete Massaker auf dem Balkan, sofern man es den Serben in die Schuhe schieben konnte, ein »Völkermord« oder ein »Genozid«. Da gab es »Deportationen« und ein »KZ«.[404] Verteidigungsminister Scharping drehte durch, von Fischer nie gebremst: Serben hätten mit abgeschnittenen Kinderköpfen Fußball gespielt, Schwangeren den Fötus aus dem Leibe gerissen, um ihn zu grillen und um ihn dann wieder zurück in den Leib der Schwangeren zu stoßen.[405]

Im Gegenteil, gemeinsam brüllten, auch wenn sie manchmal leise sprachen, Fischer und Scharping ihre Kritiker nieder: Milošević sei wie Hitler. Kosovo wie Auschwitz. Und der ach so linke Ludger Volmer, der jetzt Staatsminister unter Fischer sein durfte, zahlte für sein Amt: Milosevic »betreibt eine Politik, die mit vielen Kategorien der NaziPolitik zu vergleichen ist [...] Für mich steht fest: Das, was Milošević betreibt, ist Völkermord. Und er bedient sich der gleichen Kategorien, derer Hitler sich bedient hat.«[406]

Oscar Lafontaine erinnert sich, wie Fischer sagte: »Die Bomben sind nötig, um die ›serbische SS‹ zu stoppen.«[407] So

178 auch die *taz* im Jahr 2007: »Der berühmteste Satz eines Achtundsechzigers nach 68 ist zweifellos Joschka Fischers Begründung für die erste militärische Intervention mit deutscher Beteiligung nach 1945. ›Ich habe nicht nur gelernt, nie wieder Krieg, sondern auch: Nie wieder Auschwitz. Die Bomben sind nötig, um die serbische SS zu stoppen.‹«[408]

In einem »exklusiven Interview« hatte der grüne Außenminister dem US-Magazin *Newsweek* gesagt: »I am a member of the Green Party and am sitting here giving an interview in NATO headquarters. I never dreamed about that.« Und: »I think NATO is doing a good job. […] it was a real shock […] that Milošević was ready to act like Stalin and Hitler […] It's a direct attack against the security of Europe.« Und auf die Frage: »You see a direct parallel to the Nazi era?« antwortete er: »I see a parallel to that primitive fascism. Obviously, the 30s are back, and we cannot accept that […] we have to fight and win this war.«[409] (April 1999) Und flugs war hier im NATO-Hauptquartier aus dem Zusammenhang »Nie wieder Auschwitz – Nie wieder Krieg« ein Gegensatzpaar geworden. Fischer: »My generation was brought up with two experiences. The first is ›Never Again War‹. And the second is ›Never Again Auschwitz‹. […] If we accept Milošević as a winner, it would be the end of the Europe I believe in.«[410]

Das NATO-Hauptquartier, oder die eigene angenommene Bedeutung an diesem Ort, muss ihn tief beeindruckt haben. Zwei Tage zuvor hatte er auf die Frage der *Zeit* etwas vorsichtiger geantwortet: »Von deutschem Boden soll nie wieder Krieg ausgehen ist eine historische Begründung des Pazifismus. Nie wieder Auschwitz ist die historische Mahnung, den Anfängen eines möglichen Völkermords zu wehren. Das ist für mich – ohne damit die Katastrophe im Kosovo mit Auschwitz im entferntesten gleichzusetzen – einer der Gründe für meine Haltung.« *Die Zeit*: »Der Verweis auf Auschwitz wird öffentlich als Parallelisierung empfunden.«

6. KAPITEL

Der grüne Außenminister: »Nein, es ist keine Parallelisierung. Auschwitz ist mit der serbischen Politik nicht vergleichbar.«[411] Aber ein anderer *Zeit*-Autor im Juni 1999 beobachtete: »Auch Joschka Fischer offenbarte seltsame Zwangsvorstellungen, wenn er die Bundesrepublik und ihre Verfassung für ›betroffen‹ erklärte, da im Kosovo Albaner durch Genickschuss ermordet würden, wie es im Zweiten Weltkrieg deutsche Einsatzgruppen mit Juden getan hätten. Als ob eine weniger deutsche Tötungsmethode weniger verwerflich gewesen wäre – einmal davon abgesehen, dass der Genickschuss nicht so exklusiv deutsch ist.«[412]

Indem Deutschland militärisch half, Jugoslawien zu zertrümmern, befreite es sich von der eigenen Vergangenheit. Nicht in meinen scheußlichsten Alpträumen hätte ich mir vorgestellt, dass einmal ein Ex-Linker eine neue deutsche Auschwitzlüge auf den Weg bringen und so den NS-Faschismus entsorgen helfen würde. In verschiedene Vorträgen und einem Offenen Brief warf ich Fischer und den Grünen dies vor.[413] Aber weder meine noch die meisten anderen kritischen Äußerungen wurden in bürgerlichen Medien veröffentlicht.

»Wir Überlebenden von Auschwitz und anderen Massenvernichtungslagern verurteilen den Mißbrauch, den Sie und andere Politiker mit den Toten von Auschwitz, mit dem von Hitlerfaschisten im Namen der deutschen Herrenmenschen vorbereiteten und begangenen Völkermord an Juden, Sinti und Roma und Slawen betreiben, was Sie tun, ist eine aus Argumentationsnot für Ihre verhängnisvolle Politik geborene Verharmlosung des in der bisherigen Menschheitsgeschichte einmaligen Verbrechens.«[414] Auschwitz-Überlebende, unter ihnen Esther Bejarano, Peter Gingold und Kurt Goldstein hatten versucht, ihre Kritik an Fischers und Scharpings Auschwitz-Vergleich zu veröffentlichen, aber die *Frankfurter Rundschau*, die sie für das geeignetste Blatt hielten, weigerte sich, über ihre Kritik zu berichten. Aus Staatsräson. Und: Die Zustimmung des rot-grünen Lagers – auch in den Medien – für den Krieg war so groß, dass sich auch diese Zeitung taub stellen konnte. Die Auschwitz-Überlebenden sahen sich gezwungen, für 38000 D-Mark eine ganzseitige Anzeige in der *Frankfurter Rundschau* zu kaufen (»Gegen eine neue Art der Auschwitz-Lüge«), um überhaupt gehört zu werden.

Die Dämonisierung des Kriegsgegners sollte den Krieg rechtfertigen und die KritikerInnen des Angriffskriegs und die KriegsgegnerInnen diskreditieren. Joseph Fischer nannte GegnerInnen seines Krieges »Weißwäscher eines neuen Faschismus«[415]. Die Dämonisierung und die Diskreditierung »sollten die Koordinaten für den gesellschaftlichen Diskurs über die Unausweichlichkeit des Krieges liefern«.[416]

Man versteht die aktuelle Auseinandersetzung um *Wikileaks* besser, wenn man diese Phase der »informationellen Kriegsführung« noch einmal reflektiert. Von Anbeginn an war der Jugoslawien-Krieg ein *Information War*. Die NATO zerschoss in den ersten vier Kriegswochen zwei Dutzend Rundfunktransmitter, am Morgen des 23. April 1999 bombardierte sie das Gebäude des serbischen Rundfunks in Belgrad, 15 Menschen starben und 17 wurden verletzt. In Brüssel richtete sie einen »war room« ein, das *Media Operations Centre* (MOC), das die Erklärungen der NATO-Partner »vereinheitlichen«, die Medien beeinflussen sollte. Das gelang bis in *die tageszeitung*, wo Eberhard Seidel allen Ernstes »anzuerkennen« verlangte, »wie genau die NATO bislang die Ziele traf, die sie auch treffen wollte« und dass »1000 zivile Opfer [...] eher ein Beleg für *behutsame Bombardements*« seien.[417] [Hervorhebung J. D.]

Und über Belgrad kreiste in den kurzen Pausen zwischen den Bomben eine Lockheed C-130 Hercules, von der aus ein

6. KAPITEL

NATO-Fernsehsender in serbischer Sprache als »vereinigte Stimme der NATO« grüßte und neben »Nachrichten« und »musikalischen Hits« auch meldete: »Das Thema der Sendung ist die Bösartigkeit des Kommunismus«. Hier war ausnahmsweise von Auschwitz nicht die Rede.[418]

In deutschen Massenmedien war kein Platz für antimilitaristische oder pazifistische Informationen. Aber weltweit hatten, verzögert durch den Schock des Krieges, kritische, nicht in die Interessen der NATO-Staaten eingebundene Menschen angefangen, sich mittels der neuen Techniken zu vernetzen. Das wurde von den Angestellten der Kriegsherren sehr genau beobachtet. RAND, die regierungsnahe US-amerikanische Denkfabrik, warnte in ihrer Analyse der Zapatista-Bewegung vor einem zukünftigen ›»Krieg im Netz‹, ermöglicht durch den freien Zugriff auf elektronische Medien, Fax, E-Mail und World Wide Web: Es könnte sich eine dynamische Symbiose zwischen NGOs und den Medien entwickeln [...], in der die Medienpräsenz die jeweiligen Machtverhältnisse ausgleicht und die Regierung ihren Vorteil verliert, zu kontrollieren, wer was über einen Konflikt weiß. Dies führt dann entsprechend zu einer Einschränkung staatlicher Handlungsmöglichkeiten.«[419] Und da wussten sie noch nicht, dass es ab 2006 *Wikileaks* und vielleicht bald *Openleaks* und andere ähnliche Internetplattformen geben würde.

Ist es ein Wunder, dass an der Leine der USA laufende Politiker wie der grüne Bundesvorsitzende Cem Özdemir im November 2010 warnten: Wikileaks habe mit der Veröffentlichung geheimer diplomatischer Dokumente »eine Grenze überschritten, die unserer Demokratie insgesamt nicht guttut«.[420]

Am Ende des Krieges, Mitte Juni 1999, als die Kritik an der Relativierung von Auschwitz häufiger wurde und als die Grünen bei den Europawahlen 1999 von 10,1 Prozent (1994)

MENSCHENRECHTSKRIEGERINNEN

auf 6,4 Prozent abgestürzt waren, fragte die *taz* Außenminister Fischer: »Halten Sie die übertriebene Moralisierung des Krieges, die Vergleiche mit Hitler und Auschwitz heute immer noch für richtig?« Der schimpfte los: »Ich kann es nicht mehr hören! Niemand hat behauptet, daß Milošević Hitler ist oder daß im Kosovo ein zweites Auschwitz geschehen ist.«[421] War die »Auschwitz-Analogie« nur, wie Gunter Hofmann (*Die Zeit*) behauptet, ein kleiner »falscher Zungenschlag«[422]?

Oder war der Krieg vielleicht gar kein Krieg? Bei der hohen esoterischen Durchdringung der grünen Mitgliedschaft kann man sich alle möglichen Wahnwelten vorstellen. Der Krieg war kein Krieg. Milošević war Hitler. Die Toten sind nicht tot. Wir Deutschen wurden von fremden Mächten gezwungen, die eigentlichen Opfer sind »wir«, wie immer. Joseph Fischer: »Ich glaube, die deutsche Bevölkerung hat mehrheitlich verstanden, daß es im Kosovo nicht um das Kriegführen ging. [...] Es war kein Krieg für deutsche Interessen, wir wollten keine anderen Länder erobern oder unseren Einfluß ausdehnen. Es ist uns ein Krieg aufgezwungen worden, um das Existenzrecht der Kosovo-Albaner zu wahren, und zwar nicht nur aus allgemeinen menschenrechtlichen Gründen, sondern weil das friedliche Zusammenleben der Völker auf dem Balkan und damit in Europa bedroht war.«[423]

Die *taz* fragte ihn: »Zum ersten Mal seit rund 125 Jahren hat Deutschland sich an einem Krieg beteiligt und gehörte hinterher nicht zu den Besiegten. Verliert das Kriegführen für die Deutschen seinen Schrecken?« Fischer antwortete nicht.

6. KAPITEL

7. MENSCHENRECHTSKRIEGERINNEN

Nina Hagen: »Mit Merkel will der Staat Kriege machen, ohne Merkel nicht!«

Jutta Ditfurth: »In Jugoslawien 1999 – das war Frau Merkel? Wusste ich gar nicht.«

Nina Hagen: »Wie? Wir sind in den Krieg gezogen – meine Soldaten?«

Jutta Ditfurth: »Da warst du wohl im Ashram.«

Nina Hagen: »Das find' ich gemein. Ich find' das ganz unmenschlich, was du jetzt sagst.«[424]

Nina Hagen als Wahlkämpferin für die Grünen, ARD, September 2005

Krieg verroht. Klaus Kinkel, Fischers Vorgänger im Auswärtigen Amt, hatte geholfen, in Kroatien die sogenannte Befreiungsbewegung UÇK aufzubauen.[425] Ihr Anführer Hashim Thaçi wird in einem Bericht des *Europarates* vom Dezember 2010 beschuldigt, als Anführer des kriminellen Clans »Drenica« für die Ermordung vor allem von Serben und den illegalen Handel mit ihren Organen mitverantwortlich gewesen zu sein.[426] Die USA und Deutschland wussten während des Krieges gegen Jugoslawien, als ihre Bomber auch mit Hilfe der UÇK ihre Ziele fanden, was für eine Art »Partner« sie in Thaçi und seinen Spießgesellen hatten. Die *New York Times* schrieb im Juni 1999, dass auffallend häufig Kritiker und Konkurrenten der UÇK-Führung ermordet wurden. Oft lösten sich ZeugInnen wie Anschuldigungen in Luft auf oder die Sache wurde Serbien in die Schuhe geschoben.[427]

Die NATO-Staaten spalteten Jugoslawien und lieferten

184   den Kosovo an die UÇK aus. Deren Führungscrew besetzte hohe Staatspositionen. Thaçis Freund Xhavit Haliti wurde zum Beispiel Mitglied des Präsidiums der Nationalversammlung. Einer 41-seitigen geheimen Akte der NATO (2004) kann man entnehmen, dass er mit Waffenschmuggel, organisierter Kriminalität (OK) und einer Reihe von Morden in Zusammenhang gebracht wurde. Im Parlament kämpft er für Privatisierung, was Investoren aus Ost und West gefällt.[428] Eine 67-seitige Analyse des BND (geheime Verschlusssache, 2005) enthüllt: »Über die Key-Player (wie zum Beispiel Haliti, Thaçi, Haradinaj) bestehen engste Verflechtungen zwischen Politik, Wirtschaft und international operierenden OK-Strukturen im Kosovo.« »Kriminelle Netzwerke« fördern die »politische Instabilität«, eine »funktionierende staatliche Ordnung« würde ihre »florierenden Geschäfte« beeinträchtigen, deshalb strebten »massgebliche Akteure […] in hohe Regierungs- oder Parteiämter« oder pflegten »gute Beziehungen« zu einem »geeigneten politischen Umfeld«.[429]

Joschka Fischer schüttelte Hashim Thaçi lächelnd die Hand. Thaçi, Kriegsname »Schlange«, küsste Madeleine Albright auf die Wangen, plauderte mit Hillary Clinton, umarmte Tony Blair – und alle wussten, wen sie vor sich hatten. Bilal Sherifi, der Berater Thaçis, sagte: »Fischer hat uns alle fasziniert, und Hashim Thaçi hegt seitdem eine besondere Sympathie für ihn.«[430] Die Dankbarkeit ist nachvollziehbar, denn Rot-Grün half mit, dass Thaçi 2007 und 2010 Ministerpräsident des Kosovo werden konnte. Hashim Thaçi ist gewissermaßen Joseph Fischers Saddam Hussein.

Für den Aufbau der Zivilverwaltung des Kosovo war ab 1999 Fischers Freund Tom Koenigs verantwortlich, der über sich sagt: »Ich bin ein Bürokrat«[431]. Als stellvertretender Sonderbeauftragter des UN-Generalsekretärs machte er im Kosovo

7. KAPITEL

eine schwache Figur und wechselte 2002 nach Guatemala. **185**
2005 ernannte Fischer ihn zum Menschenrechtsbeauftrag-
ten des Auswärtigen Amtes, dann wurde Koenigs UN-Son-
derbeauftragter in Afghanistan. Seinen Ruhestand verbringt
er seit 2009 im Bundestag, wo er dem Ausschuss für Menschenrechte und humanitäre Intervention ... Pardon: humanitäre Hilfe vorsitzt und selbstverständlich im Dezember
2009 der Truppenentsendung nach Afghanistan zustimmte
und im Januar 2011 der Verlängerung des Mandats.[432] Tom
Koenigs: »Im Bundestag will ich versuchen, die Menschenrechte stärker ins Zentrum der deutschen Politik zu
rücken.«[433]

Wenn Grüne die Menschenrechte ins Zentrum stellen,
müssen wir das seit 1999 als Drohung verstehen.

Hat irgendwer je davon gehört, dass die Grünen, die so gern
von »Moral« in der Politik reden, ihre tatsächliche politische *Mitverantwortung* für die Zerstörung Jugoslawiens und
für die Diktatur im Mafia-Staat Kosovo eingestanden hätten?
Stattdessen führen sie lieber andernorts neue Kriege mit
neuen Menschenrechtsausreden. Aber ihre UnterstützerIn-
nen und SympathisantInnen sind kein bisschen besser als
sie, sie wollen auch nicht mit den inhumanen Folgen ihrer
Politik konfrontiert werden.

Im Bundestagswahlkampf 2005 trat Nina Hagen als Wahlkämpferin für die Grünen auf. Ich begegnete ihr in einer
Talkshow, mit Interesse, weil ich sie als Punk-Sängerin
schätze. Auf ihr Ausmaß an Ignoranz und Irrationalität war
ich nicht gefasst. Sie warnte die Zuschauer: »Mit Merkel
will der Staat Kriege machen, ohne Merkel nicht.« Ich sagte:
»In Jugoslawien 1999 – das war Frau Merkel? Wusste ich gar
nicht ...« Sie riss die Augen auf: »Wie? Wir sind in den
Krieg gezogen – *meine* Soldaten?« Ich hatte abends zuvor
ihre Website gelesen, gestaunt über den esoterischen Müllberg inklusive Ufo-Begegnungen und spottete: »Da warst

MENSCHENRECHTSKRIEGERINNEN

186 du wohl im Ashram.« Sie rastete aus: »Das find' ich gemein. Ich find' das ganz unmenschlich, was du jetzt sagst!« Dann tobte sie noch ein Weilchen herum und drohte die Sendung zu verlassen.[434]

»Unmenschlich« ist für grüne AnhängerInnen unsere Kritik, nicht ihr Krieg.

Seit dem Fall der Mauer schickt Deutschland Truppen ins Ausland, auch außerhalb des Gebiets der NATO (»out of area«). Im Schatten des Jugoslawienkrieges rüstete die EU weiter auf, zum Beispiel ihr Eurokorps. Generalinspekteur Harald Kujat sagte, warum: »Will Deutschland in Europa und darüber hinaus die Rolle spielen, die seiner Lage und seinen Interessen, dem Gewicht eines 80-Millionen-Volkes in der Mitte Europas entspricht, dann müssen auch seine Streitkräfte von Größe, Umfang, Ausrüstung und Fähigkeit entsprechend ausgestaltet sein.« Der sozialdemokratische Verteidigungsminister Peter Struck hatte verstanden: »Die Sicherheit der Bundesrepublik Deutschland wird auch am Hindukusch verteidigt.« (2002) Wie auch sein Vorgänger Rudolf Scharping begriffen hatte, warum Afghanistan befreit werden muss: »Wir wissen doch alle, dass zum Beispiel die weltwirtschaftliche Stabilität und die weltwirtschaftliche Sicherheit von dieser Region stark beeinflusst werden können, von jener Region, in der 70 Prozent der Erdölreserven des Globus und 40 Prozent der Erdgasreserven des Globus liegen.« (2001)[435]

Nach den Anschlägen vom 11. September 2001 versprach Schröder den USA »uneingeschränkte Solidarität«. Das ist zu übersetzen mit: Militarisierung nach außen und innen, Entdemokratisierung. Diese Perversion von Solidarität, vor allem wenn sie »uneingeschränkt«, also ohne Rücksicht und Verstand dahermarschiert, bedeutet: mehr deutsche SoldatInnen in alle Welt.

7. KAPITEL

Menschenrechte verteidigen Grüne bekanntermaßen gern mit militärischen Mitteln. Die SPD/Grüne-Regierung schickte Truppen nach Afghanistan, ans Horn von Afrika, an den Persischen Golf und ins Mittelmeer.

Es waren so viele deutsche SoldatInnen, dass Bundeskanzler Schröder im Bundestagswahlkampf 2002 gegenüber seinem Konkurrenten ums Kanzleramt Edmund Stoiber (CSU) prahlen konnte: »Wir haben 1998 noch 178 Millionen Euro für internationale Einsätze ausgegeben. Jetzt, im Jahr 2002, werden wir Ende des Jahres bei mehr als 1,7 Milliarden Euro sein. Wir sind nach den Amerikanern der zweitgrößte Truppensteller – vor den Franzosen, weit vor den Engländern –, was die internationalen Einsätze angeht.«[436]

Stoiber nickte, »in der Außenpolitik« stimme man »mit der Regierung Schröder und Fischer stärker überein« als »zu Zeiten, als SPD und Grüne in der Opposition waren«, SPD und Grüne hätten »etwas getan, was sie früher abgelehnt« hätten, »nämlich außerhalb des Bündnisgebietes ihre Truppen zu stationieren [...] Heute sind mit unserer Zustimmung 10 000 Bundeswehrsoldaten für UN-Missionen im Einsatz, von Afghanistan bis zum Balkan.«[437]

Seit Oktober 2001 führt die USA in Afghanistan Krieg. Zwar hatte Afghanistan die Vereinigten Staaten nicht angegriffen, aber sie vermuteten die Attentäter des 11. September angeblich dort. Die Anschläge auf das World Trade Center und auf das Pentagon hatten ein derart hysterisches und gewaltvolles Klima geschaffen, dass die HardlinerInnen in Politik und Militär ihre Zeit gekommen sahen, alle »Tauben« und »Weicheier« in Politik, Medien und sonstigen Institutionen in den Krieg zu prügeln.

Am 16. November 2001 beschloss auch der Bundestag im »Kampf gegen den Terror« und im Rahmen der *Operation Enduring Freedom* (OEF) 1200 Bundeswehrsoldaten in ein Land zu schicken, das Deutschland nicht angegriffen und

188 dem es den Krieg auch nicht erklärt hatte: Afghanistan. Die rot-grüne Mehrheit war knapp. Bundeskanzler Schröder verknüpfte die Zustimmung zum Kriegseinsatz mit der Vertrauensfrage: entweder für den Krieg und für die Koalition oder gegen diesen neuen Krieg und dann Ende mit all den netten grünen Minister-, Staatssekretärs-, Abteilungsleiter-, Referenten-, Aufsichtsrats-, Ausschussvorsitz- und sonstigen Posten. Lediglich vier Grüne durften dagegen stimmen, um die Mehrheit nicht zu gefährden.

Grüne und Sozialdemokraten stimmten für den Krieg und 77 (!) von ihnen gaben persönliche Erklärungen zu Protokoll. Sie litten, weinten, tranken, aber Nein konnten sie nicht sagen. Viele Grüne hätten aus Angst vor der »völligen politischen Existenzlosigkeit«[438] zugestimmt, gestand Ludger Volmer, der nicht zum ersten Mal für seine materielle Existenz einen Krieg gegen andere in Kauf nahm. Für einige Abgeordnete war es der erste Krieg und sie hatten noch Skrupel. Fischer höchstpersönlich nahm sich wackelige KandidatInnen zur Brust. »»Ich hatte 45 Minuten Privataudienz bei ihm‹, sagte Grietje Bettin. Mehr als andere in ihrem ganzen Leben mit ihm gesprochen hätten, wie altgediente Grüne ihr danach versichert hätten.« Verbraucherschutzministerin Renate Künast, die ja ein Amt zu verlieren hatte, tröstete die junge Abgeordnete: »Jetzt könne man selbstbewusst in die Haushaltsverhandlungen eintreten und Geld rausschlagen für grüne Projekte, versprach sie. Möglichst noch kommende Woche sollen grüne Unterhändler die Summen festklopfen, damit man auf dem Parteitag was vorzuweisen habe. ›Nein, das ist kein Schmerzensgeld, sondern der Versuch, grüne Politik durchzusetzen‹«.[439] Ein paar Windanlagen für Mord und Totschlag?

Eine kleine Gruppe von acht grünen Abgeordneten (von insgesamt 47 Fraktionsmitgliedern) war eigentlich gegen diesen Kriegseinsatz. Sie dachten sich eine raffinierte Methode aus: Nur vier sollten für den Kriegseinsatz stimmen,

7. KAPITEL

damit die schöne Koalition nicht platzte, vier dagegen. »Das war eine Riesenentscheidung – ein Fast-Martyrium«[440], jammerte Hans-Christian Ströbele. »Die vier aus der Gruppe der acht, die mit Ja gestimmt haben, haben auch für diejenigen gestimmt, die mit Nein stimmen, und umgekehrt«, erklärte der Abgeordnete Christian Simmert. »Das ist in gewisser Weise schizophren«[441], gab Ströbele zu, aber irgendwie schaffte er es, bei den vier Neinsagern sein zu dürfen und demzufolge in nachfolgenden Wahlkämpfen immer noch als Kriegsgegner aufzutreten, während er gleichzeitig einer Kriegsregierung angehörte. Man es könnte es »das Ströbele-Prinzip« nennen.

Im Rahmen der *Operation Enduring Freedom* (OEF) wurde in Afghanistan auch das deutsche *Kommando Spezialkräfte* (KSK) eingesetzt, dessen Aktivitäten geheimgehalten werden. Offensichtlich aber dienen diese Geheimkommandos unter anderem US-Verbänden wie der *Task Force 373* beim Jagen und Festsetzen von Verdächtigen, die dann unter Umständen von den US-Militärs gefoltert und getötet werden. Ohne Verfahren, ohne Gericht. Im normalen Leben nennt man das, was die KSK tut, Beihilfe zum Mord. Sofern diese deutschen Spezialeinheiten nicht sogar, wie wir vielleicht eines Tages erfahren werden, selbst quälen und töten.

Zur Zeit des grünen Jammerns und Klagens lieferten pakistanische Sicherheitskräfte Murat Kurnaz, einen in Deutschland geborenen und in Bremen lebenden türkischen Staatsburger, gegen Kopfgeld an die US-Army aus. Kurnaz war nur zur falschen Zeit am falschen Ort gewesen, was kann ein Mensch in Pakistan auch schon anderes wollen, als Terrorist zu werden? Die USA ließ ihn fast fünf Jahre als feindlichen Kämpfer in Guantánamo verschwinden. Kurnaz sagt, er sei in Guantánamo auch von deutschen KSK-Militärs misshandelt worden.

Nach vielen Verhören waren die Nachrichtendienste so-

MENSCHENRECHTSKRIEGERINNEN

wohl der Bundesrepublik als auch der USA aber von Kurnaz'
Unschuld überzeugt, so stellte es später der Bericht des
CIA-Sonderausschusses des Europäischen Parlaments fest.
Man bot Deutschland den Mann aus Bremen an, aber die
SPD/Grüne-Bundesregierung vereitelte die Freilassung,
Murat Kurnaz musste dank der rot-grünen Menschenrechts-
kriegerInnen weitere vier Jahre in Guantánamo leiden.[442]
Nicht mal eine Träne von Claudia Roth.

Noch einmal vier Jahre später wird sie sagen, dass sie als
Parlamentarierin »keinem Einsatz des Kommandos Spezialkräfte zugestimmt [hätte], wenn sie geahnt hätte, dass dieser
sich so verselbständigen könnte«.[443] – Ja, wer kann schon
wissen, dass klandestin operierende, militärtechnisch hochgerüstete, finanziell gut ausgestattete, von deutschen Vertei-
digungsministern blind gerühmte deutsche Schwadrone zu
Zeiten imperialistischer Hochkonjunktur böse Dinge tun?

Auch das grüne Publikum will es einfach nicht wissen.
Vielleicht ist das die auffallendste Charaktereigenschaft grüner WählerInnen. Was für ein Glück, dass die Kriege, die
auch für den materiellen Wohlstand der deutschen Mittelschicht geführt werden, so weit weg sind! Was für Glück für
die Herrschenden und die großen und kleinen Profiteure.
Nur wenn brutale Einzelheiten durch alle Verdrängungs-
schichten hindurch den Alltag erreichen, ist man »betroffen«, aber nicht zu lang, es gibt ja so ein Übermaß an Ablenkung. Glücklicherweise kommt dieses Durchdringen
nicht allzu oft vor. Sonst erlitte das eine oder andere grüne
Seelchen wohlmöglich eine unruhige Nacht, die erst am anderen Tag angesichts der vielen staatlich geförderten Photo-
voltaikzellen auf dem eigenen Dach wieder verschwände, so
dass das Leben der Anderen, der Fremden, wieder ins
Dunkle tauchen kann.

Der Parteitag in Rostock im November 2001 sollte die *Operation Enduring Freedom*-Entscheidung der Grünen im Bun-

7. KAPITEL

destag nur noch nachvollziehen – glaubte die grüne Füh- **191**
rung. Aber es gab Turbulenzen. Kreisverbände drohten mit
Austritt, zeitweilig war sogar die Mehrheit der Landesverbände gegen den Einsatz. »Die schwer auf Kurs zu haltende
Basis«, die der »Entwicklung der [grünen] Spitzenleute ›10
bis 20 Jahre‹ hinterherhinke«, sei das »Hauptproblem der
Grünen«, sagte der an der Anpassung der Grünen hochin-
teressierte Parteienforscher Peter Lösche.[444]

Was für ein Film: Die Basis hinkt ihren Vorleuten nach,
denen man längst das Rückgrat gebrochen hat.

Nicht ein einziger kriegskritischer oder gar den Krieg ab-
lehnender Antrag schaffte es auf diesem Parteitag in die
Endabstimmung. Man stimmte dem Leitantrag des Vorstands
für den Militäreinsatz zu, in dem es heißt: »Bündnis 90/Die
Grünen bleiben eine militärkritische Partei mit hoher Friedenskompetenz«.[445] »Sind wir für oder gegen diesen Krieg –
diese Frage stellt sich nicht«, sagte Claudia Roth in Rostock.
»Wir sind und bleiben eine Antikriegspartei«.[446] Wie immer
weiß niemand, ob sie den Schwachsinn auch noch glaubt,
den sie redet. Die allergrünste Friedenskompetenz gewinnt
man offensichtlich im Krieg.

Im Dezember 2001 beschloss der Bundestag die Beteiligung
bewaffneter deutscher Streitkräfte an ISAF *(International
Security Assistance Force)*, deren Einsatz der UN-Sicherheitsrat zugestimmt hatte. Es gab einzelne Neinstimmen bei SPD,
CDU/CSU und sogar bei der FDP, fast die ganze PDS/Links-
partei sagte Nein, aber die Grünen stimmten dafür[447], sogar
Hans-Christian Ströbele. Auf seiner Homepage sortiert er
die deutschen Militäreinsätze in aller Welt fein auseinander:
nach »Kriegseinsätzen«, »Maßnahmen der Friedenssiche-
rung; teilweise mit polizeiähnlichen Sicherheitsaufgaben«
und »Humanitären Einsätzen«, so dass er bei allen – nach
seiner Ordnung – verbleibenden »Kriegseinsätzen« sein
Nein verbuchen kann.[448]

MENSCHENRECHTSKRIEGERINNEN

192   Beschluss um Beschluss schickten SPD und Grüne immer
mehr Soldaten in immer ausgedehntere Regionen der Welt[449]:
im Juni[450], Oktober[451], November[452] und Dezember 2002[453];
im Juni[454], Oktober[455] und November 2003[456]; im Mai[457],
September[458], November[459] und Dezember 2004[460]; im April[461] und im Juni 2005[462].

Dann verloren SPD und Grüne bei der Bundestagwahl im
September 2005 ihre Regierungsmehrheit. Aber auch danach herrschte »in Erz gegossene« Kontinuität. Die CDU/
SPD-Koalition (2005–2009) und seither die CDU/FDP-Koali-
tion knüpften nahtlos an die rot-grüne Kriegspolitik an, sehr
oft mit Zustimmung grüner Abgeordneter.

Erst als sie nicht mehr an der Regierung waren, 2006,
lehnten die Grünen die deutsche Beteiligung an der *Operation Enduring Freedom* (OEF) ab. Das galt aber nicht für andere Kriegseinsätze. Im April 2007 brauchte die ISAF in
Afghanistan deutsche Tornados. Die Mehrheit der grünen
MdBs stimmte zu. Noch im Dezember 2010 sagten die Grünen im Bundestag Ja zur Verlängerung und Erweiterung
zweier Auslandseinsätze der Bundeswehr: bei der EU-Militäraktion *Atalanta* am Horn von Afrika, wo »das Operations-
gebiet der Bundeswehr um 1,2 Millionen Quadratkilometer
bis zum indischen Subkontinent und bis nach Madagaskar
erweitert« und die Zahl der Soldaten von 550 auf 1400 erhöht wurde, sowie bei der EU-Militäraktion *Althea* in Bosnien-Herzegowina, wo jetzt statt 120 Soldaten 900 eingesetzt werden können.[463]

Aber zurück ins Jahr 2007: Die grüne Basis erzwang einen
Sonderparteitag. *Der Spiegel* fragte ironisch: »Kehren die
Grünen zu ihren pazifistischen Wurzeln zurück?« Renate
Künast wehrte ab: »Wir werden nicht in Haltungen von vor
30 Jahren zurückfallen.«[464] 30 Jahre, 1977? Wie schnell doch
die Zeit vergeht, Renate, aber 1977 gab es die Grünen noch
gar nicht. Und auch 1987 waren sie noch gegen jeden Krieg

7. KAPITEL

und gegen die NATO. Die Partei werde, kündigte Künast an, **193**
»den OEF-Auftrag ablehnen und dem ISAF-Mandat zustimmen. »Wird sich die Fraktion an das Votum der Partei halten?«, fragte der *Spiegel*. Nur wenn's uns passt, dachte
Künast vielleicht und formulierte es so: »Dies ist eine Gewis-
sensentscheidung jedes einzelnen Abgeordneten«.[465]

Die grüne Basis befiel ein leichter pazifistischer Schnup-
fen und der Parteitag im September in Göttingen entschied –
weil die Abstimmungen zu ISAF und zum Tornadoeinsatz
im Bundestag verknüpft werden sollten –, »dem Paket nicht
zuzustimmen«, also auf keinen Fall mit Ja zu votieren.

Der *Bundesausschuss Friedensratschlag* zeigte sich »beeindruckt von der argumentativen Kraft der grünen Basis
[…] die Berührungspunkte zwischen den Grünen, die nun
in Afghanistan einen wirklichen Kurswechsel wollen, und
der Friedensbewegung sind wieder größer geworden«.[466]
Bei solch lauer Friedensströmung kann man den politischen
Niedergang der Grünen manchmal fast verstehen …

Sieben Jahre vorher, im April 2000, hatten die Grünen versucht, sich der Friedensbewegung anzunähern und organisierten in Berlin eine Konferenz mit dem Titel: »Kosovo – ein
Jahr danach«. Grüne SpitzenpolitikerInnen erklärten: »Es
wurden Fehler begangen, und man wolle aus ihnen lernen.«
Der Krieg ein *Fehler*? Sie erhielten die verdiente Antwort: ein
anderer Teil der Friedensbewegung, AntimilitaristInnen vom
Büro für antimilitaristische Maßnahmen (BamM), bewahrt
auch in Aktionen gegen Bundeswehrgelöbnisse, besetzten
das Podium und erklärten: »Zwischen antimilitaristischen
Bewegungen und Euch gibt es keine Meinungsverschieden-
heiten, sondern eine unüberwindliche Gegnerschaft.«[467]

Albrecht Conze (UNO-Verwaltung) erklärte übrigens auf
dieser Konferenz im Jahr 2000, eine funktionierende Zivilgesellschaft könne er im Kosovo mit den 500 Millionen US-
Dollar für das ganze Jahr nicht aufbauen. So viel hatte ein

MENSCHENRECHTSKRIEGERINNEN

194   einziger Kriegs*tag* der NATO gekostet. *Human Rights Watch* berichtete, dass gewalttätige Übergriffe gegen Serben von KFOR und UNMIK faktisch toleriert würden. Oft würden nicht einmal Spuren am Tatort aufgenommen.[468]

Im Oktober 2007 verlängerte der Bundestag das ISAF-Mandat in Afghanistan. Eigentlich halten wir den ISAF-Einsatz »für nötig«, sagte Renate Künast, aber die Fraktion könne der Bundesregierung nicht »die Prokura für ein Weiter so« geben.[469] Man musste schließlich allmählich mal anfangen, sich von CDU und FDP zu unterscheiden. Die Grünen enthielten sich mehrheitlich (28 Enthaltungen, 7 Nein- und 15 Ja-Stimmen), Fritz Kuhn zum Beispiel, der wie sein Freund Winfried Kretschmann seit Ende der achtziger Jahre so gern mit der CDU koalieren möchte, sagte Ja.

Im November korrigierten die Grünen scheinbar ihren Kurs und lehnten die Fortsetzung der Beteiligung der Bundeswehr an der *Operation Enduring Freedom* ab. Begründung? Maßgeblich sei »insbesondere das kontraproduktive Nebeneinander von ISAF und OEF«[470]. Fadenscheinig. Wirklicher Grund? Sie waren seit zwei Jahren in der Opposition, und es galt sich für die 2009 anstehende Bundestagswahl weniger kriegerisch zu präsentieren. Aber die Wahl ging wieder schief für die Grünen, sie blieben in der Opposition. Die NichtwählerInnenquote war hoch wie nie.

Der Bundestag beschloss im Dezember 2009 die Verlängerung des Afghanistan-Mandats der Bundeswehr. Nur eine Minderheit der Grünen stimmte dagegen.[471] Im Februar 2010 beschloss der Bundestag die Fortsetzung der bewaffneten ISAF-Beteiligung.[472] Die Linke stimmte fast geschlossen dagegen.[473] Acht Grüne stimmten zu (darunter Marie-Luise Beck, Tom Koenigs, Omid Nouripur, Krista Sager), 21 lehnten ab (darunter Ströbele), 35 enthielten sich (darunter Künast und Kuhn), Jürgen Trittin gab seine Stimme nicht ab.

7. KAPITEL

Wirklich wissen wollen die Deutschen bisher nicht, was »unsre Jungs« in Afghanistan tun, bevor sie vielleicht im Sarg oder traumatisiert zurückkehren. Und was KSK-Einheiten in Afghanistan treiben. Stattdessen bringt Kriegsminister Karl-Theodor zu Guttenberg die Scheinwerfer der Medien mit nach Afghanistan. Auf diese Weise sollen die Deutschen den Kriegen näherkommen, aber auf für sie selbst ungefährliche Weise, ohne den Geschmack und den Geruch von panischer Angst, Schmerz und Tod. Er legt den Deutschen das Heldentum deutscher SoldatInnen ans Herz. Zu ihrem Schutz müssen einfach noch mehr deutsche SoldatInnen in die Welt, ob unter NATO- oder unter EU-Führung. Krieg ist, dank der Grünen, ein Mittel der Friedenspolitik.

Tucholskys »Soldaten sind Mörder« kommt keinem Grünen mehr über die Lippen. Dafür verlangte die außenpolitische Sprecherin der Grünen, Kerstin Müller, im April 2010, nach neun Jahren Krieg in Afghanistan, man solle »angesichts toter Soldaten nicht einfach weiter den Einsatz infrage stellen, sondern erst einmal innehalten und den Toten Respekt erweisen«.[474] Die Logik ist schlicht: Je mehr Krieg, desto größeres Schweigen. Kritik ist – Nina Hagen sagte es schon – unmenschlich, da sind sich die Grünen und ihre SympathisantInnen einig.

Die Grünen profitieren inzwischen davon, dass sie nicht in *jeden* Krieg mitziehen, das erscheint ihren AnhängerInnen schon als die Rückkehr zum Pazifismus. Bei jeder Diskussion mit Grünen über den Krieg sagt garantiert irgendwann jemand: Aber im Irak Krieg waren sie nicht dabei, und hat nicht Fischer so viel riskiert, als er zu US-Verteidigungsminister Donald H. Rumsfeld zu sagen wagte: »I am not convinced«? Wie tollkühn.

Im Irak waren seit dem Golfkrieg von 1990/91 etwa eine halbe Million Kinder durch das Embargo der USA gestorben, an Hunger, an schmutzigem Wasser, an leicht heilbaren

MENSCHENRECHTSKRIEGERINNEN

196 Krankheiten. Leslie Stahl, die Moderatorin der US-TV-Sendung *60 Minutes*, fragte Madeleine Albright, 1996 US-Botschafterin bei der UNO: »We have heard that over half a million children have died [in Iraq]. I mean, that's more than died in Hiroshima. And, you know, is the price worth it?« Albright antwortete: »I think this is a very hard choice. But the price – we think the price is worth it.«[475] Acht Monate später wurde sie die erste Außenministerin der USA.

Der deutsche Diplomat Hans von Sponeck trat im Jahr 2000 von seinem Amt als Leiter des UNO-Hilfsprogramms im Irak zurück, er konnte die Lage der Menschen im Irak nicht lindern und nicht mehr verantworten: »Wenn zukünftig die Geschichte der internationalen Sanktionspolitik erforscht wird, taucht sicher immer wieder die Frage auf, wie im Fall Iraks eine völkerrechtliche, ethische und menschliche Fehlentscheidung des UN-Sicherheitsrats so lange aufrechterhalten bleiben konnte und warum die Europäische Gemeinschaft und die Bundesrepublik sich nicht aktiver für eine dem Völkerrecht entsprechende, humane Irak-Politik eingesetzt haben.«[476] Sponeck fand auch beim grünen Außenminister Fischer keine Unterstützung, dessen Geschäftspartnerin Albright heute ist [mehr dazu in Kapitel 8].

Warum war Fischer »not convinced«? Etwa wegen der Menschen im Irak? Der angedrohte »Präventivkrieg« störte die Bundestagswahlkampagne 2002 der Grünen. Warum? Erstens: Die Wahlumfragen für Rot-Grün waren knapp. Große Mehrheiten von rund 80 Prozent gab es gegen den Krieg! Zweitens: »It's the economy, stupid!«[477] Die Geschäfte *deutscher* Firmen mit dem Irak blühten, ganz ohne Krieg. Deutsche Betriebe hatten dort beträchtlich investiert, so zum Beispiel im Maschinenbausektor und im Anlagenbau. Das wollte man sich nicht von den USA zerbomben lassen. Die BRD spielte eine führende Rolle im irakischen Außenhandel. Auf der Industriemesse in Bagdad waren Ende November

7. KAPITEL

2002 rund 1100 Firmen vertreten, 100 davon aus Deutsch-land, nicht eine aus den Vereinigten Staaten oder Großbritannien. Die deutschen Exporte in den Irak hatten sich von 1997 bis 2001 verfünfzehnfacht: von 21,7 auf 336,5 Millionen Euro. Die USA rangierten unter ferner liefen. Ein Krieg gefährdete diese Geschäfte. So war die »uneingeschränkte Solidarität« mit den USA schließlich nicht gemeint, wusste man doch nur zu genau, wer nach ihrem Einmarsch den ersten Zugriff auf das Öl, andere kostbare Ressourcen, die Fabriken und den Markt haben würde.[478]

Aber als der Krieg im März 2003 begann, wollte man einen Kampfstiefel im Irak haben. Tatsächlich nahm das rot-grün regierte Deutschland hinter der friedfertigen Kulisse an allen Kriegsaktivitäten mit Ausnahme des Bodenkrieges teil. Deutschland war eine Drehscheibe für den Aufmarsch, den Nachschub und für die Versorgung der Kriegstruppen am Persischen Golf: rund 13 Militärstützpunkte in Deutschland, Überflugrechte, deutsche Flug- und Seehäfen als Umschlagplätze für Kriegsmaterial, US-Kommandozentralen in Stuttgart und Heidelberg, Entlastung der US-Army beim Schutz ihrer Kasernen, Geleitschutz für Kriegsschiffe, deutsche Soldaten in AWACS-Aufklärern, Waffenlieferungen (zum Beispiel Patriot-Raketen an die Türkei). Mitglieder des Bundesnachrichtendienstes halfen bei der Vorbereitung der Bombardierung Bagdads.[479]

Die ideologische Einbindung des Mainstreams der Friedensbewegung in das nationale Interesse Deutschlands war so immens, dass der Bundesausschuss Friedensratschlag, attac, Netzwerk Friedenskooperative, DGB, Kirchen, DKP und PDS (Linkspartei) gemeinsam mit VertreterInnen der Jugoslawienkriegsparteien SPD und Grüne an deren Bundesregierung appellierten, »ihrer Ablehnung des Krieges nun auch Taten folgen« zu lassen. Angesichts der »Taten« von 1999 konnte es einen da nur grausen. Als Militärmacht kam Deutschland im Aufruf nicht vor.[480]

MENSCHENRECHTSKRIEGERINNEN

Dieser staatstreue Teil der Friedensbewegung griff weder das deutsche Kapital noch die deutsche Regierung an, er wollte vielmehr mit seinen Demonstrationen ausgerechnet »der Bundesregierung den Rücken stärken«. Am Krieg hatte diese Fraktion vorwiegend auszusetzen, dass er zu teuer war oder der »Entlastung der US-Streitkräfte« diente. Sozialdemokratische und grüne RepräsentantInnen der Kriegsparteien von 1999 durften wieder in Friedensbündnissen mitmachen und Friedensreden halten.

Für die USA erklärte Colin Powell im Februar 2003, dass Saddam Hussein nicht nur in die Anschläge vom 11. September verwickelt sei, sondern dass der Irak über Massenvernichtungswaffen verfüge, die die Welt bedrohten. Am 20. März fielen die USA und ihre »Koalition der Willigen«, allen voran Großbritannien, über den Irak her.

Es geht den Menschen im Irak heute noch schlechter als unter Saddam Husseins Herrschaft. Rund zwei Millionen sind geflohen, Hunderttausende sind tot. Der Krieg war eine Einübung in Folter und Korruption. Der Irak liegt am Boden und ist samt seiner Bodenschätze eine billige Beute.

Fünf Jahre später wurde bekannt, dass Mitglieder des Bundesnachrichtendienstes die Bombardierung Bagdads mit vorbereitet hatten, und weitere zwei Jahre später, 2010, stellte sich heraus, dass auch die Propaganda vom irakischen Massenvernichtungsprogramm auf Informationen des BND und einem einzigen fragwürdigen Informanten beruhte, der in Deutschland lebt und vom BND bezahlt wurde. Nur auf seiner Aussage begründete sich Colin Powells Kriegsansage vor dem UN-Sicherheitsrat am 5. Februar 2003. Die Mär von den Massenvernichtungswaffen, die zu nützlich war, um überprüft zu werden, ermöglichte den Durchbruch in den Krieg.[481] Der Nachrichtendienst der SPD/Grünen-Regierung, die angeblich gegen den Krieg war, lieferte die Legitimation für den Krieg.

Dass die Informationen, die zum Krieg führten, vom BND

7. KAPITEL

kamen, erfuhren die Mitglieder des Auswärtigen Ausschus- **199**
ses übrigens noch 2003.[482] Unter ihnen waren, neben den
üblichen Verdächtigen für die SPD (Rudolf Scharping) und
die CDU/CSU (Volker Rühe und Karl-Theodor zu Guttenberg) für die Grünen als ordentliche Mitglieder im Ausschuss: Claudia Roth, Ludger Volmer und Marianne Tritz
und als StellvertreterInnen Anna Lührmann, Winfried Nachtwei und Antje Vollmer.[483]

Im Oktober 2010 veröffentlichte *Wikileaks* rund 400 000
Geheimdokumente zum Irak-Krieg. Das fand Cem Özdemir
ethisch bedenklich. Ich verstehe immer besser, warum.

All die Heuchelei und Kriegstreiberei deformierte die grünen ProtagonistInnen. Entweder sagen Grüne heute, sie
seien PazifistInnen oder AntimilitaristInnen und bleiben
die Antwort auf die Frage schuldig, was sie dann in einer
Kriegspartei zu suchen haben. Oder der Krieg wird Teil ihrer
Politik und manchmal auch ihres Lebens.

Die langjährige grüne Bundestagsabgeordnete und verteidigungspolitische Sprecherin der Grünen, Angelika Beer,
ließ sich von Staatsräson und Wehrbereitschaft das Rückgrat brechen. Die Sucht nach Anerkennung, der »Sog des
Expertentums«, die verlockende »Teilhabe am exklusiven
Wissen« nannte es Barbara Supp (*Der Spiegel*) und beschrieb,
wie die grüne Wehrbeauftragte, die auch einmal Mitglied
des Kommunistischen Bundes (KB) gewesen war, wieder in
dem Bundeswehrmilieu versank, in das sie hineingeboren
worden war.[484] Jahrelang hatte Beer »Raus aus der NATO«
gefordert, noch 1990 mit uns in Frankfurt unter der Parole
»Nie wieder Deutschland« demonstriert. Als die Linken die
Partei verließen, blieb sie und schenkte Verteidigungsminister Volker Rühe (CDU) selbstgemachte Marmelade.[485]
1993 wetterte sie noch: »Für den Frieden kämpfen, das geht
mit Waffen nicht!«, und »Laßt uns sagen, wir schaffen die
Bundeswehr ab, und bei der UNO machen wir nicht mit.«[486]

MENSCHENRECHTSKRIEGERINNEN

Noch im Oktober 1998 enthielt sie sich im Bundestag bei der Abstimmung für den Jugoslawienkrieg »auf Abruf«, zog bald aber auch in den Krieg. Bis zum Sommer 1998 protestierte sie noch gegen öffentliche Bundeswehrgelöbnisse, um ein Jahr später am 20. Juli im Bendler-Block in Berlin bei einem Gelöbnis die Grünen zu repräsentieren. Während wir GelöbNix!-Gegner draußen von der Polizei drangsaliert wurden, klatschte drinnen Beer den Militärpolizisten Beifall, die Protestierende abräumten. Zwei Jahre später trommelte sie für den Feldzug in Afghanistan: »Nein, man dürfe nicht aufhören, Afghanistan zu bombardieren. Im Gegenteil: […] müsse man dort nicht richtig mit Bodentruppen rein?«[487] Als Belohnung wählten die Delegierten Angelika Beer 2002 zu ihrer Parteivorsitzenden. Sie heiratete einen Oberstleutnant der Bundeswehr, hier ist das Private politisch, von 2004 bis 2009 war sie Europaabgeordnete. 2009 verließ sie die Grünen, weil sie nicht wieder fürs EP aufgestellt worden war, es drängten einfach zu viele dorthin.

Die Piratenpartei begrüßte ihr neues Mitglied als »eine der erfahrensten Frauen in der bundesdeutschen Politik«.[488] Das Programm der Piratenpartei enthält kein Wort zum Krieg, das braucht es jetzt nicht mehr, solche Mitglieder sind Programm.

Die Militarisierung der Menschenrechte wurde zum rotgrünen Programm. Diente der Golfkrieg von 1990/91 in der Propaganda der Rettung ölverschmierter Kormorane – gefälschte Bilder –, der Krieg gegen Jugoslawien der »Wiedergutmachung« für Auschwitz, so dient der in Afghanistan angeblich der Befreiung der Frauen.

Der Jugoslawienkrieg war nur der Einstieg für die grünen MenschenrechtskriegerInnen, sich über das, was sie zu verteidigen vorgeben, hinwegzusetzen. Wie hatte ihr Außenminister es in seiner ersten Rede vor der UN formuliert? »Der einzelne Mensch und seine Rechte müssen im 21. Jahr-

7. KAPITEL

hundert neben den Rechten der Staaten stärker in das Zentrum des Sicherheitsbegriffes der internationalen Staatengemeinschaft rücken.«[489] *Menschenrechte in das Zentrum des Sicherheitsbegriffs.* Wie so oft muss man die bräsige, aufgeplusterte Sprache Fischers zerlegen, um dem Kern auf die Spur zu kommen.

Die oberste Bestimmung des Völkerrechts sollte darin bestehen, die Würde des Menschen zu schützen, denn ein Völkerrecht, das *nicht* auf einem umfassenden Verständnis der Menschenrechte beruht, ist kein wirkliches Völkerrecht. Ein Menschenrecht aber, das von den mächtigsten Staaten der Welt via UNO als Hebel benutzt werden kann, um sich über das Völkerrecht und die Souveränität anderer Staaten hinwegzusetzen, ist kein »Menschenrecht«, sondern eine Methode zur Herrschaftssicherung. So verstanden wird es zum Hebel für Großmächte, um politisch missliebige Staaten in die Knie zu zwingen. Es verkommt zur ideologischen Begleitmusik, für den Zugriff auf neue Sklaven, Konsumenten, Rohstoffe und Märkte.

Geht es »nur« um die sogenannten *demokratischen* Menschenrechte? Gleich wählen zu dürfen? Formal gleiche Rechte vor Gericht zu haben, bei immerwährender gleichzeitiger Ungleichheit in der sozialen Lage? Menschenrechte schließen aber auch *soziale* Menschenrechte ein, das Recht auf soziale Gleichheit. Ein so umfassendes Menschenrecht allerdings ist nur um den Preis der Aufhebung von Ausbeutung und Profit – also der Beseitigung der kapitalistischen Weltwirtschaft – zu haben.[490] Und den ist kein Grüner mehr bereit zu bezahlen. Sie sind ja längst ProfiteurInnen jener Wirtschaftsordnung, wie jeder Bourgeois.

Ein Jahr nach der Auflösung der Sowjetunion und zwei Jahre nach der »Wiedervereinigung« veränderte das Bundesverteidigungsministerium mit den *Verteidigungspolitischen Richtlinien* von 1992 den Charakter der Bundeswehr. Aus

MENSCHENRECHTSKRIEGERINNEN

der angeblichen reinen »Verteidigungsarmee« wurde eine, die die »vitalen Sicherheitsinteressen« Deutschlands aggressiv und offensiv durchzusetzen hat. Ihr Ziel wurde die »Aufrechterhaltung des freien Welthandels und des ungehinderten Zugangs zu Märkten und Rohstoffen in aller Welt«.[491] Thomas Ebermann: »Das Bundesverfassungsgericht goss dann, im Sommer 1994, die imperialen Notwendigkeiten in ein Urteil und erklärte weltweite Bundeswehrkampfeinsätze im Rahmen der UNO, auch unter Federführung von NATO und WEU, für verfassungskonform.«[492]

Mit den *Verteidigungspolitischen Richtlinien* von 2003, dem fünften Regierungsjahr von Rot-Grün, wurde die Sache hochbedrohlich – nach innen wie nach außen. Die Bundeswehr kann seitdem auch unabhängig von »Spannungsfällen« im Inneren der Bundesrepublik eingesetzt werden.[493] Die Landesverteidigung – die große Rechtfertigung im Kalten Krieg – schrumpfte zur Nebensächlichkeit. Die Bundeswehr hatte nun »weltweit« und grenzenlos deutsche Interessen durchzusetzen. Die genauen Grenzen im »Anti-Terror-Kampf« zwischen »friedenserhaltenden« und offenen Kriegseinsätzen kennen nur die Kriegsherren. Das Bundesverteidigungsministerium konstruiert ein maßloses Bedrohungsszenario, das geeignet ist, jede Art von Kampfeinsatz und Krieg gegen jede Art von Konflikt, auch soziale Revolten, zu legitimieren. Mögliche Kriegsgründe sind: »Ungelöste politische, ethnische, religiöse, wirtschaftliche und gesellschaftliche Konflikte wirken sich im Verbund mit dem internationalen Terrorismus, mit der international operierenden Organisierten Kriminalität und den zunehmenden Migrationsbewegungen unmittelbar auf die deutsche und europäische Sicherheit aus.«[494] Schlichtweg alles.

»Wohin mit der NATO? Relikt des Kalten Krieges oder Instrument für den Frieden« hieß die Konferenz der grünen Bundestagsfraktion im Oktober 2010 im Reichstag. Wer ge-

7. KAPITEL

träumt hatte, dass hier vielleicht über das für und wider 203
einer NATO-Auflösung oder eines Austritts diskutiert
würde, musste erleben, dass die *einzige* kritische Zwischen-
ruferin unter 400 Gästen jedes Mal, wenn sie sich bemerk-
bar machte, von einem Saalordner »besucht« wurde. Der
stellvertretende grüne Fraktionsvorsitzende Frithjof
Schmidt hielt die Eröffnungsrede für den erkrankten Fraktionsvorsitzenden Jürgen Trittin, der vielleicht einfach nur
kurz vor den Anti-Castor-Aktionen Anfang November 2010
[mehr dazu in Kapitel 1], bei dem doch angespannten Verhältnis zwischen AtomgegnerInnen und Grünen, nicht auch
noch als NATO-Freund in den Medien auftauchen wollte.

Schmidt, der kurz zuvor im Bundestag den Unsinn verbreitet hatte: »Die NATO muss Rüstungskontrolle und Abrüstung zu einer zentralen politischen Aufgabe erheben«[495],
sagte in seiner Eröffnungsrede auf der NATO-Konferenz,
dass wohl *niemand* mehr in der grünen Fraktion für eine
Abschaffung der NATO oder einen Austritt Deutschlands
aus der NATO votiere. Nicht die *Auflösung* des aggressiven
Militärpakts, sondern seine *Ausdehnung* nach Osten, das
heißt die »Einbindung Russlands«, stehe auf der Tagesord-
nung, ein »echtes System kollektiver Sicherheit von Vancou-
ver bis Wladiwostok mit Russland und den osteuropäischen
Nachbarn«. Gegen wen? Das hochgerüstete Angriffsbünd-
nis könne doch zum »Motor für Abrüstung, vor allem nuk-
learer Abrüstung« (Schmidt) werden.[496] Ganz sicher.

Bekannt wurde auch, dass eine NATO-Kommission unter
Leitung von Madeleine Albright ein neues Konzept vorbereitet, das drei Bedrohungsszenarien enthält, mit denen die
NATO ihre andauernde Existenz rechtfertigen will: Angriffe
durch ballistische Raketen, Terrorismus und Cyberangriffe.

Die Grünen waren sehr stolz auf »hohen Besuch« bei
ihrer NATO-Konferenz im Oktober 2010: NATO-Generalse-
kretär Anders Fogh Rasmussen. Besuch, den wir in den
achtziger Jahren rausgeworfen hätten. Er durfte auf dieser

MENSCHENRECHTSKRIEGERINNEN

grünen Konferenz ungestört die NATO als »ein Instrument für Frieden in der Welt« darstellen. Im ehemaligen Jugoslawien habe die NATO den Frieden gesichert und heute mache sie das gleiche in Afghanistan.

Kein Experte auf der grünen NATO-Konferenz wollte über die ökonomischen Interessen hinter den NATO-Einsätzen reden, auch Hans-Christian Ströbele nicht. Für ihn sei die Existenzberechtigung der NATO »immer noch eine offene Frage«, auf die er offensichtlich in rund 40 Jahren politischer Arbeit keine Antwort gefunden hat. Aber die Forderung eines ehemaligen NATO-Kommandeurs, die Kommandostrukturen zu vereinheitlichen, die Einsatzkapazitäten der NATO-Truppen zu verbessern und dafür auf die Hälfte der heute zwei Millionen SoldatInnen zu verzichten, gefiel Ströbele. Aber wenn eine Armee technisch aufgerüstet, modernisiert und ihre Kampfkraft verbessert wird, nennt man das eigentlich nicht Abrüstung.

Im Sommer 2010 erschien das Buch der Historiker Eckart Conze, Norbert Frei, Peter Hayes und Moshe Zimmermann: *Das Amt und die Vergangenheit. Deutsche Diplomaten im Dritten Reich und in der Bundesrepublik.* Es macht klar: Das Auswärtige Amt war Teil des NS-Apparates und war an der Vernichtung der deutschen und europäischen Juden von Anfang an beteiligt, es »war niemals ein Hort hinhaltenden Widerstands gegen Hitler«.[497] Zimmermann: »Als das systematische Morden begann, waren deutsche Diplomaten überall in Europa daran beteiligt. Sie organisierten und koordinierten die Deportation in die Lager.« Und: »Was mich verblüfft hat, ist […] wie viel schon seit dem Wilhelmstraßenprozess 1947 bekannt war«.[498]

Es dauerte fünf Amtsjahre, zwei Kriege und es bedurfte zweier ihm aufgezwungener Konflikte, bis sich Außenminister Joseph Fischer ernsthaft mit der NS-Vergangenheit des Auswärtigen Amtes befasste. Dass Fischer allerdings zu-

7. KAPITEL

mindest eine Ahnung von der Vergangenheit des AA gehabt hatte, zeigte sich, als er sich im März 2001 für die Anstellung des Ex-KBW-Chefs Hans-Gerhart »Joscha« Schmierer als Referatsleiter und Experte für Europafragen im Planungsstab des Auswärtigen Amtes rechtfertigen musste. Konservative Seilschaften im und um das Amt griffen ihn wegen Schmierers politischer Vergangenheit an, insbesondere wegen seines Verhältnisses zu Pol Pot und der Roten Khmer in Kambodscha. Auf die Anwürfe des früheren Botschafters Erwin Wickert, eines Altnazis, erwiderte Fischer: »Ich bin sicher, dass das Recht, politische Auffassungen zu ändern, auch grundsätzlich zu ändern, gerade auch in Ihrer Generation vielfach in Anspruch genommen wurde.«[499] So droht man keinem Ex-Botschafter, über dessen Vergangenheit und die seiner Kollegen man *nichts* weiß.

Die Autoren schreiben: Fischer nahm »den unerfreulichen Briefwechsel nicht zum Anlass, die seit langem überfällige Aufarbeitung der Vergangenheit des Amtes endlich anzustoßen. Wie noch alle seine Vorgänger, scheute auch der Grünen-Außenminister vor der Aufgabe zurück, die institutionellen und biografischen Belastungen wissenschaftlich untersuchen zu lassen. Die knapp überstandene Kontroverse um die Brüche der eigenen Biografie mag die Zurückhaltung des Ministers erklären.«[500] Damit ist die Auseinandersetzung im Jahr 2001 um Fischers Vergangenheit gemeint, er hatte in diesem Konflikt das Glück, dass seine politischen GegnerInnen auf der Rechten daraus einen ungemein dummen Angriff auf »die 68er« machten. Selbst manche linken APO-VeteranInnen, die Fischer wegen seiner Politik ablehnten, fühlten sich zur Verteidigung aufgerufen.

Aber auch ein konfliktscheuer, sein Leben lang um die falsche Art von Anerkennung buhlender Außenminister, der sich im diplomatischen Milieu äußerst fremd fühlte, hätte eine solche Untersuchung über das Auswärtige Amt in Auftrag geben können. Alle möglichen, wenn auch längst nicht

MENSCHENRECHTSKRIEGERINNEN

206 alle Kriegsverbrecherkonzerne und früheren NS-Institutio-
nen haben inzwischen ihre Vergangenheit (und hoffentlich
den wesentlichen Teil ihrer Akten) HistorikerInnen anver-
traut. Das Bundesjustizministerium beispielsweise, ein Zentrum der Verbrechen gegen die Menschlichkeit, hat »Ende der
achtziger Jahre eine große Wanderausstellung zur Rolle der
Justiz im Nationalsozialismus organisiert«[501], und ab 1995 war
die erste große Wehrmachtsausstellung durchs Land gereist.

Es bedurfte, was Fischer angeht, erst eines Zufalls. Im
Frühjahr 2003 erschien in *internAA*, der Hauszeitschrift des
Auswärtigen Amtes, ein lobender Nachruf auf den Altnazi
Franz Nüßlein, Oberstaatsanwalt unter Reinhard Heydrich
in Prag, verantwortlich für Todesurteile gegen tschechische
Bürger.[502] Wie so viele Diplomaten hatte auch er nach 1945
im Auswärtigen Amt Karriere gemacht und Deutschland bis
zu seiner Pensionierung als Generalkonsul in Spanien unter
Diktator Franco vertreten.

Der Nachruf empörte Marga Henseler, eine Dolmetsche-
rin, »die im letzten Kriegsjahr zeitweise in Gestapo-Haft gesessen hatte« und Nüßlein aus Prag kannte. Sie schrieb
»aufs tiefste erschüttert« an Fischer, der antwortete nicht.
Da schrieb sie an den Bundeskanzler und beschuldigte »die
Beamten des Auswärtigen Amtes, Nüßleins Personalakte
›gereinigt‹ zu haben. Die Todesanzeige bezeichnete sie als
›Geschichtsfälschung‹.« Schröder gab den Brief an Fischer
weiter, der sich beeindruckt zeigte. Jeder Einzelfall sollte
von jetzt an sorgfältig geprüft werden, für ehemalige Mitglieder der NSDAP, SS oder SA würde es grundsätzlich
keine Glückwünsche oder Nachrufe mehr geben. – Danach
herrschte erst einmal Ruhe.

Im Jahr 2004 starben zwei hochrangige Diplomaten, die
NSDAP- und SS-Mitglied bzw. NSDAP-Mitglied gewesen
waren. Gemäß der neuen Regelung bekamen beide keinen
Nachruf in *internAA*. Es folgte ein Aufstand: Im Februar
2005 veröffentlichten Fischers konservative Gegner groß-

7. KAPITEL

formatige Todesanzeigen für die beiden in Tageszeitungen. Fischer, der seine Autorität infrage gestellt sah, machte daraufhin in einem Rundbrief[503] deutlich, dass der Tod von Diplomaten, die NS-Organisationen angehört hatten, zwar gemeldet, auf ehrende Nachrufe aber in Zukunft verzichtet würde. Seine Gegner reagierten heftig und öffentlich, der Streit drohte »das« Image der Bundesrepublik Deutschland zu beschädigen. Endlich als Reaktion auf diesen Konflikt berief der grüne Außenminister 2005 endlich die Unabhängige Historikerkommission.[504]

Am Rand entstand noch eine kleine, aber interessante Diskussion. JournalistInnen fragten sich und Fischer, wie so »wohlversorgte, bewunderte, kultivierte Männer der Wilhelmstraße zu Mördern« werden konnten (Nils Minkmar, FAZ[505]), warum »kultivierte, gebildete Menschen mittaten bei den Schlächtereien der Nazis?« (Tissy Bruns, *Der Tagesspiegel*[506]) Fischer antwortete: »Und wenn es keine gebildeten, kultivierten Menschen waren? Wenn sie nur einen Riesenbohei um ihre Kultiviertheit machten, wenn aber nichts dahinter war?«[507] Schon mal darüber nachgedacht, dass genau das »Eliten« ausmacht, dass sie sich selbst als etwas Besonderes definieren und dann Dumme und Interessierte finden, die es glauben, und sei es nur, weil sie um jeden Preis dazugehören wollen?

Der Historiker Moshe Zimmermann klärt das Unverstandene auf: »Sie können ruhig kultiviert gewesen sein. Zunächst hatten sie nur das Gefühl, die Juden spielten eine zu große Rolle im Staat, das war ein Problem. Sie machten sich daran, es zu lösen. Zunächst sollten die Juden aus dem Staatsdienst vertrieben werden, dann aus ihren Geschäften, aus dem Land und endlich sollten sie ermordet werden. Das war eine schiefe Ebene. Wer sie betrat, der schlitterte in den Massenmord. Es gibt da keinen Sprung, durch den aus einem anständigen deutschen Bürger ein wilder Nazi geworden war. Die Übergänge waren fließend.«[508]

MENSCHENRECHTSKRIEGERINNEN

208   Ein Oppositioneller, der sich den Strukturen des herrschenden Apparats ausliefert, ohne diese infrage zu stellen, kommt darin um.

Das eigene Versagen, die Geschichte, die Funktion und die Struktur des Auswärtigen Amtes in unfassbarer Weise unterschätzt zu haben, verwandelte Fischer bei der Buchvorstellung im Oktober 2010 in eine rührende Story: Aus dem Brief einer alten Dame sei ein 900-seitiges Grundlagenwerk geworden, welches das Selbstverständnis des Auswärtigen Amtes auf lange Zeit erschüttern werde. Der Subtext: Er hat es möglich gemacht. »Wenn er es noch einmal anfangen könnte«, sagt Fischer heute, »dann würde er die Strukturen des Amtes verändern.« Wirklich?

Daran kann gezweifelt werden, nicht nur, weil er nirgendwo, wo er je gearbeitet hat, Strukturen demokratisiert hat, sondern weil er sich in Interviews damit rechtfertigte, dass Willy Brandt 1966 »auch [...] auf Vorbehalte im Amt gestoßen [sei], weshalb er in Personaldingen anfangs vorsichtig habe agieren müssen«.[509]

1979 war Christopher R. Brownings Studie *The final solution and the German Foreign Office*[510] erschienen, 1987 Hans-Jürgen Döschers vom Auswärtigen Amt heiß bekämpftes Werk *Das Auswärtige Amt im Dritten Reich. Diplomatie im Schatten der Endlösung.*[511] Wer sich jahrelang mit Englisch-Kursen und Washington-Besuchen auf sein Karriereziel »Außenminister« vorbereitet – muss der sich nicht auch mit der Geschichte dieses Amtes, in das er drängt, befassen?

Jeder politisch einigermaßen interessierte Zeitungsleser konnte 1987 verfolgen, wie Marion Gräfin Dönhoff, die *Zeit*-Herausgeberin, an ihrer Seite der Politikwissenschaftler Theodor Eschenburg, wieder einmal alles tat, um den früheren Staatssekretär Ernst von Weizsäcker, ein in Nürnberg verurteilter Kriegsverbrecher, reinzuwaschen und zum Widerstandskämpfer umzudeuten. »Noch bis in die jüngste

7. KAPITEL

Vergangenheit musste jeder Historiker, der die Schuld der deutschen Diplomaten darstellen wollte, mit der erbitterten publizistischen Gegenwehr etwa von Rudolf Augstein oder Gräfin Dönhoff rechnen«.[512]

Der Historiker Norbert Frei, Mitverfasser von *Das Amt,* erläuterte: Wir zeigen »wie rasch nach 1945 die Legende gestrickt wurde, dass es eigentlich nur die dem Amt ›fremden‹ Elemente aus NSDAP, SA und SS gewesen seien, die an den Verbrechen des Regimes mitgewirkt hätten.«[513] Durch die 68er-Bewegung habe sich im Auswärtigen Amt nicht viel verändert. Die *Frankfurter Rundschau* fragte ihn suggestiv: »Offenbar musste erst ein 68er – Joschka Fischer – Außenminister werden, damit das aufhörte.« Norbert Frei aber zerlegt diesen offensichtlichen Versuch, einen neuen Mythos zu kreieren mit zierlicher scharfer Klinge, indem er erwiderte: »Oder andersherum: Die Bewahrer des Mythos mussten sich so sehr an diesem Sprung eines 68ers auf den Ministersessel stören, dass sie zu Methoden griffen, die sechs Jahrzehnte nach Kriegsende gesellschaftlich nicht mehr vermittelbar waren. [...] Jedenfalls stünde, wenn sich Fischers Gegner im Auswärtigen Amt nicht zu sehr auf eine Abrechnung mit ihm eingeschossen hätten, die Aufarbeitung der Geschichte des Amtes wohl immer noch aus. [...] Berufen hat uns Herr Fischer, den Vertrag unterzeichnet haben wir erst bei seinem Nachfolger, Herrn Steinmeier.«[514]

Die Grünen haben die herrschenden Strukturen auch in der Außen und Verteidigungspolitik nicht verändert, sondern sich in sie eingefügt und sie modernisiert, härter, militärischer, sozial brutaler gemacht.

MENSCHENRECHTSKRIEGERINNEN

8. KRIEG DEN HÜTTEN!
FRIEDE DEN PALÄSTEN!

» Uns als zweite Generation interessiert es nicht, wie ihr euren Frieden mit der sozialen Marktwirtschaft gemacht habt. Hauptsache, es ist so. Für uns stellte sich die Systemfrage nur kurz, dann war für uns klar, dass wir Ja zu diesem System sagen.«[515]
Tarek Al-Wazir, Matthias Berninger, Cem Özdemir,
Katrin Göring-Eckart, Manuela Rottmann u. a., 1999

» Die Gesetzentwürfe Hartz III und IV im Rahmen der Agenda 2010 sehen wir durchaus kritisch. Dennoch stimmen wir dem Gesetzespaket zu. [Es] werden viele andere Bezieher [...] von Arbeitslosenhilfe erhebliche Einkommenseinbußen erleiden. Das müssen wir leider in Kauf nehmen.«[516]
Hans-Christian Ströbele, Claudia Roth, Winfried Hermann u. a.,
2003

In den Achtzigern gab es bei den Grünen Mehrheiten für soziale Gleichheit. Wir wussten, dass sie die Grundlage dafür ist, dass Menschen glücklicher, frei und sicher leben. Die Grünen wandten sich gegen den Kapitalismus, schönten ihn noch nicht als »soziale Marktwirtschaft«, und verlangten, dass die Menschen selbst entscheiden, wie sie leben, arbeiten und wohnen. *Alle* Menschen. Dass die Grünen einmal eine Partei der sozialen Ungleichheit werden und die ökonomischen Interessen eines Teils der mittleren und gehobenen Mittelschicht sowie der Reichen gegen die sozial Schwächeren verteidigen würden, lag außerhalb unserer Vorstellung.

Die bundesdeutsche Gesellschaft wurde durch die sieben- **211**
jährige Politik der SPD/Grünen-Bundesregierung zu einer
verschärften Klassengesellschaft.

In Frankfurt am Main, wo ich lebe, kann man manche Entwicklungen früher als anderswo erkennen. Eine enorme
Menge Kapital drückt unmittelbar auf Politik und Verwaltung dieser relativ kleinen Metropole. In Frankfurt haben
218 Banken ihren Sitz. Die soziale Struktur ist asymmetrisch:
Banken, Versicherungen, Dienstleistungsgewerbe haben die
alten Produktionsbetriebe weitgehend abgelöst. Kapitalinteressen können unbehindert von einer *gegen*mächtigen Arbeiterbewegung oder von großen, organisierten sozialen
Gegenmilieus auf die Stadt einwirken. Es regieren CDU und
Grüne, unterstützt von der FDP. Die Grünen haben stadt-
weit 15,3 Prozent (Kommunalwahl 2006) und in meinem in-
nenstadtnahen bevölkerungsdichten Stadtteil Nordend 33,6
Prozent.

Typisch für Frankfurt ist, dass Armut und Elend, Ausgrenzung und Diskriminierung von einem Schwall schwarz-
grüner Lebensgefühlpropaganda zugedeckt werden, um
von sozialen Problemen abzulenken. Nach dem Motto »Brot
& Spiele« jagt ein Fest das nächste. Sobald sich Anhänger
der Etablierten angesichts all der Glitzerhochhausfassaden
in der eigenen Stadt zu fremd fühlen, bastelt man eben noch
eine neue »Altstadt« fürs Heimatgefühl und für die Tourist-
Innen, während nebenan Hochhäuser fürs Kapital die Frisch-
luftschneisen versperren sowie die Mieten steigen und
ganze Stadtviertel sozial kippen lassen.

In anderen Städten ist das *im Kern* nicht anders, und wo
immer sie an der Regierung sind, treiben die Grünen diesen
Prozess von sozialer Segmentierung und mentaler Gettoisie-
rung mit voran. Natürlich gibt es auch Grüne mit geringem
Einkommen. Aber ihre politischen VertreterInnen sind meist
RepräsentantInnen einer gut betuchten Mittelschicht, die

KRIEG DEN HÜTTEN! FRIEDE DEN PALÄSTEN!

sich gesundes Essen leisten kann, den Müll getrennt sammelt, die eigenen Kinder öfters mal in Privatschulen schickt, genug Zeit und Geld für unökologische Flugreisen hat und lieber nicht an den lärmenden und luftverpesteten Einfallstraßen wohnt, deren Autoverkehr sie nicht ernsthaft verhindern will, so wenig wie Atomkraftwerke, um nicht aus der jeweiligen Stadt- oder Landesregierung zu fallen. Nach einer ähnlichen Logik funktioniert das überall.

Zur Zeit der abschließenden Auseinandersetzung zwischen Linken und Realos, um 1990/91, sagten die Realos, welche Menschen sie künftig interessieren würden: »Der konsumfreundliche Citoyen 2000«. Dass sie damit ankündigten, das *Subjekt* ihrer Politik allmählich auszutauschen, wurde vom sozialer denkenden Teil ihrer Anhängerschaft nicht ernst genommen.

Heute stehen die Grünen für die gut betuchte Mittelschicht, die sogenannten LeistungsträgerInnen, die selbsternannten Eliten, die akademisch gebildeten Angestellten. Sie sind jetzt die Partei-der-noch-besser-als-die-FDP-WählerInnen-Verdienenden und in jeder Hinsicht, ideologisch wie strategisch, auf dem Weg, die blutleere FDP abzulösen.

Als SPD und Grüne 1998 auf die alte CDU/FDP-Bundesregierung folgten, haben sie die staatlichen Angelegenheiten nicht nur einfach irgendwie weiterbetrieben. Tatsächlich haben sie die soziale Lage der Menschen, die wenig oder gar kein Geld hatten, noch verschlimmert und neue Teile der Mittelschicht ins Unglück gestürzt. Für viele von ihnen, ob angestellt, »frei« oder auf Anruf beschäftigt, stellt sich heute die inhumane Alternative: sich totarbeiten oder verarmen. Und immer öfter: sich krankarbeiten und trotzdem verarmen.

Rot-Grün hat die Zahl der Armen vergrößert, die Armen noch ärmer gemacht und noch *aussichtsloser* arm. SPD und Grüne haben für Millionen Menschen die Altersarmut von morgen organisiert. Wer Hartz IV erhält, wer als Ein-Euro-

Jobber arbeiten oder sich im Niedriglohnsektor in mies be-   **213**
zahlten und ungeschützten Jobs kaputtarbeiten muss, wird
niemals eine Rente beziehen, von der er oder sie im Alter in
Würde und Selbstbestimmung leben kann. Und wenn, dann
erst später: Die Grünen bleiben, auch wenn die SPD schwan-
kend werden sollte, bei der Verlängerung der Lebensarbeitszeit.

Fritz Kuhn ist für die Rente mit 67: »Meine Fraktion [...]
bemüht sich um einen Ausgleich zwischen den verschiedenen Generationen. Wir gehen deshalb davon aus, dass nur
eine Verlängerung der Lebensarbeitszeit dazu beitragen
kann, die nachkommende Generation der Jüngeren nicht
über Gebühr zu belasten.«[517] Grüne FunktionärInnen reden,
als beschäftigten inzwischen alle den gleichen Rhetorikleh-
rer. Der *Kölner Stadtanzeiger* fragt Renate Künast: »Die SPD
verabschiedet sich gerade von der Politik ihrer Regierungszeit. Wie stehen Sie denn zur Rente mit 67?« Renate Künast
antwortet: »Ich will an den Zahlen nichts ändern, weil mir
Generationengerechtigkeit sehr wichtig ist. Von 2012 an soll
pro Jahr ein Monat länger gearbeitet werden, bis 2029 das
Ziel der Rente mit 67 erreicht ist.«[518]

Generationengerechtigkeit – die neue grüne Propaganda-
formel, mit der diesmal junge Leute auf die Alten gehetzt
werden. Wenn nichts dazwischenkommt, wird sie ihre volle
Wirkung bei künftigen Rentenkürzungen entfalten. Weder
Künast noch Kuhn geben zu, dass man den gesellschaftlichen
Reichtum, den die Lohnarbeitenden in diesem ungeheuer
reichen Land schaffen, dort wegholen muss, wohin er enteig-
net und wo er gebunkert wird: bei den Wohlhabenden und
dem Kapital.

Die Sozial- und Wirtschaftspolitik von SPD und Grünen war
ein Sprengstoffanschlag auf den ohnehin beschädigten Sozialstaat. Die rot-grüne Bundesregierung hat gleichsam eine
Bombe neben die blutig erkämpfte Tradition sozialpflichti-

KRIEG DEN HÜTTEN! FRIEDE DEN PALÄSTEN!

ger und gewerkschaftlich abgesicherter Jobs mit Flächentarifverträgen gelegt und sie gezündet. Nach diesem Attentat liegt die Zukunft vieler Menschen in Trümmern.

»Agenda 2010« heißt das rot-grüne Konglomerat zur umfassenden Zerstörung sozialer Sicherungen und Rechte der Menschen in Deutschland und von massiven Lohnsenkungen. Die angebliche »Reform des deutschen Sozialsystems und Arbeitsmarkts« wurde von SPD und Grünen erarbeitet und 2003 verkündet. »Als Grundlage der Reform diente der *Wirtschaftspolitische Forderungskatalog für die ersten hundert Tage der Regierung* der *Bertelsmann Stiftung*, [...] dessen Inhalte zu weiten Teilen übernommen wurden.[519] Für »mehr Wachstum und mehr Beschäftigung« sollte der Sozialstaat »umgebaut und erneuert« werden. SPD und Grüne setzten die sogenannte Hartz-Kommission ein, die ursprünglich nur Vorschläge zur Modernisierung der Arbeitsvermittlung und zur Restrukturierung des Arbeitsamtes machen sollte, deren Auftrag dann aber um »Arbeitsmarktreformen« erweitert wurde, mit denen die rot-grüne Regierung angeblich den Kampf gegen die Arbeitslosigkeit aufnehmen wollte.

Die *Agenda 2010* besteht aus den Gesetzes- und Gesetzesänderungspaketen Hartz I, II, III und IV, die den Sozialstaat, wie wir ihn bis dahin kannten, zerschlugen. Die *Frankfurter Allgemeine Zeitung* titelte über Hartz IV: »Die größte Kürzung von Sozialleistungen seit 1949«.[520] Tatsächlich sagte die rot-grüne Regierung Arbeitslosen und Erwerbslosen den Kampf an, den ihre AuftraggeberInnen und die Massenmedien schon längst ideologisch begonnen hatten. Man nennt es »Zeitgeist«, als flöge, was doch Folge von ökonomischen Entwicklungen und Ausdruck von Interessen ist, unbeeinflusst von den Menschen von irgendeinem Himmel herunter. Nie zuvor seit 1945 war die Propaganda gegen Erwerbslose und HilfeempfängerInnen so aggressiv wie unter Rot-Grün. CDU, CSU, FDP und ähnliche Haufen haben sich kräftig beteiligt und Rot-Grün oftmals übertroffen. Aber

8. KAPITEL

die Maschine Hetze-»Reform«vorschlag-Durchsetzung lief **215** so schnell und geschmiert wie nie.

Kann sich jemand daran erinnern, dass die Betroffenen über einen längeren Zeitraum mit Leidenschaft und Gegenangriffen von Sozialdemokraten und Grünen *verteidigt* worden wären? Es lief ähnlich wie bei der unsäglichen Sarrazin-Debatte: *Das durfte man nicht tabuisieren* [das »Schmarotzertum« der Unterschicht], *irgendwie war ja nicht alles falsch* [»sie sind selbst schuld, es liegt in den Genen«] und *es musste doch gesagt werden dürfen* [... dass man den Sozialstaat zerschlägt, damit er von denen, die ihn brauchen, nicht ausgenutzt wird]. Ein Teil des gehobenen Bürgertums entfloh dem lästigen Anspruch der »Solidargemeinschaft«, mehr als ein unerfüllter, wenn auch wirksamer Anspruch war es ja nicht. Subproletariat und Proletariat wurden Tag für Tag, Fernsehprogramm für Fernsehprogramm beleidigt und aufeinandergehetzt. Das entsolidarisierte die Gesellschaft immer weiter und zermürbte Erwerbslose, SozialhilfeempfängerInnen. Es zermürbte und entsolidarisierte auch KleinbürgerInnen und die untere Mittelschicht. Und der Plan ging auf.

Untertänig beugte sich die Basis der Parteien SPD und Grüne ihren »Autoritäten« und beschloss in Windeseile die große Sozialstaatszerstörung in Gestalt von Leitanträgen ihrer Vorstände. Von 468 Delegierten und 41 Parteivorstandsmitgliedern des SPD-Sonderparteitages im Juni 2003 in Berlin stimmten etwa 80 Prozent dem Leitantrag des Parteivorstands *Mut zur Veränderung* zu, der die zentralen Punkte der Agenda 2010 enthielt. Dass ihre Regierung seit Jahren die sinkenden Steuereinnahmen herstellte, mit denen sie ihre Sozialdemontage rechtfertigten – davon kein Wort. Die SPD kann sich heute nicht damit herausreden, dass »alles Schröders« Schuld war. *Die Partei SPD* hat für die Agenda 2010 entschieden.

KRIEG DEN HÜTTEN! FRIEDE DEN PALÄSTEN!

Auf ihrem Sonderparteitag in Cottbus am 14. und 15. Juni 2003 überrundeten die grünen Delegierten die der SPD und stimmten mit etwa 90 Prozent für den Leitantrag ihres Bundesvorstandes. »Damit unterstützen die Grünen in zentralen Punkten die Kanzler-Vorschläge für Einschnitte in das Sozialwesen. Ausdrücklich akzeptiert werden in dem Leitantrag unter anderem die Zusammenlegung von Arbeitslosen- und Sozialhilfe auf dem Niveau der Sozialhilfe, eine verkürzte Bezugsdauer des Arbeitslosengeldes, die Aufweichung des Kündigungsschutzes und die Herausnahme des Krankengeldes aus der gesetzlichen Krankenversicherung.«[521]

Auch die Grünen können sich heute nicht damit herausreden, dass alles Joseph Fischers oder Andrea Fischers Schuld sei. Nicht nur weil Jürgen Trittin und Renate Künast auch in der Regierung waren und Cem Özdemir sowie Claudia Roth als Bundestagsabgeordnete alles abgesegnet hatten, sondern vor allem deshalb: Die grüne *Partei* hat mit riesengroßer Mehrheit den Verarmungsprozess namens *Agenda 2010* selbst beschlossen. Nicht in Unkenntnis des Inhalts, das wäre schlimm genug, sondern nach heftigen gesellschaftlichen Diskussionen – auch in den Gewerkschaften.

Erich Fromm sagt in seiner sozialpsychologischen Studie *Arbeiter und Angestellte am Vorabend des Dritten Reichs* über das monarchistische Kleinbürgertum der wilhelminischen Ära: »Mitglieder dieser Klasse liebten die Autorität mit all ihrem Glanz und ihren Machtsymbolen; sie identifizierten sich mit ihr und erfuhren durch diese Beziehung Sicherheit und Stärke. Ihr Leben war, wenn auch nicht glänzend, so doch fest eingerichtet. Sie fühlten sich wirtschaftlich gesichert und waren das Oberhaupt ihres Haushalts; welche rebellischen Empfindungen sie auch haben mochten, sie schlummerten tief verborgen.«[522] »Oberhaupt ihres Haushalts« sollte vielleicht durch »Oberhaupt ihres Ortsverbands« ersetzt werden.

8. KAPITEL

In ihrer Regierungserklärung sagte Gerhard Schröders **217** Nachfolgerin Angela Merkel im November 2005: »Ich möchte Bundeskanzler Schröder ganz persönlich danken dafür, dass er mit seiner Agenda 2010 mutig und entschlossen eine Tür aufgestoßen hat, unsere Sozialsysteme an die neue Zeit anzupassen. Er hat sich entschlossen zu Reformen bekannt, und er hat sie gegen Widerstände durchgesetzt. Damit hat er sich um unser Land verdient gemacht.«[523]

Die *Agenda 2010* war ein langer Weihnachtswunschzettel der Kapitalseite, den Rot-Grün eifrig abarbeitete: die Lockerung des Kündigungsschutzes, die Verlagerung von Kosten für die Sozialversicherung auf die Lohnarbeitenden, die Senkung der betrieblichen Lohnnebenkosten, die Verschärfung von repressivem Zwang, Bevormundung und Zumutbarkeitsklauseln für SozialhilfeempfängerInnen und Langzeitarbeitslose.

Mit dem *Gesetz zur Modernisierung der Gesetzlichen Krankenversicherung* wurden viele bisher gewährte medizinische Leistungen gestrichen und die gnädigerweise noch gewährten Leistungen verteuert. Erhöhung des Selbstkostenanteils sogar für chronisch Kranke, Praxisgebühr beim Hausarzt, Praxisgebühr beim Zahnarzt, Notaufnahmegebühr; die Zuzahlung bei Medikamenten wurde erhöht, die Auswahl eingeschränkt, das Krankengeld gestrichen. Heutzutage verschleppen Menschen Krankheiten, um die Praxisgebühr und Zuzahlungen zu vermeiden oder hinauszuzögern. Sie haben Lücken im Gebiss, weil der Zahnersatz selbst zu zahlen ist, und viele Menschen tragen alte Brillen mit falschen Gläsern. Unter den beiden Gesundheitsministerinnen Andrea Fischer (Grüne, 1998–2001) und Ulla Schmidt (SPD, 2001–2009) verschlechterte sich unsere gesundheitliche Lage: Frau Fischer schonte die Profite der Pharmakonzerne und der medizintechnischen Industrie, stattdessen strich sie Leistungen. Notwendige und wirksame, aber teure Medikamente wurden

KRIEG DEN HÜTTEN! FRIEDE DEN PALÄSTEN!

KassenpatientInnen vorenthalten, sinnvolle Physiotherapien Schwerkranken und chronisch Kranken verweigert. Aber nicht allen hat ihre Gesundheitspolitik geschadet: Andrea Fischer, die einige so »alternativ« fanden, weil sie mal Druckerin bei der *taz* war, wurde später Pharma-Lobbyistin und trat in die katholische Kirche ein. Im Alter erwartet sie eine stattliche Pension und medizinische Versorgung erster Klasse.[524]

Kein Verantwortlicher will es zugeben – und CDU/CSU/FDP greifen SPD und Grüne hier nicht an, denn sie wollen selbst nichts anderes –, aber KassenpatientInnen in Deutschland erhalten keine medizinische Versorgung auf dem höchsten Stand der Wissenschaft mehr. Es herrscht eine *soziale Triage*. Dazu gehören Krankenhäuser, die vielerorts ihren Mindestaufgaben nicht mehr nachkommen können.

Das Interesse des Kapitals war es, die Lohnnebenkosten zu senken, und Rot-Grün agierte als seine Interessenvertretung, als ideeller Gesamtkapitalist. Wenn die Lohnnebenkosten und die Löhne niedriger wären, dann, so wurde suggeriert, gäbe es mehr Arbeitsplätze. Woher sollten die kommen, wenn die Arbeitszeit nicht verkürzt wurde? Heute gibt es eine Heerschar von *working poor*, Menschen, die mehrere mies bezahlte Jobs machen müssen, um durchzukommen.

Die paritätische Finanzierung der Sozialversicherung wurde getilgt, immer mehr Eigenanteile und der Zwang zur »privaten« Zukunftssicherung belasteten die Lohnarbeitenden. So entstand ein lukrativer Markt für Versicherungen, die Lohnabhängige für ihren privaten Gewinn abzocken.

Für Erwerbslose war der finanzielle Abstieg *vor* Hartz IV nicht abrupt gewesen, es gab Einschränkungen und Beschränkungen, aber keinen tiefen Sturz ins Nichts, so wie jetzt seit Rot-Grün. Wer früher arbeitslos wurde, bezog im Schnitt 32 Monate lang Arbeitslosengeld in Höhe von etwa 60 Prozent des früheren Nettoeinkommens, unabhängig vom Einkommen von Familienangehörigen und LebenspartnerInnen. Anschließend bekam ein arbeitsloser Mensch Arbeitslosenhilfe, die deutlich niedriger, aber ebenfalls noch an das frühere Arbeitseinkommen gekoppelt war. Die Höhe der Arbeitslosenhilfe war bereits vom eigenen Ersparten und vom Einkommen des Lebenspartners beschränkt, aber nicht im gleichen Umfang wie heute.

Mit Hartz IV wurde 2003 das Arbeitslosengeld auf maximal zwölf Monate begrenzt, danach gab es unter erschwerten Umständen das neue Arbeitslosengeld II, zu dem Arbeitslosenhilfe und Sozialhilfe zusammengelegt worden sind. »Zusammenlegung« bedeutete, dass die Arbeitslosenhilfe auf Sozialhilfeniveau *gesenkt* wurde. Die stark verschärften Bezugsbedingungen bewirkten, dass sehr viele BezieherInnen von Arbeitslosenhilfe gar kein Geld mehr oder nur noch einen Bruchteil früherer Sätze erhielten.

Hartz IV-EmpfängerInnen konnten, wie vorher SozialhilfeempfängerInnen, zu Ein-Euro-Jobs gezwungen werden. Der Bürokratenbegriff dafür ist *Arbeitsgelegenheit mit Mehraufwandsentschädigung* (AGH-MAE), die »Entschädigung« beträgt ein Euro bis 2,50 Euro pro Stunde. Mit Ein-Euro JobberInnen werden regulär Beschäftigte verdrängt. Nicht nur in Berlin unter einer SPD/Linkspartei-Regierung finden sich soeben entlassene Menschen manchmal an ihren alten Arbeitsplätzen wieder, nur diesmal nicht zu Tariflohnbedingungen, sondern für eine Handvoll Cent. Ungemein praktisch daran ist, dass Ein-Euro-JobberInnen aus den Arbeitslosenstatistiken fliegen

Ein-Euro Jobs haben zwei (beabsichtigte) Nebeneffekte: eine repressive Funktion, also noch mehr Druck. Und eine direkt profitable: billigster Ersatz für zuvor tariflich bezahlte Arbeitskräfte. Die Grünen, »denen merkwürdigerweise [...] der Ruf anhaftete, ›postmaterialistische Werte‹ zu vertreten«, betreiben »eine knallhart ›materialistische‹ Interessenpolitik für ihr gutverdienendes Klientel« (Michael Heinrich).[525]

KRIEG DEN HÜTTEN! FRIEDE DEN PALÄSTEN!

Hartz III und IV wurden am 17. Oktober 2003 im Bundestag als *Drittes und Viertes Gesetz für moderne Dienstleistungen am Arbeitsmarkt* mit knapper Mehrheit von 304 zu 294 Stimmen verabschiedet. Die Zerstörung des Sozialstaats fand unter dem Beifall der Grünen statt.[526] »Mit dem, was wir heute vorschlagen – das ist für uns Grüne ein wichtiger Punkt –, packen wir etwas an, über das Sie Jahr für Jahr nur geredet haben, nämlich die Notwendigkeit, die Arbeitslosenhilfe und die Sozialhilfe in eine Hand zu legen [...] Es wird in diesem Land auch sozialpolitisch viel verändern. [...] Wir wollen weder in Deutschland noch in Europa das Konzept des *working poor* installieren«, sagte die stellvertretende grüne Bundestagsfraktionsvorsitzende Thea Dückert.[527]

Sechs Jahre später, Hunderttausende waren schon konkret verarmt und ebenso viele wussten, dass sie es dank der Grünen bald sein würden, warf Thea Dückert – maßgeblich mitverantwortlich für die Verhandlungen um die Gesetzestexte der Agenda 2010 und inzwischen zur parlamentarischen Geschäftsführerin der Grünen aufgestiegen – einen Blick zurück. »Der größte Fehler« der Agenda 2010 liege »nicht in einzelnen Maßnahmen, sondern im Fehlen einer Vision«, das sei »ihre ganz persönliche Lehre: Um Veränderungen einzuleiten, müsse man nicht nur Ziele definieren, sondern eine Vision entwickeln und sich die Zeit nehmen, diese den Menschen zu erklären.«[528]

Eine Vision – wovon? Vom »geistigen« Leben in materieller Not? Von körperloser Esoterik?

Thea Dückert stimmte mit der grünen Fraktion am 15. November 2002 für die Fortsetzung und Erweiterung des Krieges in Afghanistan und schickte auf derselben Sitzung eine Kriegserklärung an Lohnarbeitende und Arbeitslose auf den Weg. Es ging um das Paket »Hartz I«, das *Erste Gesetz für moderne Dienstleistungen am Arbeitsmarkt.* – Welche Werbeagentur verantwortet dieses Orwellsche Vokabular? – Die

8. KAPITEL

Enthemmung der Regelungen für die Leiharbeit trug darin die Bezeichnung *Änderung des Arbeitnehmerüberlassungsgesetzes*[529] und sollte zum 1. Januar 2003 in Kraft treten. Auch dieses Gesetzespaket wurde unter einem »ungewöhnlichen großen Zeitdruck«[530] beraten, wie Bundeswirtschaftsminister Wolfgang Clement zugab.

Thea Dückert, damals auch arbeitsmarkt- und sozialpolitische Sprecherin der Bundestagsgrünen, trat ans Mikrofon und begann ihre Rede mit einem kleinen Scherz: »Heute setzen wir nicht Herrn Hartz, aber das Hartz-Konzept auf das arbeitsmarktpolitische Laufband.« *Arbeitsmarktpolitisches Laufband* – auf diese Metapher muss eine erst mal kommen! Dann wurde sie ernst: »Damit ist endlich eine Zeit vorbei, in der die Faulenzerdebatte immer wieder hochgeschwappt ist. [...] Mit den Hartz-Vorschlägen gehen wir Stück für Stück voran. Heute werden wir das Konzept ›Fördern und Fordern‹ verankern. Wir führen heute eine spannende Debatte, die wir ohne die Hartz-Vorschläge nicht hätten führen können [...] Wir reden heute über neue Instrumente, zum Beispiel darüber, wie wir mit den Personal-Service-Agenturen die Zeitarbeit von einem Trampelpfad zu einem guten Weg für Langzeitarbeitslose entwickeln können, damit sie in den ersten Arbeitsmarkt hineinkommen. [...] Mit dem Hartz-Konzept gehen wir [...] einen Weg des Paradigmenwechsels, der die Integration in den Arbeitsmarkt will, diese vorbereitet und der die Ausgrenzung endlich beendet. [...] oberstes Ziel dieser Personal-Service-Agenturen ist es, der Langzeitarbeitslosigkeit zu Leibe zu rücken [...] Damit die Zeitarbeit angenommen wird, muss sie aus der Schmuddelecke heraus. Sie muss gesellschaftlich akzeptiert werden.« Deshalb werden wir, sagte sie, die »gesamten Reglementierungen des Arbeitnehmerüberlassungsgesetzes abschaffen«.[531]

Rechte und EsoterikerInnen machen's nie unter einem Paradigmenwechsel. Wenn heute Begriffe wie »Reform«

KRIEG DEN HÜTTEN! FRIEDE DEN PALÄSTEN!

oder »Modernisierung« fallen, müssen alle Warnleuchten angehen. Und wenn Grüne sie verwenden, wenn sie von »postmaterialistischem Wertewandel« schwätzen oder von »Paradigmenwechsel«, heißt das höchste Alarmstufe.

Bis 1967 war Leiharbeit (Zeitarbeit) in der Bundesrepublik Deutschland verboten. In der DDR gab es sie sowieso nicht. Leiharbeit heißt, dass ein Mensch von einer Leiharbeits- firma (Zeitarbeitsagentur) an einen Betrieb ausgeliehen wird. Von seinem Lohn oder Gehalt bekommt die Leiharbeitsfirma mindestens die Hälfte, bei qualifizierten Beschäftigten auch mehr. Dass LeiharbeiterInnen eine echte Chance haben, fest angestellt zu werden, ist ein Mythos. Jeder, der sich in der deutschen Geschichte je mit dem Thema befasst hat, weiß das. Dass hingegen fest angestellte, unbefristet arbeitende Vollzeitkräfte durch LeiharbeiterInnen ausgetauscht wer- den, ist kein Mythos.

Im Januar 2003 trat der moderne Sklavenhandel à la Rot- Grün in Kraft. In etlichen Betrieben sind bereits ein Drittel oder die Hälfte aller Arbeitenden Leiharbeiter. Wo Leihar- beiterInnen beschäftigt werden, sinkt das Lohnniveau auch für die Stammbelegschaft, durch erpresserischen Druck, durch Austausch.

Das durchschnittliche Monatseinkommen eines vollzeit- beschäftigten Leiharbeiters betrug im Jahr 2009 1393 Euro, »brutto und inklusive aller Zuschläge und Jahresleistun- gen«, das war weniger als die Hälfte des Einkommens eines normalen Lohnarbeiters.[532] Über die schmutzigen Details der Verträge wollen wir gar nicht reden: Die Auszahlung von Überstunden kann mithilfe sogenannter Arbeitszeit- konten über Monate verschleppt werden; bis zu 25 Prozent des Leiharbeitstariflohns durften mit Fahrgeld und Verpfle- gungsmehraufwand verrechnet werden. LeiharbeiterInnen sind, neben ihren unwürdigen Arbeits- und Lebensverhält- nissen, im Schnitt grottenarm. Ihr erhöhter (!) Tariflohn be-

8. KAPITEL

trägt seit 1. Juli 2010: 7,60 Euro (West) und 6,65 Euro (Ost). Schätzungsweise jeder achte Leiharbeiter beantragt, obgleich vollzeitbeschäftigt, Arbeitslosengeld II. Das sind Steuergelder zugunsten der Profite der SklavenhalterInnen.

Solidarität und aufrechter Gang gehören, anders als Ordnung und Eigentum, nicht zu den zentralen Grundwerten in diesem Land. Und falls doch, müssten die Parallelgesellschaften in den oberen Etagen der Frankfurter Hochhäuser und vergleichbar abgeschotteten, keiner demokratischen Kritik und Kontrolle ausgesetzten Zirkeln besser in »unsere Zivilesellschaft« »integriert« werden. Aber es ist eben nicht so: »Und weil der Mensch ein Mensch ist, / d'rum hat er Stiefel im Gesicht nicht gern. / Er will unter sich keine Sklaven sehen / und über sich keine Herren« (Bertolt Brecht).[533]

LeiharbeiterInnen gehören in den Betrieben oft zu den auch von ihren festangestellten »Kollegen« Verachteten und Herabgewürdigten, aber die SklavenhändlerInnen, die Chefs der Leiharbeitsfirmen zum Beispiel, zu den gesellschaftlich Reputierlichen. SPD-Minister Wolfgang Clement, 2005 zurückgetreten, hat sofort nach seiner Amtszeit eine inzwischen unübersehbare Zahl von Aufsichtsrats- und Beraterposten angenommen, unter anderem bei Adecco, einer der größten Leiharbeitsfirmen. Von dort aus bearbeitet er heute, im Interesse deutschen Kapitals, den »europäischen Markt«.

Vor Rot-Grün war die Leiharbeit auf drei Monate befristet (1972). Sie wurde verlangert (1985: auf sechs Monate) und verlängert (1994: auf neun Monate) und verlängert (1997: auf zwölf Monate). Unter Rot-Grun kam es 2002 zur Konterrevolution, erst auf 24 Monate, und 2004 schließlich gab es überhaupt keine Hemmungen mehr: Wegfall der Begrenzung der Überlassungshöchstdauer, Aufhebung des Synchronisationsverbots und der Wiedereinstellungssperre. Das bedeutete: Leiharbeiter konnten unbegrenzt eingestellt, von einem Tag auf den anderen gefeuert und immer wieder

KRIEG DEN HÜTTEN! FRIEDE DEN PALÄSTEN!

beschäftigt werden oder auch nicht, eine komplett verfügbare, weitgehend rechtlose Masse von Menschen.

Der Zweck von gesonderten »Tarifverträgen«, die der Öffentlichkeit, sofern sie überhaupt interessiert war, als »Schutz« für LeiharbeiterInnen verkauft wurde, war, das Recht auf »Equal Pay/Equal Treatment« (Gleichbehandlungsprinzip) in den Betrieben auszuhebeln, das sonst zum Januar 2004 hätte angewendet werden müssen.

923 000 LeiharbeiterInnen fragten im Oktober 2010[534]: »Sklavenhändler, hast du Arbeit für mich?«[535] (Rio Reiser) Durch Rot-Grün war die Zahl der LohnsklavInnen explodiert, von rund 200 000 (1997) auf 731 000 (Juni 2007),[536] und kurz vor Silvester 2010 meldete Manpower, dass »die magische Schwelle« von einer Million LeiharbeiterInnen in Deutschland durchbrochen worden sei.[537]

Ein äußerst profitables Geschäft ist der moderne Menschenhandel für die HändlerInnen: die Personaldienstleister. Allein die vier größten Menschenhändlerfirmen – Randstad, Adecco, Manpower, Persona Service – machten im Jahr 2010 in Deutschland mit rund 160 000 Beschäftigten einen Umsatz in Höhe von 4,5 bis 5 Milliarden Euro. Rechnet man auf Basis der niedrigeren Ziffer, ergibt das einen Umsatz von 28 125 Euro pro verliehenem Mensch. Die ganze Branche machte im Jahr 2010 demzufolge einen Umsatz von mindestens 26 Milliarden Euro.[538] Und die Zuwachsraten sind zweistellig.

Meine Gewerkschaft *ver.di* meldet stolz (»Gemeinsam sind wir stark!«), dass Verhandlungen dazu geführt hätten, dass das Sklavenentgelt pro Stunde im Jahr 2011 um 29 Cent (West) beziehungsweise um 36 Cent (Ost) erhöht werden wird.[539] Ich werde mir an dieser Stelle jede Anspielung auf die »gleiche Augenhöhe« des Frank Bsirske verkneifen.

Brigitte Pothmer, die heutige arbeitsmarktpolitische Sprecherin der grünen Bundestagsfraktion (»Aus dem Wendland in den Bundestag«) säuselt auf ihrer Website: »Ich

möchte Sie für unsere Politik interessieren und zum Mit- **225**
machen einladen.«[540] Auf einer Veranstaltung der Grünen in
Wittmund zum Thema »Leiharbeit – Chance oder Knebel?«
sagte sie: »Ein Flexibilitätsbonus soll verhindern, dass Unternehmen die Leiharbeit zu ihren Gunsten ausnutzen.«
Wofür wenn nicht zum Ausnutzen haben SPD und Grüne
die Leiharbeit denn sonst enthemmt und den Niedriglohnsektor geschaffen? Dass von ihr keine Erkenntnis zu erwarten ist, verrät uns Frau Pothmer auch: »Das Ziel der Grünen
sei es, die Leiharbeit nicht zu ›verteufeln‹.« Am Tag davor
hatte sie beim internationalen Aktionstag in Hildesheim für
die Fotografen mit einer gefüllten Brötchentüte mit dem
Aufdruck »Gewalt an Frauen kommt nicht in die Tüte« po-
siert.[541] Leiharbeit ist *Gewalt*.

Auch die sogenannten Linken in der grünen Bundestagsfraktion meldeten sich zu Wort. Hans-Christian Ströbele, Winfried Nachtwei, Claudia Roth, Winfried Hermann und andere sagten in einer gemeinsamen Erklärung *nach* der
Abstimmung: »Die Gesetzentwürfe Hartz III und IV im Rahmen der Agenda 2010 sehen wir durchaus kritisch. Dennoch
stimmen wir dem Gesetzespaket zu. [Es] werden viele andere
Bezieher bzw. Bezieherinnen von Arbeitslosenhilfe erhebliche Einkommenseinbußen erleiden. Das müssen wir leider
in Kauf nehmen. [...] Die Absenkung des Niveaus des ALG
II auf Sozialhilfeniveau halten wir für schwer erträglich. [...]
Erhebliche Teile unserer Forderungen sind erfüllt.«[542]

»In der Frankfurter Zentrale der Industriegewerkschaft Metall wurden in den letzten Monaten sorgfältig eine Anzahl
von Firmen registriert, die – meistens als Industrie- oder Ge-
werbebetriebe getarnt – ein zwielichtiges Vermittlergeschäft
betrieben: Die Vermietung von Arbeitern an Großbetriebe
der Grundstoffindustrie. [...] Bisher konnten die Menschen-
makler ihrem anrüchigen und lukrativen Gewerbe in aller

KRIEG DEN HÜTTEN! FRIEDE DEN PALÄSTEN!

Ruhe nachgehen, weil keine Behörde, kein Unternehmer-
verband und kein Betriebsrat es wagte, gegen die als harm-
lose Einzelfirmen getarnten Vermittlungsbüros einzuschrei-
ten. Ursache dieser Zurückhaltung ist die Tatsache, dass
zahlreiche Großkonzerne, zum Beispiel die *Phönix-Rhein-
ruhr AG* und die *August-Thyssen-Hütte AG*, auf das System
der Leiharbeiter nicht verzichten möchten.« So schrieb der
Spiegel 1957. Aber nach und nach bekamen die Gewerkschaften damals »Wind von der Existenz dieser Arbeiter-
händler«. So »wetterte der Geschäftsführer der IG Metall in
Mülheim an der Ruhr, Herbert Sandvoß: ›Diese Leute treiben modernen Menschenhandel. Es wird höchste Zeit, gegen diese Seelenverkäufer mit unnachsichtiger Strenge vor-
zugehen.‹ Sandvoß spielte damit auf die seit dem 3. April
[1957] rechtskräftige Neufassung des Gesetzes über Arbeitsvermittlung und Arbeitslosenversicherung an, das die ge-
werbsmäßige private Arbeitsvermittlung verbietet und Ge-
fängnisstrafen androht.«

Gleich nach Gründung der Bundesrepublik 1949 tobte
der Kampf um den Menschenhandel. Die Eisenwerke Mühl-
heim/Meiderich AG entließen da 600 Arbeiter, um sie durch
Leiharbeiter zu ersetzen, »um Lohn- und Überstundengel-
der, Nacht- und Sonntagsgeld und den Arbeitgeberanteil
der Sozialabgaben einzusparen«. Keine anderen Motive als
heute. Man musste das verstehen: Bis vier Jahre zuvor hatte
es Millionen von SklavenarbeiterInnen gegeben, die schon
dankbar waren, wenn deutsche Arbeit»geber« sie überleben ließen.[543]

Das Leiharbeitersystem eingeführt hatte der Berliner
Lokomotiven-Fabrikant August Borsig im 19. Jahrhundert,
der gelegentlich »Rekruten aus den preußischen Kasernen
anforderte, die ohne Beachtung einer Kündigungsfrist von
heute auf morgen wieder in ihre Kasernen zurückgeschickt
werden konnten.«

8. KAPITEL

Mit Kampagnen der Demütigung, Ausgrenzung und Entso- lidarisierung von Arbeitslosen hatte die SPD/Grüne-Bundesregierung derartig großen Erfolg, dass nachfolgende Bundesregierungen dumm gewesen wären, darauf nicht aufzubauen. Mit der Weltwirtschaftskrise von 2008 waren die Gewerkschaftsführungen so gebrochen, dass sie nicht einen klitzekleinen Solidaritätsstreik wagten, als im Winter 2008/2009 etwa 150 000 LeiharbeiterInnen von heute auf morgen gefeuert wurden. Sowohl die Entlassungen als auch die fehlende Solidarität der Gewerkschaften erhöhte den erpresserischen Druck auf die Festangestellten, die rasch begriffen, dass sie mit schlechten Tarifverhandlungsergebnissen, Haustarifen und Kurzarbeit einverstanden zu sein hatten. Die Unterwerfung der Gewerkschaften wurde auch vom Kapital genau registriert. Es hatte dann auch nichts zu befürchten außer grummelnder Unzufriedenheit, als dann auch noch milliardenschwere Rettungsprogramme fürs Kapital aufgelegt wurden.

Wie hieß es in der Koalitionsvereinbarung der Sozialdemokraten und den Grünen vom Oktober 1998: »Die Bekämpfung der Armut ist ein Schwerpunkt der Politik der neuen Bundesregierung. Besonders die Armut von Kindern muß reduziert werden.« Da hätte stehen müssen: »Wir machen die Kinder ärmer.«

70 Prozent der Menschen in der Bundesrepublik besitzen nur neun Prozent des Gesamtvermögens. Die reichsten zehn Prozent besitzen 60 Prozent von 6,6 Billionen Euro. »Diese Kluft hat sich seit 2002 deutlich vergrößert.«[344] Eine Studie der Konrad-Adenauer-Stiftung sieht Deutschland »auf dem Weg in eine neue Art von Klassengesellschaft«, zu deren Abgrenzungsmechanismen auch Bildung, Werte, Ernährung, Gesundheit, Kleidung und der Umgang mit Medien gehört. »Der Zulauf zu privaten Schulen ebenso wie das Umzugsverhalten von Eltern der Bürgerlichen Mitte geben

KRIEG DEN HÜTTEN! FRIEDE DEN PALÄSTEN!

228 ein beredtes Zeugnis dieser Entwicklung.«[545] Das beschreibt exakt das Sozialverhalten des grünen Klientels.

Die Reichen werden reicher. Etwa 14 Prozent der Bevölkerung oder 11,5 Millionen Menschen sind von relativer Einkommensarmut bedroht.[546] Die Armut von Kindern und ihren Familien ist auf fast 20 Prozent angestiegen. Das höchste Risiko tragen Alleinerziehende mit Kindern: 40 Prozent.[547] Schon GrundschülerInnen haben Angst vor der Zukunft.[548]

Und sie haben Grund dazu. Die AmokläuferInnen des Sozialrassismus und Sozialdarwinismus schlagen und schießen sich durch diese Gesellschaft, und das angeblich so demokratische Bürgertum steht Spalier, klatscht, verleiht Orden, gewährt Vorabdrucke und schließt sich schon in der nächsten Runde der Jagd an wie bei einer schaurigen Polonaise. Für die Betroffenen ist dieser bourgeoise Ententanz lebensgefährlich, er kostet sie Glück, Freiheit, soziale Sicherheit, Gesundheit und Perspektiven.

Thilo Sarrazin, dem enthemmte BürgerInnen bei seinen Lesungen jede/n KritikerIn wegbrüllen und ihm zujubeln, als seien sie nach dem Signieren zum Pogrom bereit, ist nicht allein. Es sind so elendig viele Amokläufer. Gunnar Heinsohn, Sozialpädagogik-Professor in Bremen, nennt das Elterngeld für Hartz-IV-EmpfängerInnen »Sonderprämien, wenn sie ihre risikoreiche und pädagogisch ungünstige Existenz auf weitere Neugeborene ausdehnen«.[549] Das ist die Sprache der sozialen Vernichtung. Als die Linksparteifraktion in der rot-grün regierten bremischen Bürgerschaft im August 2008 nichts als eine Distanzierung von Heinsohns Aussagen verlangte, weigerten sich die Grünen. Hermann Kuhn, Haushalts- und finanzpolitischer Sprecher der Grünen in der bremischen Bürgerschaft, ganz früher einmal Kommunist (KBW), sah im Distanzierungsbegehren »Zensurbestrebungen«.

8. KAPITEL

Kinder haben Angst, auf dem Schulhof als »Hartzer« oder »Opfer« beschimpft zu werden. Es ist brutal, wenn sie im Fernsehen hören müssen, dass ihre erwerbslosen Eltern als »faule und asoziale Sozialschmarotzer« geschmäht werden.[550] Das Kölner Marktforschungsinstitut Rheingold hat – im Rahmen einer Langzeituntersuchung – 2010 herausgefunden, dass »panische Absturzangst, massiver Anpassungswille sowie Verachtung für alle, die abgerutscht sind« sich bei jungen Erwachsenen zwischen 18 und 24 Jahren zugespitzt haben.[551] Kein glückliches Kinderleben in einer Klassengesellschaft.

So vielen Millionen Menschen die Existenz und die Perspektive zu rauben, heißt eine Gesellschaft in Gänze zum Schlechteren zu verändern, an erster Stelle, weil es Menschen unglücklicher macht; an zweiter, weil es eine Gesellschaft sozial vergiftet. Angst und Ohnmacht breiten sich seit der Jahrtausendwende, die mit Rot-Grün begann, unter Millionen Menschen aus, während ignorante PolitikerInnen über sinkende Wahlbeteiligungen jammern. Auf den Knien danken sollten sie dafür, dass die von ihrer Politik Geschädigten sich bloß von ihnen *ab*wenden!

Bei aller Kritik, die ich schon vor der rot-grünen Bundesregierung an Gewerkschaften hatte – obwohl ich selbst ver.di-Mitglied bin und sechs Jahre im Bundesvorstand (1989–1995) war, davon drei Jahre Bundesvorsitzende der dju sowie im Hauptvorstand der IG Medien (gemobbt von führenden Sozialdemokraten) –, liegen doch ihre Schwächung und ihr Niedergang nicht in meinem Interesse. Gewerkschaften, die Mitglieder verlieren, neigen dazu, sich in Wagenburgen aufzustellen und noch abhängiger von ausgerechnet jenen staatstragenden Parteien zu werden, die den Prozess der Verelendung befördern.

Es gab einmal grüne Bundesvorsitzende wie Dieter Burgmann (1980–82), Betriebsrat der IG Metall in Nürnberg, die

KRIEG DEN HÜTTEN! FRIEDE DEN PALÄSTEN!

darum kämpften, dass die Gewerkschaften Kritik am falschem Fortschrittsbegriff und an Wachstum um jeden Preis nicht mehr als »Maschinenstürmerei« und »Arbeitsplatzfeindlichkeit« schmähten.

Und es gab einmal den grünen Bundesvorsitzenden Rainer Trampert (1982–87), der von 1972 bis 1984 Betriebsrat bei Texaco in Hamburg war und 1974 mit seinem Vertrauensleutekörper beim Hauptvorstand aus der IG Chemie rausflog, weil er gegen die Wahl zum Aufsichtsrat mobilisiert hatte: dieses Gremium sei ein »Organ des Kapitals« (woraufhin die Wahlbeteiligung um 60 Prozent sank). Trampert blieb für eine gewerkschaftsoppositionelle Gruppe Betriebsrat bei Texaco.

An solche Leute muss ich denken, wenn ich den *grünen* Chef meiner Gewerkschaft, Frank Bsirske, bei irgendwelchen 1.-Mai-Kundgebungen ganz doll Luftpumpen sehe, damit seine Worte wenigstens ein bisschen kraftvoll klingen; falsch tönen sie dennoch. Der Mann, dessen Selbstachtung am Geld hängt, wurde trotzdem gewählt, offensichtlich hatte er sich auch dadurch qualifiziert, dass er als grüner Personal- und Organisationsdezernent in einer Koalition mit der SPD in Hannover bis 2000 massenhaft Stellen gestrichen hatte.

Die großen Gewerkschaften hatten in den Siebzigern äußerst aggressiv *für* Atomenergie geworben, ein DGB-Kongress hatte 1978 sogar »Erleichterungen« – also noch größere Krebsrisiken – beim Bau von AKWs beschlossen, und die ÖTV hatte die Pro-Atom-Bewegung angeführt.

Jahrelang war Rainer Trampert, obgleich zuständig, wegen seines Rauswurfs aus der IG Chemie nicht zu Gewerkschaftskongressen eingeladen worden, und wir anderen im Bundesvorstand sagten solidarisch Nein, wenn derartige Einladungen bei uns eintrudelten. Den Bann durchbrach IG-Metall-Vorstandsmitglied Hans Janßen, der 1986 als erster Gewerkschaftsfunktionär eine Einladung zu einer Bundesversammlung der Grünen annahm. Er hat in den Gewerkschaften maßgeblich zur Kampagne für die 35-Stundenwoche beigetragen, von der heute niemand mehr zu wissen scheint, wo wir doch gezwungen sind, die 40-, 42- oder gar 45-Stundenwoche zu verteidigen, sofern man überhaupt noch in fester Anstellung ist; vom Kampf gegen die extreme Arbeitsintensivierung in allen Branchen oder gegen die Streichung außertariflicher Zulagen, von Weihnachts- und Urlaubsgeld, gar nicht mehr zu reden.

Die große Mehrheit von Linken bei den Grünen der achtziger Jahre, darunter auch Gewerkschaftsmitglieder, Vertrauensleute, Personal- und BetriebsrätInnen, ließ niemanden daran zweifeln, dass die Grünen eine soziale Partei waren. Noch dazu kam aus der französischen Wurzel der Anti-AKW-Bewegung der siebziger Jahre die Solidarität mit ArbeiterInnen wie denen der französischen Uhrenfabrik Lip, die bei drohender Zerschlagung ihren Betrieb besetzt hatten und eine Zeit lang in Eigenregie produzierten.

Heute unterzeichnen grüne Bundesvorsitzende flaue ›Positionspapiere‹ mit weichgespülten Gewerkschaftsspitzen, in denen das soziale Elend bedauert wird, das man *selbst* geschaffen und befördert hat.

Die einen machte Rot-Grün arm, die anderen reich.

Am Anfang der rot-grünen Regierung stand die erste Kriegsbeteiligung Deutschlands seit 1945. Kurz darauf legte die SPD/Grüne-Regierung Banken und Aktionären ein milliardenschweres Steuergeschenk vor die Füße. »Gewinne aus der Veräußerung von Anteilen, die eine Kapitalgesellschaft an einer anderen Kapitalgesellschaft hält, sind *nicht* steuerpflichtig.« Banken und Konzerne konnten jetzt Unternehmensanteile verkaufen, ohne dafür Steuern zu bezahlen. »Innerhalb weniger Minuten« nach Bekanntwerden »schossen die Aktienkurse von Dresdner und Deutscher Bank, von Allianz und Münchener Rück in die Höhe. Plus 10, plus 11, plus 15 Prozent – die Werte jener Konzerne, die von Hans

KRIEG DEN HÜTTEN! FRIEDE DEN PALÄSTEN!

Eichels ›Steuer-Rakete‹ *(Bild)* besonders profitieren, explodierten förmlich [...] Und nun huldigt die Regierung plötzlich dem Shareholder-Value«. Es sei, »als falle Weihnachten und Ostern auf einen Tag«, sagte ein Banker.[552]

Als Staatssekretär war Heribert Zitzelsberger beteiligt, langjähriger Chef der Steuerabteilung der Bayer AG. Der damalige Bayer-Chef Manfred Schneider sagte auf einer Aktionärsversammlung: »Wir haben unseren besten Steuer-Mann nach Bonn abgegeben. Ich hoffe, dass er so von Bayer infiltriert worden ist, dass er [...] die richtigen Wege einleiten wird.« Auch die anderen rot-grünen Beamten machten Karriere. Einige von ihnen waren unter der CDU/FDP-Regierung im Einsatz, als es um den »Rettungsschirm« für die Banken ging.

Die praktische Politik von SPD und Grünen machte Reiche reicher und bereicherte die gehobene Mittelschicht. Höhere Dividenden waren kaum denkbar. Mehr billiges Personal für Betriebe und privates Leben gab es nie. Unternehmenssteuerreform, Senkung des Spitzensteuersatzes, Senkung der Körperschaftssteuer von 45 auf 25 Prozent: Das Körperschaftssteueraufkommen brach ein, die Finanzämter mussten sogar Milliardenbeträge an die Konzerne abführen.

Falls jemand nach einer Erklärung sucht, warum die Situation der Kommunen und die Lage für die Menschen in Horten und Altenheimen, in Schulen und Beratungsstellen, in Verkehrsbetrieben, Bibliotheken und Theatern, in Jugendzentren und Krankenhäusern so menschenunwürdig ist, warum die Hetze und die Ausbeutung an den Arbeitsplätzen so unerträglich intensiv geworden ist – hier ist sie. Ein entspanntes Leben ohne Not, mit hochqualifizierter medizinischer Versorgung, guter und auch ökologischer Ernährung, freiem Zugang zu Bildung und Kultur ist nur für die gehobene Mittelschicht und die Bourgeoisie möglich.

8. KAPITEL

Aus dem Wahlversprechen für eine sozial gerechtere Politik wurde die Organisierung einer gesellschaftlichen Katastrophe. So wie in England die Regierung Thatcher (den Rest hat dann die Regierung Blair erledigt) und in den USA die Regierungen Reagan/Bush I, II, III und Clinton dic sozialen Sicherungssysteme zerschlagen haben, erledigte das in der Bundesrepublik Deutschland die Regierung Schröder/Fischer. Die nachfolgenden Regierungen Merkel/Müntefering bzw. Steinmeier und Merkel/Westwelle brauchten nur noch anzuknüpfen.

Während die einen wirklich verarmen, leiden andere Teile der Mittelschicht nur an einer diffusen Angst vor dem Abstieg, und diese Furcht macht sie giftig und aggressiv, vor allem gegenüber denen, die schon abgerutscht oder stigmatisiert sind. Denn auch der *grüne* Untertan tritt lieber nach unten, als sich zu erheben.

Wofür haben die Grünen Teile des Sozialstaats zerstört? Um das deutsche Kapital in der weltweiten Konkurrenz zu stärken, seine Exportfähigkeit, seinen Profit. Dem dient die Verbilligung der Arbeit der Menschen. Sozialkürzungen, Leiharbeit, Billiglöhne, Lockerung des Kündigungsschutzes, gnadenlose Konkurrenz und Leistungsdruck, die Demütigung und die Angst der noch Arbeit habenden vor dem Absturz – alles das senkt die Kosten des Kapitals immer weiter.

Die Armut, die sie schufen, ist der Reichtum derjenigen, von dcrcn Gunstcn dic Grünen heute abhängen. Ihrem neuen Klientel und herrschenden Gruppen – von Siemens übcr RWE, von etlichen Banken bis Bertelsmann – haben sie überwältigende Extra-Profite beschert. Und genau dafür hat die SPD/Grüne-Bundesregierung eine ungeheure Zahl von Menschen ins Elend gestürzt. Aber damit sie für diese Kreise nützlich sein können, müssen sie gewählt werden und möglichst mitregieren, egal mit wem. Ob sie gewählt werden, hängt von ihrer Kunstfertigkeit ab, die ökonomischen Inte-

KRIEG DEN HÜTTEN! FRIEDE DEN PALÄSTEN!

ressen, die an ihnen zerren – sofern sie sich diese noch nicht völlig übergestülpt haben –, vor der Masse der WählerInnen zu verbergen. Es ist ja auch gleichgültig, wie niedrig die Wahlbeteiligung ist, am Ende haben alle Gewählten zusammen hundert Prozent.

Ich bin oft dafür gescholten worden, dass ich den Grünen soviel »Böses« unterstelle. In der Nachbetrachtung muss ich zugeben: Meine Kritik war zu mild. Das Ausmaß, in dem die Grünen sich und ihre Klientel bedient haben und bedienen und manche grüne FunktionärInnen sich bereichern, habe ich unterschätzt.

Angezettelt von hessischen grünen Joseph-Fischer-Vasallen um Tarek Al-Wazir schrieben jüngere Realos 1999 einen offenen Brief an ihre altvorderen Realos.[553] Neben Matthias Berninger, Ekin Deligöz, Katrin Göring-Eckardt, Cem Özdemir, Adil Oyan und Manuela Rottmann unterzeichneten vier Dutzend Grüne ein Grundsatzpapier, dessen Logik sie bei ihrem weiteren Aufstieg in der Partei gefolgt sind.

Der »Muff von 20 alternativen Jahren« sei zu entsorgen, die Mitgliedschaft »teilweise« auszuwechseln, mit den »Geschichten von '68« Schluss zu machen; die Grünen sollten zu »einer Partei« werden »wie andere auch«. Den Partei-FührerInnen sei zu vertrauen: »Wer Kontrolle statt Erfolg zu seinem Credo macht, soll zum Verfassungsschutz gehen«. »Ohne von der Öffentlichkeit respektierte« RepräsentantInnen gehe es nicht, und die Partei müsse »den von ihr gewählten Repräsentanten mehr Vertrauen entgegenbringen«. Das Papier verteidigt explizit Joseph Fischers Rolle beim Jugoslawien-Krieg. Abweichende Meinungen? Nein, denn ohne »das notwendige Mindestmaß an Loyalität gegenüber diesen Personen wird sich der Erfolg nicht wieder einstellen. Partei und Fraktion haben unterschiedliche Rollen, müssen aber nach außen einer erkennbaren Richtung folgen.« Mit dem Gesamtkurs der Partei, die gerade acht Monate rot-

8. KAPITEL

grüne Koalition hinter sich hatte, waren sie zufrieden: »Zumindest uns als zweite Generation interessiert es nicht, wie ihr euren Frieden mit der sozialen Marktwirtschaft gemacht habt. Hauptsache, es ist so. Für uns stellte sich die Systemfrage nur kurz, dann war für uns klar, dass wir Ja zu diesem System sagen, obwohl wir seine Fehler erkennen und beheben wollen«.[554]

Dieses öffentliche Bekenntnis zu Anpassung und Unterwerfung hat sich für die UnterzeichnerInnen gelohnt. Alle sind aufgestiegen. Manche in den Grünen, manche anderswo.

Wir finden grüne FunktionärInnen heute in sogenannten Eliteverbänden und »traditionsreichen Karrierebünden« wie der *Atlantikbrücke*, einem nichtöffentlichen, demokratisch nicht kontrollierten Brückengeflecht zwischen deutschen und US-amerikanischen Kapital-, Staats- und Militärinteressen. Hier eine Auswahl (die Mitgliederliste ist vertraulich) der auf deutscher Seite durch Vorstände, Aufsichtsräte oder Preisträger repräsentierten Banken, Konzerne und Kapitalverbände (in alphabetischer Reihenfolge): Airbus, Allianz SE, Axel-Springer-Verlag, Bayer, Bertelsmann, Daimler, Deutsche Bundesbank, Deutsche Bank, Deutsche Post DHL, EADS, Frankfurter Allgemeine Zeitung, Institut der deutschen Wirtschaft, Roland Berger, RWE, Volkswagen. Diesem Club kann man nicht beitreten, man muss entweder mächtig oder nützlich sein und wird dann eingeladen. CDU, SPD und FDP sind mit »Führungskräften« und mit ihren Stiftungen vertreten, die Grünen mit ihrer Heinrich-Böll-Stiftung.[555]

Auch die Grünen, wer kann das noch leugnen, sind für Kapital, Banken und Militär unbestreitbar *nützlich*. Deshalb durfte der grüne Parteivorsitzende Cem Özdemir, nach dem er in den USA fortgebildet und PR-tauglich gemacht wurde, eines von etwa 500 Mitgliedern der *Atlantikbrücke* werden. Omid Nouripour ist sicherheitspolitischer Sprecher der grü-

KRIEG DEN HÜTTEN! FRIEDE DEN PALÄSTEN!

236 nen Bundestagsfraktion, Mitglied im Verteidigungsaus-
schuss, stellvertretender Koordinator des Arbeitskreises
Internationales und Menschenrechte, stellvertretendes Mitglied im Auswärtigen Ausschuss sowie im Haushaltsaus-
schuss des Bundestages – und auch er ist Mitglied im Vorstand der Atlantikbrücke.[556]

Die Atlantikbrücke verleiht Preise an ihrer Freunde, darunter sind Figuren wie Liz Mohn (Bertelsmann) oder US-
Präsident George W. Bush. Die Laudatio beim Bush-Besuch
2002 hielt übrigens Außenminister Joseph Fischer. *They're
all convinced.*

Viele Mitglieder der Atlantikbrücke sind Musterbeispiele
für den Filz aus Staat, Militär und Kapital.

Die Münchner *Sicherheitskonferenz* 2009 ist eine »private«
Veranstaltung von NATO-Mitgliedern, Staatsvertretern und
Rüstungskonzernen, gegen unsere Transparente und Pfiffe
rabiat »beschützt« von Polizei und Bundeswehr. Grünen-
Parteichef Cem Özdemir, der »Young Leader« (Atlantik-
brücke) *und* »Global Leader of Tomorrow« (World Economic
Forum) sagte dort, dass die Grünen nicht grundsätzlich da-
gegen seien, wenn Barack Obama zunächst einmal mehr
Truppen entsende: »Mehr Soldaten bedeuten nicht unbe-
dingt mehr Krieg«.[557]

Cem Özdemir erfüllt seine Aufträge zur Zufriedenheit der
Auftraggeber. Etwa mit dem »Ausschuss zur behaupteten [!]
Nutzung europäischer Staaten durch die CIA für die Beförderung und das rechtswidrige Festhalten von Gefangenen«.
Die Ausschuss-»Erkenntnisse« wurden so präsentiert, dass
sie die Öffentlichkeit nicht auf die angemessene Idee brachten, sich über die Verbrechen, die ja geschehen waren –
Freiheitsberaubung und Folter – angemessen zu erregen
und Konsequenzen zu fordern.

Im Februar 2008 folgte das Europaparlament einer von
wem auch immer konzipierten und von Özdemir eingebrach-
ten Empfehlung »EU-Strategie in Zentralasien«, in der es um

8. KAPITEL

die rohstoffreichen zentralasiatischen ehemaligen sowjeti- **237**
schen Republiken Kasachstan, Usbekistan, Tadschikistan,
Turkmenistan und Kirgisistan geht. Hier stehen europäische
und US-amerikanische Kapitalinteressen gegen russische,
chinesische, indische, iranische, afghanische und pakistanische Interessen. EU und USA wollen den Zugriff auf diese
Staaten und die Kontrolle. Neben allerlei zweischneidigem
Gerede von Menschenrechten, innerer Sicherheit, Bekämpfung von Drogenhandel und Korruption geht es im Kern um
die Umwandlung dieser zentralasiatischen Republiken – und
dabei geht es zuallerletzt um die Interessen der Menschen,
die dort leben. Als seien sie Hinterhöfe der EU und der USA
wird letztlich die Umgestaltung der asiatischen Republiken
nach kapitalistischem Interesse verlangt: Die Privatisierung
der Staatsbanken und Produktionsanlagen und die Zurich-
tung der Strukturen für den Zugriff europäischen und US-
amerikanischen Kapitals – ging es nicht immer nur darum?
Das EU-Parlament »ermuntert die Staaten der Region, einen
besseren Schutz für ausländische Direktinvestitionen sicher-
zustellen« (Paragraf 16).[558] Die Türkei spielt hierbei als EU-
Kandidat eine besondere Vermittlerrolle. Kommt da nicht ein
voll angepasster »anatolischer Schwabe« (Selbstbezeichnung
Özdemir) gerade recht?

Cem Özdemir, der Mann unter Einfluss, wurde nach seinem »US-Fortbildungsprogramm« von 2002/2003 zum Brief-
träger US-amerikanischer und deutscher Kapitalinteressen
ins Europaparlament und in die grüne Partei. Wir können
sicher sein, dass sich ihn deutsche Medienkonzerne längst
als Minister oder ähnliches ausgesucht haben, jetzt muss
nur noch dafür gesorgt werden, dass die WählerInnen diese
Entscheidung nachvollziehen und dass er nicht mehr so
viele dumme Fehler macht, wie im Hubschrauber zu S 21-
Protesten zu fliegen. Das kommt ganz schlecht an. Aber
wozu gibt es denn PR-Agenturen? Die Aufstiegschancen für
nützliche IdiotInnen sind in diesem Land großartig.

KRIEG DEN HÜTTEN! FRIEDE DEN PALÄSTEN!

238 Wie belohnte die Kapitalseite die Grünen ansonsten für ihre Wirtschafts- und Sozialpolitik? Mit wohlwollender Berichterstattung. Mit Parteispenden. Mit Jobs. Zum Beispiel *Matthias Berninger*: Seine einzige eigene Erfahrung mit Demonstrationen ist die mit KriegsgegnerInnen, die gegen ihn demonstrierten: »Bei mir ging's nur einmal ein bisschen zur Sache. Bei unserem Parteitag zum Kosovokrieg 1999 in Bielefeld musste ich mich durch Autonome in die Halle kämpfen. Da habe ich dann auch geschubst.«[559] Wer sagt denn, dass er ein langweiliges Leben führt! – Berninger: »Wir sind alles andere als technikfeindlich. Wirklich! Ich habe seit Kurzem auch einen Internetanschluss in meinem Dienstwagen.« *Focus*: »Verfolgen Sie dort täglich die Aktienkurse?« Berninger: »Ja, mit einiger Spannung.«[560] So ein unkonventioneller junger Mann musste 2001 einfach Parlamentarischer Staatssekretär unter Verbraucherschutzministerin Renate Künast werden, wo er 2005 nur durch das Angebot wegzulocken war, die Welt zu retten: Heute ist er *Global Head of Public Policy* beim Süßwarenkonzern Mars Inc.[561], weltweit zuständig für »Gesundheit, Ernährung und Nachhaltigkeit«.[562]

Seit Mai 2009 ist die Kriegsbefürworterin *Katrin Göring-Eckardt* – »Unsere Ökoklamotten sind heute vom Designer«[563] – Vorsitzende der elften Synode der Evangelischen Kirche in Deutschland (EKD). Daneben ist die grüne Multifunktionärin Bundestagsabgeordnete, Bundestagsvizepräsidentin und Mitglied so suspekter Organisationen wie der *Internationalen Martin Luther Stiftung*, die »den nationalen und internationalen Diskurs mit Vertretern und Gruppen aus Wirtschaft, Kirche und Politik über die Werte-Orientierung der sozialen Marktwirtschaft fördern« will. Und auch Katrin Göring-Eckardt ist Mitglied der *Atlantikbrücke*. Eine Kriegsbefürworterin als Synoden-Präses – indem wir uns die Grünen ansehen, erfahren wir einiges über die deutsche Gesellschaft.

8. KAPITEL

Zum Beispiel *Andrea Fischer*, früher Trotzkistin, dann **239**
grüne Gesundheitsministerin. »Nein«, sagt sie, meine »Haupt-
gegner als Bundesgesundheitsministerin [waren] vor allem
die Ärzte – nicht die Pharmaindustrie«.[564] Folgerichtig arbeitete Andrea Fischer von 2006 bis 2009 als Abteilungslei-
terin bei der Agentur Pleon und machte Lobbyarbeit für die
Pharmaindustrie, unter anderen für die Bayer AG. Hätten
die Grünen endlich »mehr Leute mit Wirtschaftserfahrung«,
sagte sie, würde das »die teilweise antikapitalistischen Ten-
denzen aufbrechen«.«[565] Heute ist sie »selbstständige Bera-
terin für Unternehmen der Gesundheitswirtschaft«, die Namen ihrer Kunden verrät sie nicht.

Norbert Schellberg ist Kreisvorsitzender des grünen Kreis-
verbandes Berlin-Steglitz-Zehlendorf. Er war Mitglied des
Berliner Abgeordnetenhauses, dann Koordinator beim Bun-
destagsfraktionsvorstand und Verteidiger der unsozialen
Gesundheitsreform im Vermittlungsausschuss des Bundestages. Er muss angenehm aufgefallen sein. Heute arbeitet er
als Lobbyist für den *Verband Forschender Arzneimittelher-
steller e.V.* (vfa), dem größten Interessenverband Pharma-
zeutischer Konzerne in Deutschland, dessen 46 Mitglieder
zwei Drittel des Pharma-Marktes beherrschen. Auf den Vorwurf, er würde auch zur Rüstungsindustrie gehen, erwiderte er: »Wenn wir unsere Jungs schon nach Afghanistan
schicken, dann doch nicht mit schlechtem Gerät.«[566] Im
Bundestagswahlkampf 2009 gab er für den vfa mit der *Gemeinsamen Konferenz Kirche und Entwicklung* (GKKE)
»Handlungsempfehlungen« für die »Gesundheit in Entwick-
lungsländern« heraus.[567]

Alle grünen LobbyistInnen aufzuzählen, ist hier nicht
ausreichend Platz, ein paar noch: *Marianne Tritz*, früher
mal Pressesprecherin der Bürgerinitiative Lüchow-Dannenberg, ehemalige grüne Bundestagsabgeordnete und Referen-
tin des grünen Fraktionschefs Fritz Kuhn, findet es »natürlich«, dass sie im März 2008 Lobbyistin des *Deutschen Ziga-*

KRIEG DEN HÜTTEN! FRIEDE DEN PALÄSTEN!

240   *rettenverbands* (DV) geworden ist. Die Debatte ums Rauchen sei »absolut spannend«. So wie sie gegen das Atommülllager in ihrer Heimat gekämpft habe, so wolle sie diskutieren, dass Raucher ausgegrenzt werden.[568] Eine Branche diskriminiert sie aber doch: »Ein Job für die Kernenergie würde gar nicht gehen.«[569]

Das macht aber nichts, denn ums Atomkapital und sein Wohlergehen kümmern sich andere Grüne. Beispielsweise *Margareta Wolf*, 13 Jahre lang grüne Bundestagsabgeordnete und während der rot-grünen Bundesregierung Staatssekretärin bei Wirtschaftsminister Werner Müller und Umweltminister Jürgen Trittin. Sie sagte 2008: »Schwarz-Grün in Hamburg […] ist eine historische Chance«.[570] Wolf arbeitete als »Senior Adviser« für die Agentur Deekeling Arndt Advisors als Lobbyistin für den *Informationskreis Kernenergie*.[571] 2008 organisierte sie »Gesprächsrunden der Branche mit Journalisten zum Thema: ›Wie können die Energieversorger die Frage der Restlaufzeiten für die AKWs […] wieder zum Thema machen?‹.«[572] Der Job ist erledigt. Wolf ist aus den Grünen ausgetreten und bei Deekeling Arndt geblieben.

Rezzo Schlauch, in jüngeren Jahren Burschenschafter, später grüner Landtagsfraktionsvorsitzender in Baden-Württemberg, Bundestagsfraktionsvorsitzender, grüner OB-Kandidat für Stuttgart, Mittelstandsbeauftragter der rot-grünen Bundesregierung und Staatssekretär im Wirtschaftsministerium unter Bundeswirtschaftsminister Wolfgang Clement (2002–2005).[573] Noch im Amt wurde er Beiratsmitglied von EnBW Energie Baden-Württemberg AG, Betreiber unter anderem der Atomkraftwerke Neckarwestheim und Philippsburg. Ein Jahr später erhielt der Anhänger von schwarz-grün die Verdienstmedaille des Landes Baden-Württemberg.

Joseph Fischer schlägt sie alle. Er ist Gründungsmitglied des *European Council of Foreign Relations* (ECFR), zu dessen

8. KAPITEL

Prinzipien es gehört, Europa als Weltmacht zu stärken und der wachsenden Zahl »weltweiter Herausforderungen« gewachsen zu sein, zu denen natürlich – das gehört in die Abteilung Sonntagspredigt – der »Klimawandel« gehört und die »Armut«, was beides sicher zu den allergrößten Sorgen der *Albright Group* und der Firma *Joschka Fischer & Co.* gehört. Aber auch die Verbreitung von Atomwaffen beschäftigen das Council und die »Welle an gewalttätigem Extremismus«. Viele, die uns das Leben schwer machen, sollen, sagt das Council, noch enger zusammenarbeiten, die Weltbank, der IWF und die WTO zum Beispiel. Die Durchsetzung der Mitgliedschaft der Türkei ist ein Ziel. Die Türkei braucht Fischer für Nabucco, das ist also praktisch. Und »europäische Werte« sollen gestützt werden, welche auch immer das sein sollen, Krieg gehört jedenfalls dazu, denn »if all else fails, a willingness to use military force to stop genocide or avert humanitarian catastrophes, on both the wider European continent and around the world« verbindet die Mitglieder des ECFR. Und morgen die ganze Welt.

2008 holte Madeleine Albright Joschka Fischer als »Senior Strategic Counsel« in ihre Beratungsfirma *The Albright Group LLC*, die die Risiken für die Investitionen ihrer Kund-Innen einschätzt und für sie mit Regierungen verhandelt. Sie macht, einfach gesagt, ihre langjährigen Politikkontakte auf der ganzen Welt im Interesse von Konzernen und Verbänden zu Geld. Gleichzeitig arbeitet sie noch als NATO-Strategin, das hilft gewiss auch bei der Risikoeinschätzung. Oder bei der Risiko*erzeugung* zu Lasten der Konkurrenz. Albrights Gier ist eine Lektion, die Mr. Fischer verstand. Die Dotierung seines Beratervertrags bei Albright ist ein Staatsgeheimnis genau wie die Namen der Kunden von Ms. Albright. 2007 gründete er die Joschka Fischer Consulting, 2009 die Beratungsagentur Joschka Fischer & Co. »Co« steht für Dietmar Huber, der mal grüner Fraktionssprecher (1995–2004) und Fischers Pressesprecher war. Die Firma Joschka

KRIEG DEN HÜTTEN! FRIEDE DEN PALÄSTEN!

Fischer & Co. gehört zur *Albright Stonebridge Group* in Washington, D.C. zu der sie eine »longstanding formal strategic partnership« unterhält.[574]

Vielleicht gibt es ja doch noch eines Tages kritische, recherchierende JournalistInnen, die die Tätigkeiten dieser beiden NATO- und Kapital-Lobbyisten zum Beispiel in Zentralasien genauer untersuchen?

Ab 2009 hatten deutsche Konzerne offensichtlich einen außerordentlichen Beratungsbedarf, und nur einer konnte ihn stillen: Joseph Fischer.

Atomkonzern RWE, Juli 2009: »Der ehemalige Außenminister Deutschlands, Joschka Fischer (61), berät ab sofort die Energieunternehmen OMV Gas & Power, Wien, und RWE Supply & Trading, Essen, in der politischen Kommunikation für das Mehrländerprojekt zum Bau der Gas-Pipeline Nabucco.« Bald darauf verlangte Fischer für seinen Kunden »die volle Unterstützung der EU für die geplante Nabucco-Pipeline. Ein Scheitern der Erdgas-Verbindung aus dem Kaspischen Raum wäre ein ›Desaster‹.«[575] JournalistInnen sagte er: »Ich mache mehr oder weniger das, was ich als deutscher Außenminister auch getan habe.«[576] Das klärt im Nachhinein manches. RWE ist übrigens der Betreiber der Atomkraftwerke Biblis, Emsland und Grundremmingen.

BMW, September 2009: Fischer berät den Münchner BMW-Konzern »bei der Entwicklung einer sogenannten Nachhaltigkeitsstrategie«. Nach Angaben »aus Konzernkreisen« soll Fischer »Ideen und Denkanstöße« geben, wie das Öko-Bewusstsein bei allen Mitarbeitern des Konzerns weiter gestärkt werden kann.[577] Ja, ganz sicher geht es darum.

Die Siemens AG zog im Oktober 2009 zwei dicke Fische an Land: »Die Siemens AG hat den ehemaligen deutschen Außenminister Joschka Fischer und die ehemalige Außenministerin der Vereinigten Staaten von Amerika, Madeleine Albright als Berater in außenpolitischen und unternehmens-

8. KAPITEL

strategischen Fragen gewonnen. Das einzigartige Erfah- **243**
rungsprofil und Netzwerk beider Persönlichkeiten flankiert
die strategische Positionierung des Unternehmens als global
führender Antwortgeber und Lösungsanbieter für die Herausforderungen der Megatrends Globalisierung, Urbanisie-
rung, Klimawandel und Demographischer Wandel.«[578] Ich
habe schon 1987 gesagt, dass Siemens dem hessischen Umweltminister Fischer wegen der Hanauer Atomanlagen sehr
dankbar sein muss.

Und im Juli 2010 gab schließlich auch noch der Lebens-
mittelhandel- und Touristikkonzern REWE Group bekannt,
dass Fischer, der »ausgewiesene Experte für weltweite
Nachhaltigkeitstrends«, ihn bei der Vermarktung von Öko-
lebensmitteln beraten werde.[579]

Als zwei Tagesspiegel-Redakteure Joseph Fischer fragten,
was sich hinter seiner Beratungsfirma verberge und wie viel
Geld man für eine vernünftige Beratung mitbringen müsse,
antwortete der ehemalige Außenminister: »Rechenschaft
schuldig bin ich nur noch dem Finanzamt. Schauen Sie, das
ist der große Gewinn meiner letzten Transformation.«[580]

Die Grünen haben die ökonomische Realität brutalisiert. Sie
haben einer Minderheit geholfen, sich noch enthemmter zu
bereichern. Auf der anderen Seite haben sie noch mehr Ver-
lierInnen geschaffen. Die bundesdeutsche Gesellschaft hat
heute eine tiefere soziale Kluft als vor der grünen Regierungsbeteiligung. Mit einer so dramatischen Reichtumsver-
teilung zugunsten der Bourgeoisie wachsen neue Aufgaben
heran. Eine Partei wie die Grünen, die um jeden Preis mitregieren will, wo immer es geht und gleichgültig, ob mit
CDU oder SPD und manchmal auch der FDP, muss bereit
sein, für Ruhe und Ordnung zu sorgen. Der Reichtum ist zu
schützen.

Manche ältere Grüne erinnern sich noch an die sozialen
Bewegungen, aus denen die Partei stammt, wenn auch die

KRIEG DEN HÜTTEN! FRIEDE DEN PALÄSTEN!

meisten Grünen, die einmal Bewegungen angehört haben, die Partei längst verlassen haben. Manch ein älterer »Realo« prahlt noch manchmal an der Espressobar seiner Villa oder an irgendeiner Theke von den tollen Kämpfen seiner Jugend, als handle es sich um eine Kinderkrankheit. Neuere Mitglieder der Partei wissen dann oft gar nicht, wovon die Rede ist. Sie glauben, mit den Kämpfen der APO, der Anti-AKW-Bewegung der siebziger Jahre, der Unterstützung von Befreiungsbewegungen in Lateinamerika oder Afrika, mit der Anti-Militarismus-Bewegung oder dem Kampf für Emanzipation, mit den wilden Streiks der sechziger Jahre und so weiter sei in grauer Zeit vielleicht so etwas gemeint gewesen wie attac, der Allgemeine Deutsche Fahrrad-Club (ADFC) e.V. oder die Schwulenehe. – Nein, nicht ganz …

Das Ausmaß, in dem die Grünen sich ihrer Geschichte entledigt haben, übertrifft das jeder anderen Partei. Gut, die FDP musste nach dem Zweiten Weltkrieg ihre vielen Nazi-Mitglieder verstecken, aber hat sie gleich ihre Archive zerstört? Allenfalls versteckt. Im hessischen Landesverband der Grünen wurde Mitte der achtziger Jahre, als der Machtwechsel von den Linken zu Realos gelungen war, das Parteiarchiv vernichtet.

Die SPD hat lange Jahrzehnte noch die romantische Erinnerung daran hochgehalten, was sie angeblich einmal war, die Grünen aber möchten am liebsten ihr Gründungsdatum in Hessen auf 1985, das der Bundespartei auf 1990 verlegen.

Wenn heute jemand nach den grünen Ursprüngen fragt, deuten grüne Funktionäre die Parteigeschichte um, sodass sie zur trüben grünen Gegenwart passt. Aus der »sofortigen Stilllegung aller Atomanlagen« wurde die Unterscheidung in gute und böse Castortransporte. Aus »Nie wieder Auschwitz! Nie wieder Krieg!« neue imperialistische Kriege mit Menschenrechtsalibi. Aus »offenen Grenzen« die Selektion

8. KAPITEL

von Einwanderern nach ihrer ökonomischen Nützlichkeit, **245**
aus linkem Feminismus *Gender Mainstream* und Förderpro-
gramme für Bürgersfrauen und schließlich aus der Erkenntnis, dass der Kapitalismus Mensch und Natur gleicherma-
ßen zerstört, der *Green New Deal*, der doch nur ein grüner
Deal der sozialen Ungleichheit und der naturzerstörerischen
Umwelttechnokratie ist.

Aber niemand soll glauben, dass die Grünen aus ihrer Vergangenheit überhaupt nichts gelernt hätten. In einigem sind
sie richtig gut: Sie wissen aus eigener Praxis, wie man sich
unterwirft, und daher, wie man andere kleinmacht. Am eigenen Leib haben sie Sozialtechniken erlitten, die ihre Wi-
derstandsbereitschaft zermürbten und ihre Subversivität
davonspülten. Ein ganzes Bündel solcher Techniken haben
sie heute selbst im Repertoire, wenn es darum geht, junge
SympathisantInnen auf Linie zu bringen, Aufmüpfigkeiten
in den eigenen Reihen zu deckeln: Zuckerbrot und Peitsche,
Aufstiegsmöglichkeiten und Ausgrenzung.

Auch mit esoterischen Verwirr- und Befriedungstechniken kennen sie sich bestens aus, stehen doch viele Grüne
der einen oder anderen Strömung des Irrationalismus nah.
Und sie besitzen ganze Lagerhallen voller runder Tische.

Aber all so etwas funktioniert, wenn es denn funktioniert, nur für die Angehörigen des Mittelstands, falls sie auf
dumme, weil oppositionelle Gedanken kommen. Menschen
aus dem Proletariat und der Unterschicht erreichen die Grünen nicht. Denen haben sie spätestens in sieben Regierungsjahren gezeigt, wer sie wirklich sind. *Soziale* Revolten »von
unten« könnten die Grünen nicht befrieden.

Ihre Kompetenz zielt vor allem auf die Spaltung der öko-
logisch interessierten Mittelschicht, wie die Grünen es beim
Castor und beim Streit um Stuttgart 21 versucht haben.
Diese umweltbewusste Mittelschicht hat, was die soziale
Frage angeht, ein höchst widersprüchliches Bewusstsein.

KRIEG DEN HÜTTEN! FRIEDE DEN PALÄSTEN!

Diese seltsame und künstliche Trennung der ökologischen von der sozialen Frage hat auch damit zu tun, dass die ökologische Frage nicht per se »links« ist. Ich habe in einigen meiner Bücher gezeigt, dass die Ökologie in Deutschland auch eine rechte, völkische, erbbiologische Wurzel hat.[581]

Linke ökologische Politik bedeutete ursprünglich auch, den Arbeitsbedingungen der Menschen an die Wurzel zu gehen. Aber nirgendwo mehr stecken irgendwelche Grünen ihre Nasen in chemische Betriebe, nirgendwo mehr sind sie interessiert an der konkreten Lebensrealität von Menschen, die an gefährlichen, ungesunden, kaputtmachenden Arbeitsplätzen schuften und deren Leben die Grünen noch ein ganzes Stück unerträglicher gemacht haben.

Ein Teil des grünen Bürgertums ist sozial aufgeschlossen; auch wenn es ihm selbst materiell nicht schlecht geht, möchte es nicht, dass andere leiden. Wieder andere grüne BürgerInnen aber wollen ihren Vorteil aus der desolaten Lage anderer ziehen und halten die Grünen für ein brauchbares Vehikel. Die Grünen haben sich weitergebildet: Gelernt haben ihre »Oberen« – und da sind sie klassisches Besitzbürgertum geworden –, wie man Menschen bricht und befriedet: indem man ihnen die Existenzgrundlage nimmt oder sie wenigstens zu nehmen droht. Massenarmut und Arbeitslosigkeit machen den noch Arbeit Habenden Angst, sie disziplinieren sie, machen sie williger und als Personal, ob im Betrieb oder im Haushalt, für das neue »alternative« Bürgertum billiger.

Auch all das können die Grünen besser als die FDP durchsetzen, der nicht einmal ein trügerisches alternatives Image anhaftet.

Wir konnten in der Anti-AKW-Bewegung der Siebziger, und nicht nur dort, gut unterscheiden zwischen Sachbe-

8. KAPITEL

schädigung – also dem Durchtrennen eines Zauns für eine **247**
Platzbesetzung beispielsweise –, und der Verletzung von
Menschen. Heute soll ein repressives Verständnis von Gewaltfreiheit, in dem Sachbeschädigung und menschenver-
letzende Gewalt *gleich*gesetzt werden, sozialen Bewegungen
die Zähne ziehen. Den Widerstandswillen von Menschen
brechen die Grünen durch die Predigt von der bedingungs-
losen dogmatischen Gewaltlosigkeit. Das ist ein Akt der Entwaffnung. In grüner Terminologie gibt es heute nicht einmal
mehr so etwas wie ein *aktives Notwehrrecht* gegen lebens-
feindliche Anschläge des Staates oder des Kapitals. Aber
Lichterketten helfen nicht gegen Hartz IV.

Die *Bild*-Zeitung hat ein »Herz für Kinder«, die Grünen haben irgendwie auch ein »Herz für Arme«. Offen brutal werden sie erst werden, wenn das Befrieden, das Lächerlichma-
chen, das Schmähen, das Disziplinieren und Spalten nichts
mehr nützt. Für diesen Fall haben die Grünen in den Jahren
ihrer Regierung Gesetze vorbereitet, die demokratische
Rechte einschränken und angeblich nur gegen den »Terror«
eingesetzt werden sollen. Sind in Deutschland jemals Gesetze ähnlichen Charakters gegen Rechte eingesetzt worden?

   Wobei man sich leicht vorstellen kann, was für ein Schrecken, *Terreur*, Terror, es sein wird, wenn die an den Rand
gedrängten, die nicht mehr Teilhabenden, die Marginalisier-
ten, die chancenlos Gemachten ihre Wut offen und laut arti-
kulieren. Dann werden Privilegien und Eigentum mit Zähnen
und Klauen verteidigt werden. Es ist seltsam und in alten
imperialen Großreichen wie Großbritannien nicht anders als
in der Bundesrepublik Deutschland, dass die Bourgeoisie
sich wirklich einzubilden scheint, all die Demütigungen, die
Schmerzen, die Zerschlagung von Glück und Perspektiven
bewirkten keinen Hass. Sind sie blind und taub?

KRIEG DEN HÜTTEN! FRIEDE DEN PALÄSTEN!

248 Und weil all die Befriedungstechniken auf Dauer und bei anschwellenden sozialen Problemen vielleicht nicht funktionieren, braucht es mehr Repression und Überwachung.

Die Grünen haben von 1998 bis 2005 sämtliche Anti-Terror-Gesetze des Innenministers Otto Schily (SPD) unterstützt und mit beschlossen. Dazu gehörten die Aufhebung der Trennung von Polizei und Geheimdiensten, ein Gebot, das die Alliierten vor dem Hintergrund der Gestapo-Historie verordnet hatten, das Luftsicherheitsgesetz, das Gesetz zur Beschränkung des Brief-, Post- und Fernmeldegeheimnisses sowie die Anti-Terror-Gesetzespakete I und II in den Jahren 2001 und 2002.

Die Grünen tasteten das »Terrorismusbekämpfungsgesetz« nicht an; nicht die Erweiterung der Befugnisse von Bundesnachrichtendienst, Verfassungsschutz und Bundeskriminalamt (BKA), nicht die Verschärfungen im Ausländerrecht. »Der Gesetzestext wurde in Windeseile verfasst.« 17 Gesetzesänderungen, »eine Demontage des Rechtsstaats« (Republikanischer Anwaltsverein), 700 Millionen D-Mark, 2320 neue Stellen im »Sicherheitsapparat«. Die *Law-and-Order*-Fraktion war glücklich.[582]

Die Grünen hatten gar nicht laut widersprochen, nur hier und dort ein bisschen gemäkelt. Sie änderten praktisch nichts, behaupteten dann aber, dass Gesetzespaket sei am Ende »ausgewogen« gewesen und wahre die Balance zwischen Freiheit und Sicherheit. Aber die Ausweitung der Kompetenzen des Bundeskriminalamts blieb unverändert im Gesetz. Das BKA durfte, auch dank der Grünen, Daten von Unschuldigen sammeln und sich weiter zur Bundespolizei entwickeln. Die Geheimdienste durften jetzt bei Post, Banken und Luftverkehrsunternehmen Auskünfte über Verdächtige einholen; Einbeziehung von Sozialdaten in die polizeiliche Rasterfahndung, Online-Zugriffe auf alle Daten des Ausländerzentralregisters, neue Ausweisungsgründe gegen Flüchtlinge und MigrantInnen. Die *Deutsche Vereini-*

8. KAPITEL

gung für den Datenschutz nannte Schilys Paket eine »Grundsteinlegung für den Geheimdienststaat«.[583]

Als die CDU/SPD-Regierung später die rot-grünen Vorlagen weiterführte, traf man einige Grüne plötzlich wieder auf Demonstrationen gegen Demokratiezerstörung. Bei der Demonstration »Freiheit statt Angst« am 12. September 2009 trat Claudia Roth auf. Von Journalisten sachlich auf diesen Widerspruch angesprochen, wurde sie sauer, unterbrach das Interview, fuhr dann aber fort: »Es gibt Gesetze wie zum Beispiel die Rasterfahndung, gegen die wir deutlich waren, aber weder in der Bundesregierung noch im Bundestag noch in der Opposition« habe »damals irgendjemand die Stimme erhoben [...]. Dann haben wir wenigstens erreichen können, dass Gesetze befristet worden sind. Also ich sage, das war [...] ganz sicher in manchen Punkten für mich ein zu weit gehender Bürgerrechtseingriff. Aber wir hatten die Verabredung, dass nach zwei Jahren überprüft wird. [...] Und das erste, was die [nächste] Bundesregierung getan hat, war, sämtliche [...] Befristungsregelungen aufzuheben, das heißt, es wird nicht mehr überprüft, das sogenannte Sicherheitspaket, was durchgesetzt worden war.«

Dachte sie, die Grünen sind auf ewig gewählt? Also wieder eine Steilvorlage für eine Art Laufzeitverlängerung.[584] Die Grünen waren erfolgreich mit der Verfestigung eines Polizeistaats auf Abruf.

Damit die sozialen Gegensätze nicht zu Aufständen führen, lagert Deutschland seine Krisen so weit es immer geht in andere Teile Europas und der Welt aus. Und sorgt dafür, dass die Wahrnehmung sozialer Probleme und die Fähigkeit zur kritischen Reflektion im eigenen Land schwindet (und durch Billigstkonsum und »Unterschichtenfernsehen« verschwunden gemacht wird), obwohl sich die Lage so ungemein vieler Menschen verschlechtert hat. Eine Weltwirt-

KRIEG DEN HÜTTEN! FRIEDE DEN PALÄSTEN!

schaftskrise scheint vorbei zu sein, und die Reaktion ist oft zynisch: Wer davongekommen ist, konsumiert mit neuem Schwung und hat noch weniger Verständnis für andere soziale Lagen und die Opfer dieses »Aufschwungs«.

Vorbei ist die Weltwirtschaftskrise aber nur für das deutsche Kapital, das seine Chance genutzt hat, sich an Staatsknete zu bedienen, ein paar Konkurrenten loszuwerden, Arbeit zu verbilligen und sich neue Märkte unter den Nagel zu reißen.

Auf Arme und Teile der Mittelschicht kommen die Folgewellen der Krise erst noch zu, verschärft durch die Befehle zur Verarmung öffentlicher Haushalte unter dem Namen »Schuldenbremse«: harte soziale Streichungen, Verfall öffentlicher Einrichtungen (nicht nur die S-Bahn in Berlin) und kultureller Stätten. Ein Niedergang in den kommenden Jahren für alle, die das soziale Netz in der einen oder anderen Form brauchen. Und niemand bremst das Kapital, das sich das Land und die Welt unterwirft. Der Kapitalismus hat keine Krise, er ist die Krise.

Eine zunehmende Fraktion der Grünen und ihrer WählerInnen ist »ökologisch sensibel« unter Ausschluss jeder Sensibilität für die Opfer rot-grüner Sozialpolitik. Ständig mit Hartz-IV-EmpfängerInnen konfrontiert zu werden, macht einfach schlechte Laune. Die sollen sich bei der Tafel anstellen, sich zusammenreißen, sich weiterbilden, nicht jammern, ihre Kinder gefälligst gesund ernähren.

In einer Talkshow sagte Claudia Roth: »Die Grünen und grünes Klientel sind die am besten ausgebildeten Menschen, die den höchsten Bildungsstand haben, und dann ist es auch logisch, dass sie mit so 'ner Voraussetzung auch gute Jobs kriegen.«

Hajo Schumacher: »Kennen sie persönlich Arbeitslose?«

Claudia Roth: »Ja, natürlich. Ich kenne Leute, die manchmal wirklich nicht wissen, wie sie an Monatsmitte noch bis

8. KAPITEL

zum Ende kommen …«" Hans-Hermann Tiedje fragt, ob sie nachvollziehen kann, dass es Menschen gibt, die sich dann erst recht keine Bio-Lebensmittel leisten können. Claudia Roth antwortete schnippisch: »Aber die können sich dann auch nix anderes leisten!« (2009)[585]

Der Rassismus des verrohenden Bürgertums wird offener und aggressiver, und wie immer in der deutschen Geschichte bleibt er vollkommen aufklärungsresistent. Seltsam pflichtgemäß und leidenschaftslos reagierten die Grünen auf die abscheulichste Diskussion des Jahres 2010, die um Thilo Sarrazin.

Es ist kein Haarriss mehr, der zwischen den Erkenntniswelten liegt, es ist eine Schlucht. Die Grünen, soweit das festgestellt werden kann, gehören verschiedenen Fraktionen dieser Mittelschicht an. Genauere Untersuchungen über die soziale Zusammensetzung der *grünen Mittelschicht* gibt es nicht. Es gibt verarmende Grüne, ob die dauerhaft bei ihrer Partei bleiben, darf bezweifelt werden. Andererseits bietet eine Partei, die gerade in Mode ist und einen großen Zulauf hat, natürlich in einem Sieben-Wahlen-Jahr (2011) auch vielfältige Job- und Aufstiegschancen. Kaum eingetreten, ist manch eine/r schon GeschäftsführerIn oder im Parlament.

Die bundesdeutsche Gesellschaft wurde durch die siebenjährige Politik der SPD/Grünen-Bundesregierung nachhaltig gespalten. Rot-Grün-Gläubige[586] sahen in den späten Achtzigern keine Rechtswende bei den Grünen, sie hielten noch in den Neunzigern SPD/Grüne-Regierungen tatsächlich für ein linkes Modell. Obwohl doch schon längst offenlag, wohin die Reise der Grünen ging. ReformistInnen schauten weg, als es 1998 präzise Hinweise darauf gab, dass es mit ihrer kommenden Wunschregierung Krieg geben würde.

Was haben diese Rot-Grün-DogmatikerInnen aus sieben rot-grünen Jahren gelernt? Offensichtlich nichts. Heute

KRIEG DEN HÜTTEN! FRIEDE DEN PALÄSTEN!

müssen sie die CDU/FDP-Regierung wieder finsterer malen, als sie ohnehin ist, um ihre reformistische Lebenslüge vom kleinstmöglichen Übelchen wenigstens ein bisschen schimmern zu lassen. Gesellschaftlichen Entwicklungen laufen sie, verwirrt von falschen akademischen Debatten, hinterher und bekommen sie oft nur auf der Ebene der Erscheinung zu fassen, durchdringen aber ihre Bedeutung nicht. Sie rennen einer rot-[rot]-grünen Lebenslüge nach, während die soziale und ökonomische gesellschaftliche Entwicklung sie überrollt, die sie zugleich befördern.

Seit der Auflösung der Sowjetunion und der »Wiedervereinigung« walzt ein Rollback durchs Land, das alle gesellschaftlichen Bereiche durchdringt, auch Köpfe. Immense Erfolge dieses neokonservativen Rollbacks waren der Jugoslawien-Krieg, die Fortsetzung des Atomprogramms und die Zerschlagung des Sozialstaats bei gleichzeitig berauschender Bereicherung der Vermögenden und Wohlhabenden. Für das alles war und ist Rot-Grün verantwortlich. Die Grünen wie auch die Sozialdemokraten sind ein personaler, ideologischer und politisch-praktischer Teil des neokonservativen Rollbacks. Natürlich wird es weiter auch SPD-Grüne-Regierungen geben. Und wenn die CDU keine allzu großen Fehler macht, könnte sie 2013 in der Situation sein, die Grünen als Nachfolgerin der FDP in ihre Regierungsarme zu schließen. Reif dafür sind beide.

Diese Entwicklung hat dramatische Folgen für die Menschen, die mit Mühe über die Runden kommen. Es ist angenehm, sich manchmal auch auf die empirischen Ergebnisse einer klug angelegten Untersuchung beziehen zu können. Das *Institut für interdisziplinäre Konflikt- und Gewaltforschung* (IKG) an der Universität Bielefeld erforscht unter Leitung von Professor Wilhelm Heitmeyer zehn Jahre lang *Gruppenbezogene Menschenfeindlichkeit* (GMF-Survey 2002–2012).[587]

Die Forschungsergebnisse werden jährlich veröffentlicht.[588] Zu den Erkenntnissen gehörte 2010, dass immer

8. KAPITEL

mehr Menschen, verschärft durch die Weltwirtschaftskrise, gereizt und aggressiv auf ihre Mitmenschen reagieren. Das allein wäre noch nichts Überraschendes. Erschreckend ist, dass vor allem das besserverdienende Bürgertum sozial verächtlich reagiert. Vor allem in diesen besitzbürgerlichen Kreisen schwoll in den letzten Jahren elitäres, islamophobes und rechtspopulistisches Gedankengut an. Die Daten wurden übrigens *vor* der Sarrazin-Diskussion erhoben und ausgewertet. Ausgerechnet diese Besserverdienenden (Einkommen ab 2598 Euro Haushaltsnettoeinkommen pro Kopf, umgerechnet und gewichtet nach Anzahl der Personen im Haushalt) glauben sich ungerecht behandelt und fühlen sich durch die Krise überproportional bedroht. Immer häufiger bestreiten sie den sozial Schwachen, Arbeitslosen und Obdachlosen das Recht auf staatliche Unterstützung. Immer verächtlicher schauen sie auf sie herab.

Nicht alle grünen BesitzbürgerInnen werden offen aggressiv, es geht auch subtiler. Bei den Grünen ist es sehr verbreitet, die soziale Frage einfach nicht zu thematisieren und die Betroffenen aus der öffentlichen Wahrnehmung und Diskussion auszuschließen, sie zu vergessen, in der Annahme, dass die Opfer zu schwach und zu schlecht organisiert sind, um sich zu wehren. Auch daran sind sie dann »selbst schuld«. Eine alte deutsche Diskussion findet einen neuen, mit viel Öko-Kompost angereicherten Nährboden. Ist es nicht konsequent, wenn »wir alle« für »Eigenverantwortung« und »Selbstbestimmung« sind, dass auch beim Tod unproduktiver Menschen nachgeholfen werden sollte? Und ist es nicht auch ganz folgerichtig, wenn nun auch mehr und mehr Grüne dafür sind, per Präimplantationsdiagnostik (PID) möglichst erfolgversprechenden Nachwuchs zu selektieren?

Aber zurück zur Bielefelder Untersuchung: Diejenigen, die sich für »LeistungsträgerInnen« halten, meist von Leistungen, die nie inhaltlich qualifiziert und nach ihrem gesell-

KRIEG DEN HÜTTEN! FRIEDE DEN PALÄSTEN!

schaftlichen Nutzen bewertet werden, sind – sagen die ForscherInnen – fremdenfeindlicher und eher bereit, Langzeitarbeitslosen und Obdachlosen mangelnde »Leistungsbereitschaft und -fähigkeit« zu unterstellen. Nicht nur in den Reden der grünen Abgeordneten zu den Hartz-IV-Gesetzen findet man dafür Beispiele (Thea Dückert bei der Hartz-IV-Debatte: Arbeitslose müsse man »fördern und fordern«). Menschen mit niedrigerem Einkommen verhalten sich solidarischer als solche mit höherem.

Es verbreitet sich in diesen besserverdienenden Kreisen ein autoritärer Sinn von »Gerechtigkeit«, der zum Dank für die formal gleiche Verteilung knapper Güter (besser: knapp *gemachter* Güter) Wohlverhalten und Unterwürfigkeit verlangt und der nicht mehr auf die tatsächliche Ungleichheit und besondere Förderungswürdigkeit sozial besonders schwacher Menschengruppen eingeht. Die Bielefelder WissenschaftlerInnen nennen dies »Law-and-Order-Einstellung«.

Um es auf den Punkt zu bringen: In Deutschland verroht das Bürgertum nun offen und ohne »liberale« Verkleidung. Es ist ja längst vollends gleichgültig, was mit Opfern deutscher Wirtschaftspolitik irgendwo in der Welt geschieht. Es kümmert den Besitzbürger und die Besitzbürgerin auch nicht, unter welchen Bedingungen Konsumgüter in chinesischen Sonderwirtschaftszonen hergestellt werden. Es ist egal, wie viele afrikanische Kinder durch deutschen Giftmüll sterben und wie viele Menschen bedroht von deutschen Frontex-Soldaten im Mittelmeer ertrinken oder hinter Stacheldraht ihr Leben fristen oder in Diktaturen, die das deutsche Kapital schätzt.

Ich erinnere mich an meine Zeit in Detroit Anfang der siebziger Jahre, als Psychologen vergeblich herausfinden wollten, warum die weiße Mittelschicht die schwarze Armut im benachbarten Stadtbezirk, bloß getrennt durch eine Straße, nicht »sah«. Und nun ist es eben auch egal, wie es den Armen in Deutschland, in der eigenen Stadt, in der Straße um die Ecke geht. Das muss man doch endlich mal offen aussprechen dürfen …

Das deutsche Bürgertum verroht, seine Einstellungen vergiften die Gesellschaft. Sein Interesse ist die Besitzstandswahrung, die militante Verteidigung und der Ausbau von Vermögen, Privilegien und Vorrechten. In wellenartigen, beinahe gleichgeschalteten Kampagnen überfluten die Botschafter dieses aggressiven Bürgertums mithilfe der Massenmedien das Land mit der immer brutaleren Botschaft: Du bist nutzlos. Wer unten ist, trägt selbst Schuld daran. Ist wertlos. Solidargemeinschaft – wofür? Begleitende kritische Diskussionen wohlmeinender BildungsbürgerInnen? Überflüssig. Demokratie? Soziale Verantwortung? Die bürgerliche Moral war stets labil, jetzt ist sie ganz weg.

Soziale Ungleichheit macht diejenigen, die an ihrer Verschärfung mitarbeiten und von ihr profitieren, bösartig. Sie enthemmen sich, die Maske fällt. Und sie fällt exakt in den Milieus, in denen sich die Grünen heute verorten: in der »Mitte« und »links der Mitte«. Wie weit rechts das immer sein mag. Die Grünen sind ein ganz spezieller Motor des neokonservativen Rollbacks.

KRIEG DEN HÜTTEN! FRIEDE DEN PALÄSTEN!

ANMERKUNGEN

1 Jürgen Trittin interviewt in: *Berlin direkt*, ZDF, 28.1.2001, Ausschnitt gezeigt in: »Deutschland 21 – Land der Schlichter und Stänkerer?«, *Hart aber fair*, ARD, 1.12.2010.

2 Bundesumweltminister Jürgen Trittin, Aktuelle Stunde des Bundestages, 29.3.2001, Plenarprotokoll 14. WP, 161. Sitzung, S. 15 722.

3 »Extra 3 – Das Satiremagazin mit Tobias Schlegl«, 3sat, 8.11.2010.

4 Jens Schneider: »Die Posaunen von Gorleben«, in: *Süddeutsche Zeitung* v. 8.11.2010.

5 Reimar Paul: »Grüne feiern ›Schulterschluss‹«, in: *junge Welt* v. 27.4.2010.

6 Felix Dachsel: »Der Glamour-Traktor«, in: *die tageszeitung* v. 8.11.2010.

7 Bundesumweltminister Jürgen Trittin, Brief an die niedersächsischen Kreisverbände der Grünen v. 28.1.2001.

8 Trittin, Brief, a. a. O.; siehe auch: Stephan Löwenstein: »Mit dem Hintern wieder fest auf der Straße«, in: *Frankfurter Allgemeine Zeitung* v. 11.11.2010.

9 »Trittin warnt vor Demonstrationen gegen Castor«, *FAZ.net* v. 31.1.2001, http://fazarchiv.faz.net, aufgerufen am 3.11.2010.

10 Ebd.

11 Claudia Roth, interviewt in: *Berlin direkt*, ZDF, 28.1.2001; *Die Welt* v. 20.2.2001.

12 Daniel Brössler: »Die Grünen gehen wieder auf die Straße«, in: *Süddeutsche Zeitung* v. 8./9.11.2008.

13 *Elbe-Jeetzel-Zeitung* v. 11.7.1998.

14 Cem Özdemir und Claudia Roth, interviewt von Roman Eichinger und Angelika Hellemann, in: *Bild online* v. 7.11.2010.

15 *Neue Presse Hannover* v. 7.2.2000.

16 Harald Biskup: »Ex-Grün gegen Grün«, 16.2.2001, http://www.castor.de/presse/sonst/2001/xxx1602.html, aufgerufen am 31.2.2010.

17 »10.000 Atomkraftgegner protestieren«, *Spiegel online* v. 25.3.2001.

18 »Schily und Trittin loben Polizei«, *Spiegel online* v. 29.3.2001.

19 Bundesumweltminister Jürgen Trittin, Aktuelle Stunde des Bundestages, a. a. O., S. 15 721 f.

20 Ute Scheub: »Grün ist der Polizeistaat«, in: *die tageszeitung* v. 9.4.2001.

21 Ebd.

22 Zit. nach: Martin Lemke, Redebeitrag, Auftaktkundgebung in Dannenberg am 6.11.2010, unveröffentlichtes Manuskript.

23 Zit. nach: ntv v. 8.11.2010.

24 Maybrit Illner hält Claudia Roth ein Zitat vor, dem Roth nicht widerspricht. In: *Maybrit Illner*: »Die Rückkehr der Atomkrieger«, ZDF v. 11.11.2010.

25 Ebd.

26 Zit. nach: Carl Melchers: »Ein bißchen Ausnahmezustand«, in: *Jungle World* v. 11.11.2010

27 Vgl.: Martin Lemke, a. a. O.

28 Der niedersächsische Innenminister Uwe Schünemann in seiner Regierungserklärung v. 10.11.2010.

29 Ebd.

30 Weitere Infos siehe: http://www.castor-schottern.org/.

31 *Bild online* v. 7.11.2010.

32 Ebd.

33 »Das gewalttätigste Vorgehen in zehn Jahren«, Bericht des Ermittlungsausschusses Wendland v. 11.11.2010, Quelle: http://de.indymedia.org/2010/11/294228.shtml; aufgerufen am 2.12.2010.

34 Jens Schneider: »Streckenweise gefährlich«, in: *Süddeutsche Zeitung* v. 5.11.2010.

35 Lisa Caspari: »Urgrüne Themen und ein BMW-Schlüssel«, auf: www.zeit.de v. 20.11.2010.

36 Jens Schneider: »Castor-Proteste zermürben die Polizei«, in: *Süddeutsche Zeitung* v. 9.11.2010.

37 Rebecca Harms zit. nach: Peter Unfried: »Die Rebellion der Bürger«, in: *die tageszeitung* v. 8.11.2010.

38 Der Sprecher des Bundesinnenministeriums, lt. *Frankfurter Rundschau* v. 29.10.2010.

39 Ulla Jelpke, Bundestagsabgeordnete der Linkspartei, Pressemitteilung v. 1.12.2010, http://www.ulla-jelpke.de/news_detail.php?newsid =1778, aufgerufen am 31.12.2010.

40 *Elbe-Jeetzel-Zeitung* v. 6.11.2010.

41 Zit. nach: Carl Melchers, a. a. O.

42 *Heute*, ZDF, 6.11.2010.

43 Claudia Roth in: *Maybrit Illner*, a. a. O.

44 »Todesfälle nach Pfefferspray-Einsatz«, *Spiegel online* v. 26.12.2009, http://www.spiegel.de/panorama/justiz/0,1518,668996,00.html, aufgerufen am 17.11.2010; Markus Bernhardt: »Minister ignoriert Gefahr«, in: *junge Welt* v. 21./22.8.2010.

45 Durch die Antwort auf eine Kleine Anfrage von Ulla Jelpke, a. a. O.

46 Vgl. u. a.: Pressemitteilung des Bundesinnenministeriums v. 15.12.2010, http://www.bundestag.de/presse/hib/2010_12/2010_411/03.html, aufgerufen am 15.12.2010.

47 *Der Tagesspiegel* v. 8.11.2010.

ANMERKUNGEN

48 Faltplakat von Bündnis 90/Die Grünen, verteilt auf der Anti-Castor-Demonstration am 6.11.2010 bei Dannenberg.

49 Ebd.

50 Zit. nach: Jens König/Axel Vornbäumen: »Die grüne Welle«, in: *stern* v. 30.9.2010.

51 Ebd.

52 Alle folgenden Umfrageergebnisse, sofern nicht anders angegeben, lt. Infratest dimap, einzusehen jeweils unter »Sonntagsfrage« auf http://www.wahlrecht.de.

53 Laut Forschungsgruppe Wahlen v. 1.12.2010.

54 19 Prozent lt. Infratest dimap v. 13.12.2010.

55 Lt. Infratest dimap v. 2.12.2010.

56 Lt. Infratest dimap v. 9.12.2010.

57 Umfrage der Forschungsgruppe Wahlen im Auftrag der *Frankfurter Allgemeine Zeitung* und des Radiosenders FFH, zit. nach: *Frankfurter Rundschau* v. 13./14.11.2010; *Frankfurter Allgemeine Zeitung* v. 13.11.2010.

58 Neueste Zahl: Konkret Marktforschung v. 22.12.2010.

59 Lt. Infratest dimap am 9.12.2009 und am 27.10.2009.

60 Michael Lühmann: »Die Grünen feiern einen paradoxen Erfolg«, in: *Die Zeit* v. 23.9.2010.

61 König/Vornbäumen: »Die grüne Welle«, a. a. O.

62 Ebd.

63 Florian Gathmann: »Das grüne Wunder«, *Spiegel online* v. 20.2.2010.

64 *Welt online* v. 2.1.2011.

65 König/Vornbäumen: »Die grüne Welle«, a. a. O.

66 Lt. *Frankfurter Allgemeine Zeitung* v. 8.11.2010.

67 Constanze von Bullion: »Die Eingeborene«, in: *Süddeutsche Zeitung* v. 5.11.2010.

68 Bullion: »Die Eingeborene«, a. a. O.

69 Ebd.

70 Uwe Rada: »Das Ende der Anarchie«, in: *die tageszeitung* v. 13./14.11.2010.

71 Ebd.

72 Vgl.: http://www.renate-kuenast.de/renate-kuenast/lebenslauf/, aufgerufen: 2.1.2011.

73 »Berlin ist ein Leuchtturm«, Renate Künast interviewt von Steven Geyer, in: *Frankfurter Rundschau* v. 11.11.2010.

74 Stefan Alberti: »Grün lobt Schwarz«, in: *die tageszeitung* v. 26.11.2009.

75 Stefan Alberti: »Renate Künast setzt auf Sieg«, in: *die tageszeitung* v. 8.11.2010.

76 Sabine Beikler/Cordula Eubel/Stephan Haselberger: »CDU und Linke buhlen um Künast«, in: *Der Tagesspiegel* (Sonntag) v. 7.11.2010.

77 Gilbert Schomaker: »Künast droht erster Ärger von den S-Bahnern«, in: *Berliner Morgenpost* v. 7.11.2010.

ANMERKUNGEN

78 Infratest dimap v. 8.12.2010: 27 Prozent; Forsa v. 18.12.2010: 25 Prozent; Forsa v. 15.1.2011: 24 Prozent.

79 Susanne Vieth-Entus: »Schlechte Noten für Künast«, in: *Der Tagesspiegel* v. 15.11.2010.

80 Uwe Rada/Gereon Asmuth: »Nichts als Populismus?«, in: *die tageszeitung* v. 8.12.2010; Robert Leicht: »Flieg, Engelchen, flieg«, in: *Der Tagesspiegel* v. 20.12.2010.

81 »Künast beharrt auf Tempo 30 in Berlin«, in: *B.Z.* v. 27.12.2010.

82 Stefan Alberti: »Renate Künast setzt auf Sieg«, a.a.O.

83 Ebd.

84 Constanze von Bullion: »Künast will Berlin regieren«, in: *Süddeutsche Zeitung* v. 8.11.2010.

85 »Berlin ist ein Leuchtturm«, a.a.O.

86 Zit. nach: Stefan Alberti: »Renate Künast setzt auf Sieg«, a.a.O.

87 Ebd.

88 Bullion: »Die Eingeborene«, a.a.O.

89 Ebd.

90 Ebd.

91 Ebd.

92 stern-RTL-Wahltrend, in: *stern* v. 4.11.2010.

93 Ingolfur Blühdorn interviewt von Markus Schulz: »»Es ist ein Projekt««, in: *die tageszeitung* v. 8.11.2010.

94 Ingolfur Blühdorn, a.a.O.

95 Thorsten Denkler: »Modell Künast: Die Stunde der Grünen«, in: *Süddeutsche Zeitung* v. 8.11.2010.

96 Ingolfur Blühdorn, a.a.O.

97 Auf dem CDU-Konvent in Karlsruhe 15./16.11.2010. Zit. nach: Sebastian Fischer/Philipp Wittrock: »CDU vs. Grüne: Merkels geliebter Feind«, *Spiegel online* v. 16.11.2010.

98 Robin Alexander: »Angela Merkel prügelt böse auf die Grünen ein«, *Welt online* v. 24.11.2010; *Spiegel online* v. 24.11.2010.

99 Die SPD erhielt 40,9 Prozent (1994: 36,4 Prozent), Bündnis 90/Die Grünen 6,7 Prozent (1994: 7,3 Prozent). Die alte Regierungskoalition aus CDU/CSU und FDP blieb mit 35,1 Prozent (1994: 41,5) bzw. 6,2 Prozent (1994: 6,9) abgeschlagen. Die PDS, die heutige Linkspartei, sicherte mit 5,1 Prozent ihre Existenz (1994: 4,4 Prozent).

100 Reinhard Mohr: »Erschrocken über den Erfolg«, in: *Der Spiegel* 42/1998.

101 Gunter Hofmann: »Ein Kulturbruch, mit links«, in: *Die Zeit* v. 1.10.1998.

102 Joachim Fritz-Vannahme: »Illusionslos glücklich«, in: *Die Zeit* v. 1.10.1998.

103 Ute Scheub: »Out of Oggersheim«, in: *die tageszeitung* v. 6.10.1998.

104 Ebd.

105 Michael Rutschky: »Verderbt uns nicht die Party«, in: *die tageszeitung* v. 2.10.1998.

ANMERKUNGEN

106 *stern* 42/1998.

107 *Der Spiegel* 41/1998.

108 Gunter Hofmann: »Ein Kulturbruch, mit links«, a. a. O.

109 Ute Scheub: »Out of Oggersheim«, a. a. O.

110 Marion Dönhoff: »Liebe Freunde, seid nicht kleinmütig«, in: *Die Zeit* v. 1.10.1998.

111 Ebd.

112 *Der Spiegel* 41/1998.

113 V.Z.: »Lautlos«, in: *Frankfurter Allgemeine Zeitung* v. 30.9.1998.

114 Als Leiterin des Bereichs Health Care der Werbeagentur Pleon (2006–2009), vgl.: http://www.andrea-fischer.de/de/profil/curriculum-vitae/index.shtml, aufgerufen am 31.12.2010; siehe auch: »Coordination gegen BAYER-Gefahren«, Offener Brief an Andrea Fischer v. 8.9.2009, http://www.cbgnetwork.org/3076.html, aufgerufen am 1.1.2011.

115 *Bild* v. 16.2.1977.

116 *Frankfurter Allgemeine Zeitung* v. 19.2.1977.

117 So Peter Altmaier, Geschäftsführer der CDU/CSU-Bundestagsfraktion, zit. nach: Steven Geyer: »Zurück in die Schützengräben«, in: *Frankfurter Rundschau* v. 20.10.2010.

118 Stefan Dietrich: »Vernichtungsfantasien«, in: *Frankfurter Allgemeine Zeitung* v. 29.10.2010.

119 Geyer: »Zurück in die Schützengräben«, a. a. O.

120 Hier zit. nach: Ernst Bloch: *Das Prinzip Hoffnung*, 2. Band, Frankfurt am Main: Suhrkamp Verlag 1970, S. 775.

121 Die bei der Gründung am 25. August 1974 elf badischen und zehn elsässischen Bürgerinitiativen veröffentlichten ihre zentralen Texte zweisprachig.

122 Staatsministerium Baden-Württemberg (Hrsg.): *Energie für Baden-Württemberg*, Faltblatt v. 4.3.1975.

123 »Furchtbarer Richter« – So bezeichnete der Schriftsteller Rolf Hochhuth den Ministerpräsidenten, vgl. *die tageszeitung* v. 29.5.1998; zu Filbinger auch: *die tageszeitung* v. 29.5.1995.

124 Walter Mossmann: »Lied für meine radikalen Freunde«; ders.: »Ballade vom zufälligen Tod in Duisburg«; ders.: »Ballade von Seveso«.

125 Ders.: »Poder Popular«.

126 Ders.: »Das Lied vom Lebensvogel«.

127 Zu den biografischen Hintergründen von 1951 bis 1974 vgl.: Jutta Ditfurth: *Durch unsichtbare Mauern. Wie wird so eine links?*, Köln: Kiepenheuer & Witsch 2002.

128 Prognose von Karl Winnacker (Präsident des Deutschen Atomforums und Vorstandsvorsitzender der Farbwerke Hoechst): 70000 Megawatt für 1975, 100000 Megawatt für 1980. Atomreaktoren waren im Schnitt mit 1000 Megawatt angesetzt. Andere Prognosen: 90 Prozent sollten Atomkraftwerke sein = 90 Atomkraftwerke. Variante für 1985: 142000 Megawatt geplant bei einer Berechnung wie oben = ca.

ANMERKUNGEN

128 Atomkraftwerke. Stand 1965: 37 000 Megawatt. Winnacker ging davon aus, dass sich der Energiebedarf alle zehn Jahre verdoppeln würde. Quelle: *Atomwirtschaft*, September 1965.

129 In einem ersten Schritt sollten bis 1985 40 AKWs gebaut werden. Quelle: *Der Spiegel* 48 v. 25.11.1974; bzw. 50 Atomkraftwerke. Quelle: *Der Spiegel* 30 v. 24.7.1978. Die Zahl der Atomkraftwerke sollte sich im ersten Schritt bis 1985 auf 50 Atomkraftwerke erhöhen. Quelle: Bundesministerium für Wirtschaft (Hrsg.): *Erste Fortschreibung des Energieprogramms der Bundesregierung*, Bonn 1974, S. 42; zit. nach: Martin Meyer-Renschhausen: *Energiepolitik in der BRD von 1950 bis heute*, Köln: Pahl-Rugenstein Verlag 1977, S. 137; siehe auch: *Frankfurter Allgemeine Zeitung* v. 1.2.1975.

130 Mehr als 400 Atomkraftwerke plante die Atomwirtschaft langfristig Anfang der siebziger Jahre. Quelle: Reimar Paul »Die Anti-AKW-Bewegung – wie sie wurde, was sie ist«, in: Redaktion Atom Express (Hrsg.): »… *und auch nicht anderswo!« Die Geschichte der Anti-AKW-Bewegung*, Göttingen: Verlag Die Werkstatt 1997, S. 32.

131 Mögliche Standorte für AKWs: 598 Atomreaktoren geplant. Geplante Kraftwerkskapazität: 1982: 100 000 Megawatt (MW); 1990: 200 000 MW; 2000: 300 000 MW; 2020: 400 000 MW; 2050: 500 000 MW. Quelle: Studie 1220 der Kernforschungsanlage Jülich. Juli 1975 im Auftrag des Bundesinnenministeriums, und Entwicklungsplan »Kraftwerkstandorte«, Baden-Württemberg; zit in: *Informationsdienst zur Verbreitung unterbliebener Nachrichten* (ID), 156–157 v. 18.12.1976, Frankfurt, S. 12, und Bundesverband Bürgerinitiativen Umweltschutz (BBU).

132 »Phönix aus der Asche«, in: *Der Spiegel* 44 v. 28.10.1991.

133 »Böses Massaker«, in: *Der Spiegel* 14 v. 28.3.1977.

134 Vermutlich: *Arbeiterkampf* 101 v. 21.3.1977.

135 Wie Kai von Appen, Fritz Storim und Uwe Zabel in ihrer Nachbetrachtung zutreffend erinnern; dies.: »Das Symbol Brokdorf«, in: *die tageszeitung* (Nord) v. 28.10.2006. Interessante zusammenfassende Beiträge zur Geschichte der Anti-AKW-Bewegung finden sich auch auf den Websites der *Badisch-Elsässischen Bürgerinitiativen*: http://www.badisch-elsaessische.net/ und der *Bürgerinitiative Umweltschutz Hannover (BIU)*: http://www.biu-hannover.de.

136 *Bild* v. 16.2.1977.

137 *Frankfurter Allgemeine Zeitung* v. 19.2.1977.

138 Mit anderen habe ich gleich danach eine Broschüre verfasst, hergestellt und vertrieben, von der ich gern ein Exemplar besäße: Autorenkollektiv: *Malville. Dokumentation*, Bielefeld 1977.

139 *Die Zeit*: »Teilnehmer berichten heute, im Krisenstab sei damals die Möglichkeit einer ›konditionierten Todesstrafe‹ diskutiert worden. Das bedeutete, einen terroristischen Mörder zum Tode zu verurteilen, die Hinrichtung aber nur zu vollstrecken, falls er freigepresst werden sollte.«

ANMERKUNGEN

Helmut Schmidt: »Daran kann ich mich nicht erinnern. Ich kann aber auch nicht ausschließen, daß es diese Diskussion gab.«
Aus: »›Ex-Terroristen die Hand reichen? Nein!‹«, Helmut Schmidt interviewt von Thomas Kleine-Brockhoff, in: *Die Zeit* 28 v. 4.7.1997; Vgl. vor allem: Georg Bönisch/Klaus Wiegrefe: »Massive Gegendrohung«, in: *Der Spiegel* 37 v. 8.9.2008.

140 Z. B. die »Solidaristische Volksbewegung«, eine Gruppierung der Neuen Rechten«, vgl. Michael Schroeren (Hrsg.): *Die Grünen. Zehn bewegte Jahre*, Wien: Carl Ueberreuter 1990, S. 13.

141 Interview mit Thomas Ebermann, in: Schroeren, a. a. O., S. 217.

142 Schroeren, a. a. O., S. 12.

143 Erhard Eppler nach einer Fernsehdiskussion des Hessischen Rundfunks gegenüber der Autorin (1981).

144 Vgl. Die Grünen: *Satzung der Bundespartei die Grünen v. Gründungsparteitag 12./13.1.1980*, Karlsruhe.

145 Christian Graf von Krockow: *Die Deutschen in ihrem Jahrhundert*, Rowohlt: Reinbek 1990, S. 43/44.

146 Karl Marx: *Das Kapital*, 3. Band, (1894), in: Karl Marx/Friedrich Engels Werke (MEW), Band 25, Berlin (DDR): Dietz Verlag 1972, S. 784.

147 Joseph Fischer: »Warum eigentlich nicht?« (1978), in: Ders.: *Von grüner Kraft und Herrlichkeit*. Reinbek: Rowohlt Taschenbuch Verlag 1984, S. 97.

148 Sibylle Krause-Burger: *Joschka Fischer. Die Biographie*, aktualisierte Neuausgabe, Stuttgart: DVA 1999, S. 127.

149 Vgl. Jutta Ditfurth: »Kommunalpolitik: Konkrete Schritte auf dem Weg zu grundsätzlichen gesellschaftlichen Veränderungen«, in: dies.: *Träumen Kämpfen Verwirklichen. Politische Texte bis 1987*, Köln: Verlag Kiepenheuer & Witsch 1987, S. 141–155.

150 Vgl. Jutta Ditfurth: »Sprengkammern zugemauert«, in: dies.: *Träumen Kämpfen Verwirklichen*, a. a. O., S. 36–47.

151 Vgl. Jutta Ditfurth: »Vergiftungen pflastern ihren Weg. Hoechst, Bayer, BASF – die IG Farben und ihre Nachfolger«; dies.: »Krebs ist konzernfreundlich. Arbeitsplätze, aromatische Amine und Blasenkrebs bei der Hoechst AG«; dies.: »Hoechst tötet nicht nur den Schmerz. Über die Pharmapolitik eines multinationalen Chemiekonzerns«; alle in: Dies.: *Träumen Kämpfen Verwirklichen*, a. a. O., S. 86–109, S. 110–115, S. 122–127.

152 Joschka Fischer: »Durchs wilde Kurdistan«, in: *Pflasterstrand* 47 v. 10.2.1979.

153 Johannes Agnoli/Peter Brückner: *Die Transformation der Demokratie*, Frankfurt am Main: Europäische Verlagsanstalt 1968, S. 81.

154 Wolfgang Kraushaar: »Realpolitik als Ideologie. Von Ludwig August von Rochau zu Joschka Fischer«, in: *1999* Heft 3/1988, S. 126.

155 Ebd.

156 Vgl. *Die Welt* v. 28.9.1982; »Geht nicht«, in: *Der Spiegel* 41 v. 11.10.1982.

ANMERKUNGEN

157 Willy Brandt: »SPD und Grüne«, in: *Die Zeit* v. 8.10.1982.

158 Kraushaar, a. a. O.

159 Ebd.

160 Krause-Burger, a. a. O., S. 128.

161 *Der Spiegel* 43/1984, hier zit. nach: Ralf Euler: »Tanz auf einem zu dünnen Seil«, FAZ.net v. 12.10.2010.

162 Daniel Cohn-Bendit: »Die Kampfansage des Daniel Cohn-Bendit«, Editorial, in: *Pflasterstrand* 198 v. 1.12.1984.

163 Vgl.: www.oekolinx-arl.de, dort Reden und andere Texte zur Arbeit im Römer von Manfred Zieran und Jutta Ditfurth.

164 Foto: http://www.antifaschismus2.de/images/stories/Antifa_Ffm/ Gnter_Sare_im_Wasserstrahl.png.

165 Vgl. etwa https://qed.princeton.edu/getfile.php?f=Radioactive_fall-out_from_the_Chernobyl_accident.jpg.

166 Joseph Fischer: »Warum eigentlich nicht?«, a. a. O., S. 97.

167 Joschka Fischer: *Regieren geht über Studieren. Ein politisches Tagebuch*, Frankfurt am Main: Athenäum Verlag 1987.

168 Brief von Eberhard Walde (Bundesgeschäftsführer der Grünen) an »Herrn Joschka Fischer. Betr: Deine Tagebuchauszüge im Spiegel 9 v. 24.2.1987«, in: *Der Spiegel* 11 v. 9.3.1987.

169 *Bayernkurier* v. 9.5.1987.

170 Holger Börner wies, als er Fischer am 9. Februar 1987 entließ, darauf hin, dass Fischer Börners Regierungserklärung vom 5. November 1986 »bestens bekannt war«. *Nürnberger Zeitung* v. 10.2.1987.

171 *Bundesvorstand der Grünen/Die Grünen im Bundestag* (Hrsg.): Der sofortige Ausstieg ist möglich. Bonn: 1986 (3. Aufl. 1989).

172 Zum Inhalt des Geulen-Gutachtens siehe: Jutta Ditfurth: *Das waren die Grünen. Abschied von einer Hoffnung*, München: Econ Taschenbuch Verlag 2000 (3. Aufl. 2001), Anm. 243, S. 346/347.

173 Zit. nach: *Landshuter Zeitung* v. 27.1.1987.

174 König/Vornbäumen, a. a. O.

175 *Die Welt* v. 4.5.1987.

176 Ich habe die Ereignisse in meinem Buch *Das waren die Grünen* ausführlich beschrieben; a. a. O., S. 142–182.

177 Gerd Nowakowski: »Wendepunkt: Wittgenstein«, Kommentar, in: *die tageszeitung* v. 12.10.1989.

178 Bündnis 90/Die Grünen: »Nur mit uns. Programm zur Bundestagswahl 1994«, verabschiedet von der Bundesdelegiertenkonferenz in Mannheim, Februar 1994.

179 *Frankfurter Allgemeine Sonntagszeitung* v. 21.3.1993.

180 *Der Spiegel* 32 v. 3.8.1998.

181 *Frankfurter Rundschau* v. 25.1.1999.

182 *Der Spiegel* 4 v. 25.1.1999.

183 Detlef zum Winkel: »Nicht mehr erneuerbar«, in: *konkret* 10/2010, S. 17.

184 Dieter Rulff: »Auf zu neuen Ufern«, in: *die tageszeitung* v. 6.10.1998.

ANMERKUNGEN

185 Vgl. http://www.derwesten.de/nachrichten/wirtschaft-und-finanzen/Atom-Konzerne-machen-Milliarden-Gewinne-id3849749.html, aufgerufen am 13.1.2011.

186 *Epidemiologische Studie zu Kinderkrebs in der Nähe von Kernkraftwerken* (KiKK), gefördert vom Bundesministerium für Umwelt, Naturschutz und Reaktorsicherheit über das Bundesamt für Strahlenschutz, Leitung: P. Kaatsch, http://www.kinderkrebsregister.de/.

187 Laut Eberhard Greiser, interviewt von Klaus Wolschner, in: *anti atom aktuell* Nr. 187 v. Februar 2008, S. 26, zit. nach: *die tageszeitung* v. 18.12.2007.

188 *WOZ Die Wochenzeitung* v. 18.11.2010; *Die Welt* v. 9.12.2010.

189 Bürgerinitiative Umweltschutz e.V. Hannover (Hrsg.), Anna Masuch: *Atomkraftwerke – Unsicher und grundrechtswidrig. Ein Bericht über Kernschmelzgefahr und Grundrechtsbeeinträchtigungen*, Hannover, Selbstverlag 1998.

190 »Energie. Es gibt nur einen Ausstieg: Sofortausstieg!«, in: Die Grünen Schleswig-Holstein, *Mut zum politischen Frühling, Grüne Alternativen für Schleswig-Holstein:* Kiel 1987, S. 20/21 (Programm der Grünen Schleswig-Holstein, beschlossen auf den Landeskonferenzen in Flensburg und Rotenhahn).

191 *Frankfurter Rundschau* v. 22.12.1998.

192 Heike Haarhoff: »Kein Atomausstieg mit Rot-Grün«, in: *die tageszeitung* (Hamburg) v. 11.9.1998.

193 »Grüne gegen Menschenkette«, in: *die tageszeitung* v. 23.4.2010.

194 SPD NRW und Bündnis 90/Die Grünen NRW: »Nordrhein-Westfalen 2010–2015: Gemeinsam neue Wege gehen«, Koalitionsvertrag, S. 31.

195 Urgewald in Zusammenarbeit mit Projekt 21plus (Hrsg.): *Investition in Ineffizienz und Wahnwitz. Die Geschäfte von RWE*, Sassenberg: April 2007, http://www.projekt21plus.de/downl/Dossier-Endfassung.pdf, aufgerufen am 13.1.2011, S. 40.

196 http://www.rwe.com/web/cms/de/207260/rwe/investor-relations/corporate-governance/verguetung-vorstand-und-aufsichtsrat/verguetung-des-aufsichtsrats/, aufgerufen am 13.1.2011.

197 SPD, Bündnis 90/Die Grünen und FDP: »Mut für Neues – Bielefelds Zukunft gestalten«, Koalitionsvereinbarung Bielefeld 2010–2014, S. 21.

198 Vgl. Informationen des Anti-Atom-Plenum Weserbergland, http://www.anti-atom.org/index.php?option=com_content&view=category&layout=blog&id=45&Itemid=64, aufgerufen am 3.1.2011.

199 Inge Schulze: »Energiewende jetzt – Atomausstieg in Bielefeld 2018 möglich«, in: Bündnis 90/Die Grünen KV Bielefeld (Hrsg.): *big – bielefeldgrün*, a.a.O., S. 10/11.

200 Heiko Tollkien, in: Bündnis 90/Die Grünen KV Bielefeld (Hrsg.): *big-bielefeldgrün*, Schwerpunkt: »Laufzeiten«, Oktober 2010, S. 11.

201 Ingrid Müller-Münch: »»Wird hier bald alles verstrahlt?««, in: *Frankfurter Rundschau* v. 10.11.2010.

ANMERKUNGEN

202 Gert Eisenbürger: »Massenmord für liberale Wirtschaftspolitik. Vor 30 Jahren errichtete das Militär in Argentinien eine brutale Diktatur«, in: Informationsstelle Lateinamerika e.V. (Hrsg.): *ila* Heft 293, http://www.ila-bonn.de/artikel/ila293/argentinien1976.htm, afgerufen am 7.1.2011.

203 Claus Hulverscheidt: »Brennstoff vom Steuerzahler«, in: *Süddeutsche Zeitung* v. 23.8.2010.

204 »Die wahren Kosten der Atomkraft«, in: *die tageszeitung* v. 6./7.11.2010.

205 Ebd.

206 Untersuchung des *Forums für Ökologisch-Soziale Marktwirtschaft* (FÖS) im Auftrag der Umweltorganisation Greenpeace, vgl.: http://www.wdr.de/tv/quarks/sendungsbeitraege/2010/1109/007_asse.jsp, aufgerufen am 14.1.2011.

207 »Die wahren Kosten der Atomkraft«, a.a.O.

208 Hulverscheidt, a.a.O.

209 Ebd.

210 »Und der moderne Staat ist wieder nur die Organisation, welche sich die bürgerliche Gesellschaft gibt, um die allgemeinen äußern Bedingungen der kapitalistischen Produktionsweise aufrechtzuerhalten gegen Übergriffe, sowohl der Arbeiter wie der einzelnen Kapitalisten. Der moderne Staat, was auch seine Form, ist eine wesentlich kapitalistische Maschine, Staat der Kapitalisten, der ideelle Gesamtkapitalist.« Friedrich Engels: »Herrn Eugen Dühring's Umwälzung der Wissenschaft«, in: Karl Marx/Friedrich Engels Werke (MEW), Band 20, Berlin (DDR): Dietz Verlag 1962, S. 239–303, hier: S. 260.

211 »Joschka Fischer auf der Payroll von OMV und RWE«, http://www.boerse-express.com/pages/791787/print, aufgerufen am 7.1.2011.

212 Jakob Schlandt: »Restlaufzeit und Rotwein«, in *Frankfurter Rundschau* v. 26.8.2010.

213 Detlef zum Winkel: »Nicht mehr erneuerbar«, in: *konkret* 10/2010, S. 17.

214 Ebd; Sebastian Beck: »Elemente des Versagens«, in: *Süddeutsche Zeitung* v. 11./12.9.2010.

215 Anzeige der Grünen, in: *Süddeutsche Zeitung* v. 5.11.2010.

216 Joachim Wille: »Die Drei-Klassen-Gesellschaft der Atommeiler«, in: *Frankfurter Rundschau* v. 4./5.9.2010.

217 »Brüderle verspricht Desertec Unterstützung«, *Spiegel online* v. 8.3.2010.

218 Gerhard Knies: »Element einer globalen Sicherheitsarchitektur für eine Welt von morgen«, 23.2.2010, http://www.boell.de/oekologie/gesellschaft/oekologie-gesellschaft-desertec-existenzsicherung-energie-weltbevoelkerung-8639.html, aufgerufen am 7.1.2011

219 Jutta Blume: »Projekt Desertec: Ein Platz an der Sonne«, in: *WOZ Die Wochenzeitung* v. 28.2.2008.

220 Schlandt, a.a.O.

ANMERKUNGEN

221 Rede von Bundeskanzler Gerhard Schröder anlässlich der Eröffnung der neuen Gebäude des Max-Planck-Instituts für Plasmaphysik v. 7.7.2000, in: www.bundesregierung.de/Reden-Interviews, aufgerufen am 10.12.2004.

222 Winfried Kretschmann interviewt von Oliver Hoischen und Markus Wehner, in: *Frankfurter Allgemeine Sonntagszeitung* v. 4.4.2010.

223 Eine Verteidigung des Kopfbahnhofs und eine Geschichte des Konflikts um S 21 findet sich hier: Winfried Wolf: »Planziel Autostadt. ›Stuttgart 21‹: Kopfbahnhöfe, Naziprojekte und ein Mercedes-Stern auf dem Bahnhofsturm«, Teil 1, in: *junge Welt* v. 6.11.2010; ders.: »Der große Raubzug. ›Stuttgart 21‹ oder: Bahn-Privatisierung als Immobiliengeschäft, Teil 2 und Schluß, in: *junge Welt* v. 8.11.2010.

224 *Frankfurter Allgemeine Zeitung* v. 16.8.2010; *junge Welt* v. 16.8.2010.

225 Zur Geschichte: Winfried Wolf/Gangolf Stocker/D. Laube: »Chronologie 1993 bis Oktober 2010«, in: Volker Lösch/Gangolf Stocker/Sabine Leidig/Winfried Wolf (Hrsg.): *Stuttgart 21. Oder: Wem gehört die Stadt*, Köln: PapyRossa Verlag 2011, S. 185–189.

226 Deutscher Bundestag – Unterrichtung durch die Bundesregierung: »Bericht zum Ausbau der Schienenwege 2004«, Drucksache 15/4621 v. 29.12.2004, auf: http://dipbt.bundestag.de/doc/btd/15/046/1504621.pdf, aufgerufen am 17.12.2010, z. B. S. 46 f.

227 »Der Aufsichtsrat befaßte sich desweiteren mit den Planungen und bauvorbereitenden Maßnahmen zu den Projekten Stuttgart 21, Neubaustrecke Wendligen-Ulm und Neu-Ulm 21 und stimmte der Fortführung der Planungen sowie der Veräußerung von Grundstücken in Stuttgart zu.« in: Deutsche Bahn AG: *Geschäftsbericht 2001*, S. 131 (Namensnennung Albert Schmidt: S. 130), http://www.deutschebahn.com/site/shared/de/dateianhaenge/berichte/geschaeftsbericht__2001__konzern.pdf, aufgerufen am 17.12.2010.

228 Tom Koenigs: »Der Rettungstunnel«, in: *Pflasterstrand* 295 v. 18.8.1988.

229 Initiative Frankfurt22: »Wie Frankfurt22 Frankfurt 21 begrub«, 5.11.2010, dies und weitere Informationen auf: www.frankfurt22.de.

230 Nadine Michel: »Das Schweigen der Bürger«, in: *die tageszeitung* v. 23.8.2010, dies.: »Höhere Kosten befürchtet«, in: *die tageszeitung* v. 6.9.2010.

231 Damir Fras: »Gebildet links, widerständig«, in: *Frankfurter Rundschau* v. 27.10.2010.

232 Ebd.

233 Hermann Gremliza: »Em ra«, Gremlizas Kolumne, in: *konkret* 11/2010, S. 8 f.

234 Vgl. Damir Fras, a. a. O.

235 Zu sehen auf: http://www.youtube.com/watch?v=9V8Y-I0yeUA, aufgerufen am 3.1.2011.

236 Dagmar Deckstein: »Mappus setzt auf Hilfe der Grünen«, in: *Süddeutsche Zeitung* v. 31.8.2010.

ANMERKUNGEN

237 Lt. *Frankfurter Allgemeine Zeitung* v. 18.8.2010.

238 *Frankfurter Allgemeine Zeitung* v. 18.8.2010.

239 *Frankfurter Rundschau* v. 2./3.10.2010.

240 Martin Kotynek: »Protokoll des Zorns – wie die Gewalt in Stuttgart eskalierte«, in: *Süddeutsche Zeitung* v. 13./14.11.2010.

241 »Kriegsmedizin« stammt von einer ungenannten Ärztin in einer TV-Nachrichtensendung, o.w.A.; »Katastrophenmedizin«: Augenärztin Christine Voßmerbäumer, zit. in: »Stuttgart 2010«, *stern* 41 v. 7.10.2010, S. 56; »Hilfeleistung [...] unter spartanischen Bedingungen« s.a.: Schreiben der Demo-Sanitäter an die Stadt Stuttgart v. 2.10.2010, http://www.parkschuetzer.org/presse, aufgerufen am 23.12.2010.

242 Daniel Kartmann in einem Beitrag für: »Zur Sache Baden-Württtemberg«, SWR, ohne Datum, vermutlich Anfang Oktober 2010, zit. nach: http://www.youtube.com/watch?v=GGuKjyCwifY, aufgerufen am 17.12.2010.

243 Gedächtnisprotokoll von Dietrich Wagner, http://www.parkschuetzer.org/presse/, aufgerufen am 23.12.2010; vgl. Martin Kaul: »An der Realität erblindet«, in *die tageszeitung* v. 7.10.2010.

244 Paul Wrusch: »Ins Auge schießen ist nur Unfall«, in: *die tageszeitung* v. 15.10.2009, http://www.taz.de/1/politik/deutschland/artikel/1/ins-auge-schiessen-ist-nur-unfall/.

245 Astrid Geisler: »Wasserwerfer-Opfer verlangt Schmerzensgeld«, in: *die tageszeitung* v. 10.11.2010; *Frankfurter Rundschau* v. 10.11.2010.

246 Vgl. *Die Welt* v. 7.7.2005; vgl. *die tageszeitung* v. 13.7.2005.

247 Ulrike Donat: »Sondereinheit für das Spezielle. Zur Rolle der Besonderen Aufbauorganisation Kavala«, in: Republikanischer Anwältinnen- und Anwälteverein (RAV) – Legal Team (Hrsg.): *Feindbild Demonstrant. Polizeigewalt, Militäreinsatz, Medienmanipulation. Der G8-Gipfel aus Sicht des Anwaltlichen Notdienstes,* Berlin/Hamburg: Assoziation A 2008, S. 45/46.

248 Ulrike Donat, a.a.O., S. 49, dort: Anm. 4. Zum G8-Gipfel: Jutta Ditfurth: *Zeit des Zorns. Streitschrift für eine gerechte Gesellschaft,* München: Droemer 2009, S. 177–186.

249 Zu den Interessen hinter *politischen* Mediationen und ihrer planvollen Entwicklung als Befriedungs-, Spaltungs- und Durchsetzungsmethode von Staat und Kapital habe ich mich in einem früheren Buch ausführlich geäußert. Jutta Ditfurth: *Lebe wild und gefährlich. Radikalökologische Perspektiven.* Köln: Kiepenheuer & Witsch 1991. [Enthält die Auseinandersetzung mit Atomtechnik und Gentechnik und ihrer Geschichte; des weiteren Themen wie Ökofaschismus und Esoterik, deren historische Wurzeln und vieles mehr.]

250 *Hessische/Niedersächsische Allgemeine* (HNA) v. 8.10.2010.

251 Wolf Günthner: »Mappus schlägt Geißler als Vermittler vor«, in: *Staatsanzeiger* v. 6.10.2010.

252 Rüdiger Soldt: »Anstoßen mit Widerstandsbier«, in: *Frankfurter Allgemeine Zeitung* v. 8.10.2010.

ANMERKUNGEN

253 Ebd.

254 Gangolf Stocker interviewt von Svenna Triebler: »Wir haben nicht nur Argumente«, in: *konkret* 11/2010.

255 Ebd.

256 Rüdiger Soldt: »Stuttgarter Wasserwerfer«, in: *Frankfurter Allgemeine Zeitung* v. 29.10.2010.

257 Martin Unfried: »Der Unverantwortliche«, in: *die tageszeitung* v. 23.12.2010; »Mappus: Polizei hat entschieden«, a. a. O.; Nadine Michel: »I bin's ned gwä«, a. a. O.

258 *Süddeutsche Zeitung* v. 28.10.2010.

259 Zit. nach: http://www.wdr.de/themen/kultur/stichtag/2008/06/15.jhtml, aufgerufen am 16.12.2010.

260 »Alle Argumente, alle Fakten und alle Zahlen müssen auf den Tisch«, Heiner Geißler interviewt von Heribert Prantl, in: *Süddeutsche Zeitung* v. 7.10.2010.

261 *die tageszeitung* v. 7.10.2010.

262 »Es gibt keinen Baustopp«, Heiner Geißler interviewt von Martin Kotynek und Heribert Prantl, in: *Süddeutsche Zeitung* v. 2.12.2010.

263 Winfried Kretschmann interviewt von Tom Buhrow, in: *Tagesthemen*, ARD, 30.11.2010, auf http://www.ardmediathek.de/ard/servlet/content/3517136?documentId=5971510, aufgerufen am 30.11.2010.

264 Jörg Schönenborn in: *Tagesthemen*, ARD, 2.12.2010.

265 Aktuelle Sonntagsfrage für Baden-Württemberg von Infratest dimap, Umfragen Anfang Dezember 2010 für Baden-Württemberg: CDU: 39 (44,2 Prozent), SPD 18 (25,2 Prozent), Grüne 28 (11,7 Prozent), FDP: 5 (10,7 Prozent), Linke: 5 Prozent (3,1 Prozent). Umfrage von Infratest dimap, vorgestellt von Jörg Schönenborn in: *Tagesthemen*, ARD, 2.12.2010.

266 »Fänden Sie es gut, wenn die Grünen in einem Bundesland den Ministerpräsidenten stellen würden?« Ja: 50 Prozent, Nein: 47 Prozent. Umfrage von Infratest dimap, vorgestellt von Jörg Schönenborn in: *Tagesthemen*, ARD, 2.12.2010.

267 Alle Zahlen aus: http://www.wahlrecht.de/umfragen/landtage/baden-wuerttemberg.htm, aufgerufen am 4.1.2011.

268 Umfrage von Infratest dimap, vorgestellt von Jörg Schönenborn in: *Tagesthemen*, ARD, 2.12.2010.

269 Winfried Kretschmann interviewt von Oliver Hoischen und Markus Wehner, in: *Frankfurter Allgemeine Sonntagszeitung* v. 4.4.2010.

270 Ebd.

271 Stefan Alberti: »Grün lobt Schwarz«, in: *die tageszeitung* v. 26.11.2009.

272 »Wir wollen regieren«, Boris Palmer interviewt von Ingo Arzt, in: *die tageszeitung* v. 21./22.8.2010.

273 Ebd.

274 Rüdiger Bäßler: »Tschüssle, Opposition!«, *Zeit online* v. 4.12.2010, http://www.zeit.de/politik/deutschland/2010-12/gruene-baden-wuerttemberg-kretschmann, aufgerufen am 5.12.2010.

ANMERKUNGEN

275 »Bei Stuttgart 21 gibt es eine Arroganz der Macht«, Winfried Kretschmann interviewt von Rüdiger Soldt, in: *Frankfurter Allgemeine Zeitung* v. 14.8.2010.

276 Silke Krebs im *Südwestrundfunk*, zit. nach: Nadine Michel: »Höhere
Kosten befürchtet«, in: *die tageszeitung* v. 6.9.2010.

277 König/Vornbäumen, a. a. O.

278 Winfried Hermann in der TV-Sendung »Zur Sache Baden-Württemberg«, SWR, v. 9.9.2010, http://www.youtube.com/watch?v=eV3k9
eLFnXk&feature=player_embedded, aufgerufen am 17.12.2010.

279 Deutscher Bundestag – Unterrichtung durch die Bundesregierung:
»Bericht zum Ausbau der Schienenwege 2004«, Drucksache 15/
4621 v. 29.12.2004, auf: http://dipbt.bundestag.de/doc/btd/15/046/
1504621.pdf, aufgerufen am 17.12.2010, z. B. S. 46 f.

280 Deutsche Bahn AG: *Geschäftsbericht 2001*, a. a. O.

281 Winfried Kretschmann interviewt von Martin Kotynek, in: *Süddeutsche Zeitung* v. 30./31.10./1.11.2010.

282 Ebd.

283 »Zwischen uns und der CDU haben sich Gräben aufgetan«, Werner
Wölfle interviewt von Ingo Arzt, in: *die tageszeitung* v. 8.10.2010.

284 Kretschmann interviewt von Kotynek, a. a. O.

285 Ebd.

286 Ebd.

287 Ebd.

288 Lisa Caspari: »Urgrüne Themen und ein BMW-Schlüssel«, auf: *Zeit
online* v. 20.11.2010, http://www.zeit.de/politik/deutschland/2010-11/
gruenen-parteitag-oezdemir-gorleben, aufgerufen am 21.11.2010.

289 Gabriele Renz: »Dafür, dagegen – Hauptsache oben«, in: *Frankfurter
Rundschau* v. 7.12.2010.

290 Ebd.

291 »Südwest-Grüne rüsten sich zur Landtagswahl«, *Zeit online*, v.
5.12.2010, http://www.zeit.de/politik/deutschland/2010-12/sued-
west-gruene-parteitag, aufgerufen am 5.12.2010.

292 Ebd.; Bündnis 90/Die Grünen Baden-Württemberg: *Programm zur
Landtagswahl 2011: Präambel*, verabschiedet von der 25. Landes-
delegiertenkonferenz, Bruchsal, 4./5.12.2010, S. 4, aufgerufen am
28.12.2010.

293 Gremliza, a. a. O.

294 König/Vornbäumen, a. a. O.

295 Roger Cohen: »German Green Evolves From Revolutionary to Pragmatist«, in *The New York Times* v. 9.10.1998, Originalzitat siehe
Anm. 331.

296 Jürgen Hogrefe/Paul Lersch/Rainer Pörtner/Alexander Szandar:
»Zweimal total verkalkuliert«, in: *Der Spiegel* 15 v. 12.4.1999.

297 Serbischer Rundfunk am 24. März 1999, zit. nach: »Es begann mit
einer Lüge. Wie die Nato im Krieg um Kosovo Tatsachen verfälschte
und Fakten erfand«, Film von Jo Angerer und Mathias Werth, ARD

ANMERKUNGEN

270 (WDR), Erstausstrahlung am 8.2.2001. Wortprotokoll: http://www. ag-friedensforschung.de/themen/NATO-Krieg/ard-sendung.html, aufgerufen am 24.12.2010.

298 Vgl. Klaus Naumann: »Der nächste Konflikt wird kommen. Erfahrungen aus dem Kosovo-Einsatz«, in: *Europäische Sicherheit* 11 v. 1.11.1999.

299 Interview mit Gordana Brun, Umweltbeauftragte Serbiens, in: *Neues Deutschland* v. 29.12.1999.

300 UN-Umweltorganisation (Unep), Genf, unter Berufung auf eine schriftliche Stellungnahme der NATO, lt. *Berliner Morgenpost* v. 22.3.2000.

301 Vgl. Barbara Müller: »Zur Theorie und Praxis von Sozialer Verteidigung«, Institut für Friedensarbeit und Gewaltfreie Konfliktaustragung (Hrsg.), Wahlenau (1996), S. 7.

302 Die Grünen, Bundesdelegiertenkonferenz v. 18. bis 20.11.1983 in Duisburg.

303 »Ein Realo sieht die Welt«, Joschka Fischer interviewt von Roger de Weck, in: *Die Zeit* v. 12.11.1998.

304 Zit. nach: Angelika Beer/Reinhard Kaiser »Die Grünen und die NATO – eine Frage, die keine ist«, in: Jochen Hippler/Jürgen Maier (Hrsg.): *Sind die Grünen noch zu retten? Krise und Perspektiven einer ehemaligen Protestpartei.* Köln: Förtner und Kroemer Verlag 1988, S. 198 ff.

305 Interview mit Petra Kelly, in: Michael Schroeren (Hrsg.): *Die Grünen. Zehn bewegte Jahre*, Wien: Carl Ueberreuter 1990, S. 189.

306 »Abschied von politischen Illusionen«, in: *Der Spiegel* 30 v. 24.7.1989.

307 Petra Kelly, zit. nach: Michael Schroeren, a. a. O., S. 180 f.

308 »Das Fundament zerbröselt«, Streitgespräch zwischen Thomas Ebermann und Joschka Fischer, in: *stern* 25 v. 15.6.1988.

309 Zit. nach: Edith Cohn: »Joschka Fischer. Der grüne Patriarch«, in: *Tempo*, März 1992, S. 94.

310 Joschka Fischer: *Die Linke nach dem Sozialismus.* Hamburg: Hoffmann und Campe Verlag 1992; Alexander Gauland: »Warum nicht Reue im Stillen? Joschka Fischers neue Einsichten sind alte Wahrheiten«, Rezension, in: *Frankfurter Allgemeine Zeitung* v. 16.11.1992

311 »Invasion von der Wega«, in: *Der Spiegel* 9 v. 25.2.1985.

312 Ebd.

313 »Ein Realo sieht …« a. a. O.

314 »Warten auf den nächsten Parteitag«, Streitgespräch zwischen Joseph Fischer und Daniel Cohn-Bendit, in: *die tageszeitung* v. 30.12.1994.

315 *Die Woche* v. 30.12.1994.

316 Walter von Goldendach/Hans-Rüdiger Minow: *Von Krieg zu Krieg. Die deutsche Außenpolitik und die ethnische Parzellierung Europas*, (3. vollst. akt. Aufl.), München: Verlag Das Freie Buch 1999.

ANMERKUNGEN

317 »Cohn-Bendit: Goražde ein zweites Warschauer Ghetto«, Bildunter-
schrift, in: *Frankfurter Allgemeine Zeitung* v. 21.4.1994.

318 Zit. nach: Mathias Geis: »Immun gegen Mitleiden«, in: *die tageszeitung* v. 11.10.1993.

319 »Serbien gehört zu Europa«, Joschka Fischer interviewt von Matthias Geis und Gunter Hofmann, in: *Die Zeit* v. 15.4.1999.

320 »Joschka Fischer ›stehen bei uns alle Türen offen‹«, in: *die tageszeitung* v. 9.10.1998.

321 »Bosnische Konsequenz«, auszugsweise Dokumentation des offenen
Briefs von Joseph Fischer an die Bundestagsfraktion und die Bundespartei der Grünen, in: *die tageszeitung* v. 2.8.1995.

322 »Wenn Fischer sich durchsetzt, dann wäre das für die Grünen verheerend«, Kerstin Müller interviewt von Arno Luik, in: *die tageszeitung* v. 17.8.1995.

323 Jutta Ditfurth: »Fischer's Friends«, in: *konkret* 4/1995.

324 *Die Welt* v. 2.12.1999.

325 »Gysis Vize: PDS soll NATO-kompatibel werden«, in: *junge Welt* v.
18.11.1999.

326 Ebd.

327 Ebd.

328 »Die SPD kommt nicht an uns vorbei«, Interview mit Gregor Gysi,
in: *Die Welt* v. 29.12.1999.

329 »Linken-Chef Gysi rückt von Nato-Austrittsforderungen ab«, *Spiegel
online* v. 18.12.2010, http://www.spiegel.de/spiegel/vorab/0,1518,
735404,00.html, aufgerufen am 19.12.2010.

330 »Joschka Fischer ›stehen …«‹, a. a. O.

331 »Mr. Fischer, 50, has already said continuity will be central to German foreign policy under any ›Red-Green‹ coalition. His enduring
contempt for neckties is balanced by a growing respect for NATO.
›No adventures‹ has become a maxim.« […] »The story of Mr.
Fischer's life -- as well as the Greens' thirst to taste power for the first
time two decades after their founding -- suggests that he will be
amenable to compromise. […] But even the many American officials
who are convinced that Mr. Fischer will, in the end, prove suppor-
tive on Kosovo and other issues worry about the party behind him.
›Can he deliver the Greens?‹ an official said. ›That is what we need
to know.‹« Roger Cohen: »German Green Evolves From Revolutionary to Pragmatist«, in *The New York Times* v. 9.10.1998.

332 Gunter Hofmann: »Wie Deutschland in den Krieg geriet«, Dossier,
in: *Die Zeit* 20 v. 12.5.1999.

333 Ebd.

334 Interview mit Volker Rühe, in: *Bild am Sonntag* v. 11.10.1998.

335 Willy Wimmer interviewt von Martin Lohmann/Edgar Konrath/Ur-
sula Samary, in: *Rhein-Zeitung* v. 30.8.1999.

336 *International Herald Tribune* v. 12.10.1999; Hans Wallow: »Es geschah in unserem Namen«, in: *Neues Deutschland*, 21. März 2009.

ANMERKUNGEN

272 337 Deutscher Bundestag: Plenarprotokoll 13/248 v. 16.10.1998, auf: http://dipbt.bundestag.de/dip21/btp/13/13248.asc, aufgerufen am 19.12.2010.

338 Es stimmten nur die bisherigen Abgeordneten ab, nicht die am 27. September 1998 neu gewählten, denn der neue Bundestag war noch nicht konstituiert.

Ja zum Krieg sagten 29 grüne Bundestagsabgeordnete: Elisabeth Altmann, Marieluise Beck, Matthias Berninger, Franziska Eichstädt-Bohlig, Uschi Eid, Andrea Fischer, Joseph Fischer, Rita Grießhaber, Antje Hermenau, Kristin Heyne, Ulrike Höfken, Michaele Hustedt, Manuel Kiper, Angelika Köster-Loßack, Helmut Lippelt, Oswald Metzger, Christa Nickels, Egbert Nitsch, Cem Özdemir, Gerd Poppe, Simone Probst, Christine Scheel, Rezzo Schlauch, Albert Schmidt, Wolfgang Schmitt, Waltraud Schoppe, Werner Schulz, Antje Vollmer, Margareta Wolf.

Nein sagten nur 9: Gila Altmann, Annelie Buntenbach, Amke Dietert-Scheuer, Monika Knoche, Steffi Lemke, Halo Saibold, Irmingard Schewe-Gerigk, Ursula Schönberger, Helmut Wilhelm.

Enthalten haben sich 8: Volker Beck, Angelika Beer, Kerstin Müller, Winfried Nachtwei, Marina Steindor, Christian Sterzing, Manfred Such, Ludger Volmer.

Quelle: Namentliche Abstimmung des Antrags der Bundesregierung: Deutsche Beteiligung an den von der NATO geplanten begrenzten und in Phasen durchzuführenden Luftoperationen zur Abwendung einer humanitären Katastrophe im Kosovo-Konflikt; Drucksache 13/11469, Deutscher Bundestag: Plenarprotokoll 13/248 v. 16.10.1998, auf: http://dipbt.bundestag.de/dip21/btp/13/13248.asc, aufgerufen am 19.12.2010.

339 Jutta Ditfurth: »Kosovo: Rotgrün, eine Kriegsregierung auf Abruf«, in: *Neues Deutschland* v. 14.11.1998.

340 »Ein Realo sieht ...« a. a. O.

341 Eckart Lohse: »Das Gefühl von Größe«, in: *Frankfurter Allgemeine Zeitung* v. 25.10.1999.

342 Zit. nach: »Das wäre blutiger Zynismus«, Joschka Fischer interviewt von Olaf Ihlau und Paul Lersch, in: *Der Spiegel* 34 v. 21.8.1995.

343 »Fischer gegen Nein zur Nato-Osterweiterung«, in: *die tageszeitung* v. 9.4.1997.

344 Krause-Burger: *Joschka Fischer*, a. a. O., S. 238.

345 Z.B.: Michaela Schießl: »Wie ein Tier im Käfig«, in: *Der Spiegel* 9 v. 1.3.1999.

346 Eggert Schröder: »Was wäre, wenn wir einen Amerikaner hinrichten würden?«, in: *Die Welt* v. 26.2.1999.

347 Vgl. ihre website: http://www.claudia-roth.de/themen/, aufgerufen am 21.12.2010.

348 Günther Bannas: »Verärgerung in der SPD über Fischer«, in: *Frankfurter Allgemeine Zeitung* v. 25.10.1999.

ANMERKUNGEN

349 Günther Bannas: »Ein Leopard 2 zum Test in die Türkei Lieferung von Haubitzen abgelehnt«, in: *Frankfurter Allgemeine Zeitung* v. 21.10.1999.

350 *Die Woche* v. 29.10.1999.

351 »U-Boote als Abschiedsgabe«, in: *Der Spiegel* 47 v. 19.11.2005.

352 Karl Doemens: »Unter dem Pflaster liegt das diplomatische Parkett. Wie aus Ex-Sponti Georg Dick der Bonner Ministerialdirektor …«, in: *Frankfurter Rundschau* v. 28.10.1998.

353 Liest sich wie eine Gefälligkeitsarbeit: Hilmar Hoffmann: *Der Ehrenbürger. Aus dem Leben des Mäzens Bruno H. Schubert*, Frankfurt a. M.: Sozietätsverlag 2003, hier S. 88 und 91.

354 Hartmut Barth-Engelbart: »Als mein Minister mich mal dringend brauchte«, in: *Neue Hanauer Zeitung* 11/12 1998; 1/2 1999.

355 Joscha Schmierer in: *Kommunistische Volkszeitung* Nr. 17 v. 21.4.1980, S. 3.

356 Jochen Buchsteiner: »Immer auf der Suche«, in: *Die Zeit* 52 v. 16.12.1998.

357 Eckart Lohse: »Die Sicherheit Fischers läßt an Routine glauben«, in: *Frankfurter Allgemeine Zeitung* v. 13.11.1999.

358 Constanze v. Bullion: »Unorthodox stört nicht«, in: *die tageszeitung* v. 30.9.1998.

359 »Nicht jeder muß scheiden«, in: *die tageszeitung* v. 31.10.1998.

360 »Wer wird was im Außenamt?«, in: *Süddeutsche Zeitung* v. 14.10.1998.

361 Dieter Bricke: »Joschka Fischers Eiertanz um die Atomwaffen«, in: *Publik-Forum* 4/1999.

362 »Wer wird was im Außenamt?« a. a. O.

363 Ebd.

364 »Herrschaftszeiten«, in: *konkret* 5/1999, S. 21.

365 Naumann: »Der nächste Konflikt …«, a. a. O.

366 Georg Mascolo/Roland Schleicher/Andrea Stuppe: »Zum Sterben ins Kosovo«, in: *Der Spiegel* 16 v. 19.4.1999.

367 Naumann: »Der nächste Konflikt …«, a. a. O.

368 Lagebericht des Auswärtigen Amtes v. 12.1.1999, zit. nach: Winfried Wolf: *Bombengeschäfte. Zur politischen Ökonomie des Kosovo Krieges.* Hamburg: Konkret Literatur Verlag 1999, S. 18.

369 »Es begann mit einer Lüge …« a. a. O.

370 Ebd.

371 »Walker hat die US-Politik legitimiert«, Johan Galtung interviewt von Zeljko Brkic und Jürgen H. Kreller, in: *Jungle World* 27 v. 30.6.1999.

372 Ebd.

373 Diana Johnstone: »Das Račak-Massaker als Auslöser des Krieges«, in: Klaus Bittermann/Thomas Deichmann (Hrsg.): *Wie Dr. Joseph Fischer lernte, die Bombe zu lieben – Die Grünen, die SPD, die Nato und der Krieg auf dem Balkan*, Berlin: Edition Tiamat 1999, S. 52–68.

ANMERKUNGEN

374 Ebd., S. 55.

375 Ebd., S. 57.

376 Ebd., S. 58.

377 »Es begann mit einer Lüge…« a. a. O.

378 Ebd.

379 Ebd.

380 Norma Brown, zitiert in der Ankündigung für die Wiederholung des Films »Es begann mit einer Lüge. Deutschlands Weg in den Kosovo-Krieg« [geänderter Untertitel] am 16.11.2010, auf: http://www.wdr.de/tv/diestory/sendungsbeitraege/2010/1116/2_luege.jsp, aufgerufen am 24.12.2010.

381 Renate Flottau/Claus Christian Malzahn/Roland Schleicher: »Täuschen und Vertuschen«, in: *Der Spiegel* 12 v. 19.3.2001.

382 Ebd.

383 »Das Massengrab im Kosovo«, Interview mit Wolfgang Pohrt, September 1998, in: Bittermann/Deichmann, a. a. O., S. 31–37, hier: S. 34.

384 Vgl. Stichwort »Vertrag von Rambouillet« bei Wikipedia, http://de.wikipedia.org/wiki/Vertrag_von_Rambouillet, aufgerufen am: 24.12.2010. Der für viele Verbrechen nicht nur in Chile mitverantwortliche ehemalige Außenminister Henry Kissinger sagte: »Der Rambouillet-Text, der Serbien dazu aufrief, den Durchmarsch von NATO-Truppen durch Jugoslawien zu genehmigen, war eine Provokation, eine Entschuldigung dafür, mit den Bombardierungen beginnen zu können. Kein Serbe mit Verstand hätte Rambouillet akzeptieren können. Es war ein ungeheuerliches diplomatisches Dokument, das niemals in dieser Form hätte präsentiert werden dürfen.« Henry Kissinger, *Daily Telegraph* v. 28.6.1999, zit. nach: http://de.wikipedia.org/wiki/Vertrag_von_Rambouillet. Siehe auch: Ian Bancroft: »Serbia's anniversary is a timely reminder«, *The Guardian* v. 24.3.2009.

385 »Serbien gehört zu Europa«, Joschka Fischer interviewt von Matthias Geis und Gunter Hofmann, in: *Die Zeit* v. 15.4.1999.

386 »Die Serben werden fauchen«, Wolfgang Petritsch interviewt von Renate Flottau, in: *Der Spiegel* 6 v. 8.2.1999.

387 Sonja Mikich: »Wir haben verloren, ich habe verloren«, in: *die tageszeitung* v. 16.4.1999.

388 Thomas Ebermann: »Die geostrategische Rolle Deutschlands hat sich durch den Kosovo-Krieg verändert. Aber wie?«, in: *Jungle World* 13 v. 21.3.2001.

389 Andreas Spannbauer: »Fischer in der Bagdadbahn«, in: *Jungle World* v. 10.3.1999; Eduard Steiner: »Unerwartete Nabucco-Unterstützung erzürnt Russland«, in: *Welt online* v. 17.9.2010, http://www.welt.de/wirtschaft/energie/article9713084/Unerwartete-Nabucco-Unterstuetzung-erzuernt-Russland.html, aufgerufen am 29.12.2010.

ANMERKUNGEN

390 »Reserven, Ressourcen und Verfügbarkeit von Energierohstoffen 2010. Kurzstudie«, Bundesanstalt für Geowissenschaften und Rohstoffe (Hrsg.), S. 50, http://www.bgr.bund.de/cln_116/nn_322882/DE/Themen/Energie/Downloads/Energiestudie-Kurzstudie2010,templateId=raw,property=publicationFile.pdf/Energiestudie-Kurzstudie2010.pdf, aufgerufen am 29.12.2010.

391 Energy Exchange Austria (EXAA), Mitteilung v. 19.11.2010, auf: http://www.exaa.at/service/news/4863174058/, aufgerufen am 26.12.2010.

392 Franziska Augstein: »Zielgenau ins Ungewisse. Der Sieg im Kosovo wird ein Fehlschlag sein«, in: *Frankfurter Allgemeine Zeitung* v. 2.6.1999.

393 Ivan Krastev/Ludger Kühnhardt: »Europa hört nicht in den Alpen auf. Was ein Stabilitätspakt für den Balkan leisten muss«, in: *Frankfurter Allgemeine Zeitung* v. 27.5.1999.

394 Pierre Simonitsch: »Der Balkan als Teil eines politischen Erdbebengürtels«, in: *Frankfurter Rundschau* v. 27.4.1999.

395 »Osteuropa bietet allen große Chancen«, in: *Handelsblatt* v. 30.10.1998.

396 Nikolaus Blome: »Neue Nato für Europa«, in: *Die Welt* v. 14.10.1998.

397 Der ungenannte Professor einer US-amerikanischen Army-Universität, zit. nach: *Petroleum Economist* v. 1.9.1998.

398 Alexander Szandar: »Wehleidiges Rufen«, in: *Der Spiegel* 6 v. 5.2.2001.

399 Severin Weiland: »Happy Scharping«, in: *die tageszeitung* v. 8.6.2000.

400 Ignatz Bubis Ausstellung, in: *Frankfurter Allgemeine Zeitung* v. 18.5.2007.

401 Martin Walser, Dankesrede zur Verleihung des Friedenspreises des Deutschen Buchhandels in der Frankfurter Paulskirche am 11.10.1998.

402 *Neue Rheinzeitung* v. 8.4.1999.

403 »Milošević wird der Verlierer sein«, Joseph Fischer interviewt von Jürgen Hogrefe/Stefan Aust/Paul Lersch, in: *Der Spiegel* 16 v. 19.4.1999.

404 Vgl. Elvi Claßen: »Medienrealität im Kosovo-Krieg«, in: *Telepolis*, http://www.heise.de/tp/r4/artikel/6/6508/1.html, aufgerufen am 25.12.2010; und: »Es begann mit einer Lüge …«, a. a. O.

405 Rudolf Scharping in einem Vortrag an der European Business School, zit. nach: Günter Amendt: »Psychogramm einer neuen Kriegsgeneration«, in: Bittermann/Deichmann, a. a. O., S. 155–159, hier S. 156 f.

406 »Milošević handelt nicht anders als Hitler«, Ludger Volmer, interviewt von Pascal Beucker und Marcus Meier, in: *Neues Deutschland*, 1.4.1999.

ANMERKUNGEN

276

407 Oskar Lafontaine: *Das Herz schlägt links*. München: Econ Verlag 1999, S. 248.

408 Christian Schneider: »Gefühlte Wirklichkeit«, in: *die tageszeitung* v. 21.12.2007.

409 »We Have To Win This«, Joschka Fischer interviewt von Weymouth, in: *Newsweek* v. 19.4.1999, auf: http://www.newsweek.com/1999/04/18/we-have-to-win-this.print.html, aufgerufen am 18.12.2010.

410 Ebd.

411 »Serbien gehört zu Europa«, Joseph Fischer interviewt von Matthias Geis und Gunter Hofmann, in: *Die Zeit* v. 15.4.1999.

412 Jan Roß: »Die Geister, die der Krieg rief«, in: *Die Zeit* 25 v. 17.6.1999.

413 Neben diversen Reden, die ich in jener Zeit auf Kundgebungen und Veranstaltungen gehalten habe, z. B. den offenen Brief anlässlich der Kriegshochzeit von Außenminister Fischer: Jutta Ditfurth: »Herzlichen Glückwunsch zur Hochzeit, Joseph Fischer!«, Flugblatt v. 16.4.1999.

414 Esther Bejarano/Peter Gingold/Kurt Goldstein u. a.: »Gegen eine neue Art der Auschwitz-Lüge«, geschrieben Ende März 1999, veröffentlicht als Anzeige in der *Frankfurter Rundschau* am 23.4.1999, auf: http://www.nrw.vvn-bda.de/texte/auschwitz-lu_ge.htm, aufgerufen am 25.12.2010.

415 Dieter Keiner: »Die neue Auschwitz-Lüge in der Kriegspropaganda der Bundesregierung«, http://www.muenster.org/frieden/dkeiner.html, aufgerufen am 28.12.2010.

416 Claßen, a. a. O.

417 Eberhard Seidel: »Sauberer Krieg?«, in: *die tageszeitung* v. 30.4.1999.

418 Spomenka Lazic: »War with Information« v. 21.5.1999, zit. nach: Claßen, a. a. O.

419 RAND (Hg.): »The Zapatista ›Social Netwar‹ in Mexico« (1998), zit. nach Claßen, a. a. O.

420 Zit. nach: David Denk: »Mecker vom Meister«, in: *die tageszeitung* v. 29.11.2010.

421 »Ich fühle mich nicht als Sieger des Krieges«, Joseph Fischer interviewt von Jens König/Patrik Schwarz, in: *die tageszeitung* v. 19.7.1999.

422 Gunter Hofmann: »Regieren nach Auschwitz«, Bundeszentrale für Politische Bildung online v. 22.4.2008, auf: http://www.bpb.de/themen/7UWGEE.html, aufgerufen am 25.12.2010.

423 »Ich fühle mich nicht als Sieger …«, a. a. O.

424 Nina Hagen als Wahlkämpferin für die Grünen, in: *Menschen bei Maischberger*, ARD, 6.9.2005.

425 Thomas Becker: »Die deutsch-kroatische Front«, in: *Die Wage* v. 9.8.1995, http://www.realization.info/texte/jugoslawien/jugoslawien004.html, aufgerufen am 19.12.2010.

ANMERKUNGEN

426 Doreen Carvajal/Marlise Simons: »Report Names Kosovo Leader as Crime Boss«, in: *The New York Times* v. 15.12.2010.

427 Chris Hedges: »Crisis in the Balkans: The Separatists. Leaders of Kosovo Rebels Tied to Deadly Power Play«, in: *New York Times* v. 25.6.1999.

428 Secret Rel USA KFOR and NATO, J 2 Special Projetcs, Target Folder »Xhavit Haliti« v. 10.3.2004, http://www.mafialand.de/Members/juergen/pdf/kosovo%20-%20Haliti%20Xhavit.pdf, aufgerufen am 26.12.2010.

429 Jürgen Roth: »Rechtsstaat? Lieber nicht!«, in: *Die Weltwoche* v. 26.10.2005

430 *Die Woche* v. 17.3. 2000.

431 Zit. nach: Hans Monath: »Ich bin ein Bürokrat«, in: *Der Tagesspiegel* v. 30.11.2004.

432 Siehe Bundestagsprotokoll v. 3.12.2009, S. 13, http://www.bundestag.de/bundestag/plenum/abstimmung/20091203_isaf.pdf, aufgerufen am 29.12.2010.

433 http://www.gruene-bundestag.de/cms/abgeordnete/dok/303/303103.tom_koenigs.html, aufgerufen am 29.12.2010.

434 Nina Hagen, a. a. O.

435 Rudolf Scharping, Rede zur Aktuellen Lage nach Beginn der Operation gegen den internationalen Terrorismus in Afghanistan, v. 11. Oktober 2001; http://www.documentarchiv.de/brd/2001/rede_scharping_1011.html, aufgerufen am 23.12.2010.

436 Streitgespräch von Gerhard Schröder und Edmund Stoiber, moderiert von Hans Werner Kilz und Wolfram Weimar, in: *Süddeutsche Zeitung* v. 14.8.2002.

437 Ebd.

438 Ralf Beste u. a.: »Staatsmann oder Spieler?«, in: *Der Spiegel* 47 v. 19.11.2001.

439 Markus Deggerich: »Vertrauensfrage – Der Höhepunkt als Vorspiel«, in: *Spiegel online* v. 16.11.2001, http://www.spiegel.de/politik/deutschland/0,1518,druck-168014,00.html, aufgerufen am 27.12.2010.

440 Deggerich, a. a. O.

441 Markus Bickel: »Kriech und Frieden«, in: *Jungle World* 49 v. 28.11.2001.

442 Nichtständiger Ausschuss zur behaupteten Nutzung europäischer Staaten durch die CIA für die Beförderung und das rechtswidrige Festhalten von Gefangenen des Europäischen Parlaments, Bericht v. 30.1.2007, http://www.europarl.europa.eu/comparl/tempcom/tdip/final_report_de.pdf.

443 Zit. nach: »SPD und Grüne stellen KSK-Einsatz in Frage«, *Spiegel online* v. 20.10.2006, http://www.spiegel.de/politik/ausland/0,1518,druck-443665,00.html, aufgerufen am 27.12.2010.

ANMERKUNGEN

444 Felix Kurz/Rüdiger Scheidges/Barbara Schmid/Wilfried Voigt: »Politik der Dinosaurier«, in: *Der Spiegel* 47 v. 19.11.2001.

445 Markus Bickel: »Kriech und Frieden«, a. a. O.

446 Ebd.

447 Vgl. die namentliche Abstimmung im Bundestag: http://dipbt.bundestag.de/dip21/btp/14/14210.pdf, S. 20850 ff., aufgerufen am 28.12.2010

448 http://www.stroebele-online.de/themen/spendenaffaere/84318.htm, aufgerufen am 28.12.2010.

449 Thomas Kopp/Manuela Klesse: »Der aktuelle Begriff: Einsatz der Bundeswehr in Afghanistan«, *Wissenschaftliche Dienste des Deutschen Bundestages* Nr. 67 v. 23.9.2005, http://www.bundestag.de/dokumente/analysen/2005/2005_09_23.pdf, aufgerufen am 27.12.2010; »Überwältigende Mehrheit für Afghanistan-Mission«, *Spiegel online* v. 22.12.2001, http://www.spiegel.de/politik/deutschland/0,1518,174226,00.html, aufgerufen am 27.12.2010.

450 Bundestagsprotokoll v. 7.6.2002, http://dip.bundestag.de/btp/14/14240.pdf.

451 Bundestagsprotokoll v. 23.10.2002, http://dip.bundestag.de/btp/15/15003.pdf.

452 Bundestagsprotokoll v. 15.11.2002, http://dip.bundestag.de/btp/15/15011.pdf.

453 Bundestagsprotokoll v. 2.12.2002, http://dip.bundestag.de/btp/15/15017.pdf.

454 Bundestagsprotokolle v. 5.6.2003, http://dip.bundestag.de/btp/15/15048.pdf und v. 18.6.2003, http://dip.bundestag.de/btp/15/15051.pdf.

455 Bundestagsprotokoll v. 24.10.2003, http://dip.bundestag.de/btp/15/15070.pdf.

456 Bundestagsprotokoll v. 14.11.2003, http://dip.bundestag.de/btp/15/15076.pdf.

457 Bundestagsprotokoll v. 27.5.2004, http://dip.bundestag.de/btp/15/15111.pdf.

458 Bundestagsprotokoll v. 30.9.2004, http://dip.bundestag.de/btp/15/15129.pdf.

459 Bundestagsprotokoll v. 12.11.2004, http://dip.bundestag.de/btp/15/15139.pdf.

460 Bundestagsprotokoll v. 3.12.2004, http://dip.bundestag.de/btp/15/15146.pdf.

461 Bundestagsprotokoll v. 22.4.2005, http://dip.bundestag.de/btp/15/15173.pdf.

462 Bundestagsprotokoll v. 2.6.2005, http://dip.bundestag.de/btp/15/15178.pdf.

463 *Frankfurter Allgemeine Zeitung* v. 3.12.2010.

464 »Das halten wir aus«, Interview mit Renate Künast, in: *Der Spiegel* 27 v. 16.7.2007.

ANMERKUNGEN

465 Ebd.

466 Bundesausschuss Friedensratschlag, Pressemitteilung v. 17.9.2007, http://www.ag-friedensforschung.de/bewegung/afgh/baf4.html, aufgerufen am 27.12.2010.

467 Frank Brendle: »Krieg als ›Fehler‹«, in: *junge Welt* v. 17.4.2000.

468 Alle Zitate nach: Frank Brendle, a. a. O.

469 Carsten Volkery: »Die Stunde der Moralisten«, *Spiegel online* v. 27.10.2007, http://www.spiegel.de/politik/deutschland/0,1518, druck-511146,00.html, aufgerufen am 27.12.2010.

470 Bundestagsfraktion Bündnis 90/Die Grünen, Pressemitteilung v. 30.11.2007, http://www.gruene-bundestag.de/cms/archiv/dok/212/212270.operation_enduring_freedom.html, aufgerufen am 27.10.2010.

471 Sitzung der Bundestags v. 3.12.2009, http://dipbt.bundestag.de:80/dip21/btp/17/17009.pdf, aufgerufen am 27.12.2010.

472 »Beschlussempfehlung des Auswärtigen Ausschusses (3. Ausschuss) zu dem Antrag der Bundesregierung über die Fortsetzung der Beteiligung bewaffneter deutscher Streitkräfte an dem Einsatz der Internationalen Sicherheitsunterstützungstruppe in Afghanistan (International Security Assistance Force, ISAF) unter Führung der NATO«, namentliche Abstimmung Nr. 1 in der 25. Sitzung des Deutschen Bundestages am 26.2.2010.

473 Fünf Enthaltungen, eine von Gregor Gysi.

474 Kerstin Müller in: »Gefallen in Afghanistan – gestorben für Deutschland?«, *Anne Will*, ARD, v. 18.4.2010, zit. nach: Arno Widmann: »Wir sind wieder wer«, in: *Frankfurter Rundschau* v. 19.4.2010.

475 Madeleine Albright interviewt von Leslie Stahl, in: *60 Minutes*, CBS News v. 12.5.1996, http://www.fair.org/index.php?page=1025, aufgerufen am 13.11.2010.

476 Hans-Christof von Sponeck: »Politisch wirkungslos und menschlich eine Katastrophe. Elf Jahre Wirtschaftssanktionen gegen den Irak«, in: *Blätter für deutsche und internationale Politik* 11/2001, S. 1353–58.

477 Berühmter Spruch aus der Präsidentschaftskampagne von Bill Clinton, 1992.

478 Ökologische Linke: »Mit SPD und Grünen von einem Krieg zum nächsten«, Flugblatt, Februar 2002.

479 »BND-Ausschuss: Opposition sieht Beweise für deutsche Beteiligung am Irak-Krieg«, *Spiegel online* v. 18.9.2008.

480 Von einem breiten Spektrum von Organisationen verbreiteter Aufruf zur bundesweiten Friedensdemonstration am 15.2.2003 in Berlin, der sich im Internet auf Dutzenden von Websites finden lässt.

481 »Die Lügen vom Dienst – Der BND und der Irakkrieg«, Film von Stefan Buchen, *Panorama*, ARD, 2.12.2010.

482 René Martens: »Der Mann, der den Irakkrieg auslöste«, in: *die tageszeitung* v. 2.12.2010.

ANMERKUNGEN

483 Eine vollständige Liste aller Mitglieder des Auswärtigen Ausschuss bei Lüthke Politikberatung, http://www.ausschusslisten.de/webfm_send/309, aufgerufen am 6.1.2011.

484 Barbara Supp: »Die Olivgrüne«, in: *Der Spiegel* 46 v. 12.11.2001.

485 Ebd.

486 Mathias Geis: »Immun gegen Mitleiden«, in: *die tageszeitung* v. 11.10.1993.

487 Barbara Supp, a. a. O.

488 Piratenpartei Schleswig-Holstein, Pressemitteilung v. 23.11.2009, http://www.piratenpartei-sh.de/pressemitteilungen-mainmenu/18-pressemitteilungen/326-angelika-beer-ist-der-piratenpartei-beigetreten.html, aufgerufen am 23.12.2010.

489 Auszüge aus Joseph Fischers Rede vor der UN-Versammlung am 22.9.1999, Dokumentation, in: *Frankfurter Rundschau* v. 24.9.1999.

490 Zu dieser Diskussion vgl.: Jutta Ditfurth: *Was ich denke. Anders oder Gleich. Über die Entwertung des Menschen*, München: Goldmann Verlag 1995.

491 Bundesministerium der Verteidigung: *Verteidigungspolitische Richtlinien 1992*, Bonn, 26.11.1992, Dokumentation, www.imi-online.de/2003.php3?id=556, gefunden am 15.2.2009.

492 Thomas Ebermann: »Die geostrategische Rolle Deutschlands hat sich durch den Kosovo-Krieg verändert. Aber wie?«, in: *Jungle World* Nr. 13 v. 21.3.2001.

493 Bundesministerium der Verteidigung (Hrsg.): *Verteidigungspolitische Richtlinien für den Geschäftsbereich des Bundesministers der Verteidigung*, erlassen am 21.5.2003, http://www.bmvg.de/fileserving/PortalFiles/C1256EF40036B05B/N264JEUC110MMISDE/VPR_BROSCHUERE.PDF, aufgerufen am 31.12.2010.

494 Zit. nach: Tobias Pflüger: »Deutschland ist kriegsbereit nach innen und außen und mit den ›Verteidigungspolitischen Richtlinien‹ fit für die Militarisierung der EU«, in: *Zeitung gegen den Krieg,* Nr. 15 v. Sept. 2003, www.imi-online.de//2002.php3?id=671, gefunden am 15.2.2009.

495 Frithjof Schmidt: »NATO-Strategie auf Abwegen«, Erklärung v. 1.10.2010, http://frithjof-schmidt.de/detail/nachricht/nato-strategie-auf-abwegen.html, aufgerufen am 19.12.2010.

496 Thomas Wagner: »Auf ihrer NATO-Konferenz entpuppten sich die Grünen als Freunde militärischer ›Sicherheitskonzepte‹«, http://www.hintergrund.de/201010251210/politik/inland/auf-ihrer-nato-konferenz-entpuppten-sich-die-gruenen-als-freunde-militaerischer-sicherheitskonzepte.html; aufgerufen am 19.12.2010.

497 Matthias Lohre: »Mord als Dienstgeschäft«, in: *die tageszeitung* v. 29.10.2010.

498 »Muss man Genscher fragen, warum dies nicht früher möglich war«, Moshe Zimmermann interviewt von Stefan Reinecke und Markus Schulz, in: *die tageszeitung* v. 27.10.2010.

ANMERKUNGEN

499 Zit. nach: Eckart Conze/Norbert Frei/Peter Hayes/Moshe Zimmermann: *Das Amt und die Vergangenheit. Deutsche Diplomaten im Dritten Reich und in der Bundesrepublik,* München: Karl Blessing Verlag 2010, S. 704.

500 Ebd., S. 704.

501 Ebd., S. 705.

502 Ebd., S. 10.

503 Joseph Fischer: Rundbrief »an alle Mitarbeiterinnen und Mitarbeiter« v. 17.3.2005, vgl. Eckart Conze, a. a. O., S. 710.

504 Eckart Conze, a. a. O., S. 711.

505 Nils Minkmar: »Endlich sprechen die Akten«, in: *Frankfurter Allgemeine Zeitung* v. 25.10.2010.

506 Arno Widmann »Made in Germany. Wie Marga Henseler das Außenministerium veränderte«, in: *Frankfurter Rundschau* v. 30./31.10.2010.

507 Ebd.

508 Ebd.

509 Majid Sattar: »Zwei Minister im Fernduell«, in: *Frankfurter Allgemeine Zeitung* v. 30.10.2010.

510 Christopher R. Browning: *The final solution and the German Foreign Office. A study of referat D III of Abteilung Deutschland 1940–1943.* Holmes & Meier, New York/London 1978 [tatsächlich 1979]; deutsch: ders.: *Die »Endlösung« und das Auswärtige Amt. Das Referat D III der Abteilung Deutschland 1940–1943.* Aus dem Amerikanischen von Claudia Kotte. Darmstadt: Wissenschaftliche Buchgesellschaft 2010.

511 Hans-Jürgen Döscher: *Das Auswärtige Amt im Dritten Reich. Diplomatie im Schatten der Endlösung,* Berlin: Siedler 1987.

512 Nils Minkmar: »Endlich sprechen die Akten«, a. a. O.

513 »Dem Amt gelang es, sich mit einem Mythos der Unschuld zu umgeben«, Norbert Frei interviewt von Joachim Frank, in: *Frankfurter Rundschau* v. 28.10.2010.

514 Ebd.

515 Tarek Al-Wazir, Matthias Berninger, Ekin Deligöz, Katrin Göring-Eckardt, Cem Özdemir, Adil Oyan, Manuela Rottmann u. a.: »Bündnis 90/Die Grünen haben eine zweite Chance verdient«, offener Brief, Juni 1999, Wortlaut und vollständige Unterzeichnerinnenliste auf: http://basisgruen.gruene-linke.de/gruene/bund/allgemein/zweite-chance.htm, aufgerufen am 22.1.2011.

516 Hans-Christian Ströbele, Thilo Hoppe, Friedrich Ostendorff, Peter Hettlich, Winfried Nachtwei, Claudia Roth, Winfried Hermann, Jutta Dümpe-Krüger, Irmingard Schewe-Gerigk und Petra Selg (Bündnis 90/Die Grünen) zu den Abstimmungen über die Entwürfe eines Dritten und eines Vierten Gesetzes für moderne Dienstleistungen am Arbeitsmarkt, Erklärung nach § 31 GO, Stenografischer Bericht der 67. Sitzung des Deutschen Bundestages v. 17.3.2003, Anlage 3, S. 5828, http://dipbt.bundestag.de/dip21/btp/15/15067.pdf, aufgerufen am 20.1.2011.

ANMERKUNGEN

517 http://www.abgeordnetenwatch.de/fritz_kuhn-650-5824.html, aufgerufen am 10.12.2010.

518 »Wir haben die Probleme analysiert«, Renate Künast interviewt von Thomas Kröter und Stefan Sauer, 17.8.2010, http://www.ksta.de/jks/artikel.jsp?id=1281431634216, aufgerufen am 20.1.2011.

519 »Ohne Bertelsmann geht nichts mehr«, Frank Böckelmann interviewt von Frank Rötzer, Telepolis v. 9.11.2004, http://www.heise.de/tp/r4/artikel/0//1.html, aufgerufen am 20.1.2011; Frank Böckelmann/Hersch Fischler: *Bertelsmann: Hinter der Fassade des Medienimperiums*, Frankfurt am Main: Eichborn 2004.

520 Rüdiger Soldt: »Die größte Kürzung von Sozialleistungen seit 1949«, in: *Frankfurter Allgemeine Zeitung* v. 30.6.2004.

521 ntv, 15.6.2003, http://www.n-tv.de/politik/Breite-Mehrheit-fuer-Schroeder-article107543.html, aufgerufen am 20.1.2011.

522 Erich Fromm: *Arbeiter und Angestellte am Vorabend des Dritten Reiches*. Eine sozialpsychologische Untersuchung (Originalausgabe: *German Workers 1929. A Survey, its Methods and Results*), München: Deutscher Taschenbuch Verlag 1983, S. 248.

523 Angela Merkel, Regierungserklärung v. 30.11.2005, zit. nach: *manager magazin* v. 30.11.2005, http://www.manager-magazin.de/unternehmen/artikel/0,2828,387687,00.html, aufgerufen am 20.1.2011.

524 »Was macht eigentlich … Andrea Fischer?«, interviewt von Christoph Wirtz, in: *stern* 27 v. 26.6.2008.

525 Michael Heinrich:»Vom rotgrünen Neoliberalismus zum Protest«, in: *PROKLA*, Zeitschrift für kritische Sozialwissenschaft, Heft 136, Schwerpunkt:»Umbrüche des Sozialstaats«, 34. Jg, Nr. 3, Münster: Verlag Westfälisches Dampfboot, Sept. 2004, S. 477–483.

526 Namentliche Abstimmung zum *Dritten und Vierten Gesetz für moderne Dienstleistungen am Arbeitsmarkt* (Hartz III und Hartz IV) am 17.10.2003 im Bundestag. Ja sagten: Kerstin Andreae, Marieluise Beck, Volker Beck, Cornelia Behm, Birgitt Bender, Matthias Berninger, Grietje Bettin, Alexander Bonde, Ekin Deligöz, Thea Dückert, Jutta Dümpe-Krüger, Franziska Eichstädt-Bohlig, Uschi Eid, Hans-Josef Fell, Joseph Fischer, Katrin Göring-Eckardt, Anja Hajduk, Winfried Hermann, Antje Hermenau, Peter Hettlich, Ulrike Höfken, Thilo Hoppe, Fritz Kuhn, Renate Künast, Undine Kurth, Markus Kurth, Reinhard Loske, Anna Lührmann, Jerzy Montag, Kerstin Müller, Winfried Nachtwei, Christa Nickels, Friedrich Ostendorff, Simone Probst, Claudia Roth, Krista Sager, Christine Scheel, Irmingard Schewe-Gerigk, Rezzo Schlauch, Albert Schmidt, Petra Selg, Ursula Sowa, Rainder Steenblock, Silke Stokar von Neuforn, Hans-Christian Ströbele, Jürgen Trittin, Marianne Tritz, Hubert Ulrich, Antje Vogel-Sperl, Antje Vollmer, Ludger Volmer, Josef Philip Winkler, Margareta Wolf. Vgl. Stenografischer Bericht der 67. Sitzung des Deutschen Bundestages v. 17.3.2003, S. 5796, http://dipbt.bundestag.de/dip21/btp/15/15067.pdf, aufgerufen am 20.1.2011.

ANMERKUNGEN

527 Stenografischer Bericht der 67. Sitzung des Deutschen Bundestages v. 17.3.2003, S. 5745, http://dipbt.bundestag.de/dip21/btp/15/15067.pdf, aufgerufen am 20.1.2011.

528 Thea Dückert beim Werkstattgespräch Nr. 16 »Reformpolitik und Reformkommunikation. Erfahrungen mit der Agenda 2010«, Grüne Akademie, Berlin, 20.2.2009, http://www.boell.de/stiftung/akademie/akademie-6238.html, aufgerufen am 20.1.2011.

529 Gesetzentwurf der Fraktionen SPD und Bündnis 90/Die Grünen: Entwurf eines *Ersten Gesetzes für moderne Dienstleistungen am Arbeitsmarkt*, Deutscher Bundestag Drucksache 15/25, 15. Wahlperiode, 5.11.2002, http://dip21.bundestag.de/dip21/btd/15/000/1500025.pdf, aufgerufen am 20.1.2011.

530 Wolfgang Clement, Bundesminister für Wirtschaft und Arbeit, in der Bundestagsdiskussion am 15.11.2002, S. 685, http://dipbt.bundestag.de/doc/btp/15/15011.pdf, aufgerufen am 20.1.2011.

531 Lt. Stenografischem Bericht der 11. Sitzung des Deutschen Bundestages v. 15.11.2002, S. 675–678, http://dipbt.bundestag.de/doc/btp/15/15011.pdf.

532 Laut Bundesagentur für Arbeit (BA), zit. nach: Eva Roth: »Der Reiz der Leiharbeit«, in: *Berliner Zeitung* v. 18.1.2011.

533 Bert Brecht/Kurt Weill: »Einheitsfrontlied« (»Und weil der Mensch ein Mensch ist«), 1934.

534 Pressemitteilung des Bundesverbands Zeitarbeit (BZA) v. 13.12.2010, http://www.bza.de/272.html?&cHash=21f7cb7467&tx_ttnews[backPid]=1&tx_ttnews[tt_news]=864, aufgerufen am 20.1.2011.

535 Rio Reiser: »Slavenhändler«, 1971.

536 Bundesagentur für Arbeit zit. nach: »Zahl der Leiharbeiter hat sich verdreifacht«, in: *Spiegel online* v. 18.2.2008, http://www.spiegel.de/wirtschaft/0,1518,druck-536129,00.html, aufgerufen am 20.1.2011.

537 Presseerklärung v. 29.12.2010, http://www.manpower.de/presse/presseinformationen/eine-million-zeitarbeitnehmer-in-deutschland-2010/, aufgerufen am 20.1.2011.

538 Die Zahlen für 2010 liegen nach dem angeblichen Ende der Weltwirtschaftskrise noch über den Zahlen von 2008. Gemeinsamer Umsatz der vier größten Zeitarbeitsfirmen in 2008: 4,6 Milliarden Euro; in 2009: 3,1 Milliarden Euro. Beschäftigte: 158 887 (2008); 110 050 (2009). Gemeinsamer Umsatz der 25 größten Leiharbeitsfirmen in 2008: 8,14 Milliarden Euro, 2009: 5,7 Milliarden Euro. Berechnet nach Angaben der Zeitarbeitsfirmen, des Bundesverbandes Zeitarbeit sowie nach Tabellen von Lünendonk, vgl.: http://www.luenendonk.de/zeitarbeit.php, aufgerufen am 20.1.2011.

539 ver.di Bundesverwaltung, Fachbereich 13 (Zeit-/Leiharbeit): »Mehr Lohn für Leiharbeit«, Tarifinfo BZA Nr. 1/2010.

540 http://www.pothmer.de, aufgerufen am 20.1.2011.

541 http://www.pothmer.de/cms/wahlkreis/dok/364/364535.heute_ist_ein_guter_tag_fuer_ein_starkes.html, aufgerufen am 20.1.2011.

ANMERKUNGEN

542 Hans-Christian Ströbele, Thilo Hoppe, Friedrich Ostendorff, Peter Hettlich, Winfried Nachtwei, Claudia Roth, Winfried Hermann, Jutta Dümpe-Krüger, Irmingard Schewe-Gerigk und Petra Selg (Bündnis 90/Die Grünen) zu den Abstimmungen über die Entwürfe eines *Dritten und eines Vierten Gesetzes für moderne Dienstleistungen am Arbeitsmarkt*, Erklärung nach § 31 GO, Stenografischer Bericht der 67. Sitzung des Deutschen Bundestages v. 17.3.2003, Anlage 3, S. 5828, http://dipbt.bundestag.de/dip21/btp/15/15067.pdf, aufgerufen am 20.1.2011.

543 »Versand von Muskelpaketen«, in: *Der Spiegel* v. 7.8.1957.

544 Roland Bunzenthal: »Die Reichen werden reicher«, in: *Frankfurter Rundschau* v. 21.1.2009.

545 Michael Borchard u. a.: *Eltern unter Druck. Selbstverständnisse, Befindlichkeiten und Bedürfnisse von Eltern in verschiedenen Lebenswelten*, Konrad-Adenauer-Stiftung e.V. (Hrsg.), Berlin 2008, S. 8, zit. nach: Michael Klundt: »Kinder in der Zerreißprobe«, *Forum Wissenschaft* 4/2010, http://www.bdwi.de/print/forum/archiv/uebersicht/4238199?url=/forum/archiv/uebersicht/4238199.html, aufgerufen am 22.12.2011.

546 Deutsches Institut für Wirtschaftsforschung (DIW), lt. Michael Klundt, a. a. O.

547 Vgl. Markus M. Grabka/Joachim R. Frick: »Weiterhin hohes Armutsrisiko in Deutschland: Kinder und junge Erwachsene sind besonders betroffen, in: Wochenbericht des DIW Nr. 7/2010, S. 2 ff., http://www.diw.de/documents/publikationen/73/diw_01.c.347307.de/10-7-1.pdf, aufgerufen am 20.1.2011.

548 Vgl. »Reiche Kinder spielen mit dem PC, arme mit dem Gameboy«, in: *stern online* v. 1.6.2010, http://www.stern.de/politik/deutschland/studien-zu-kindheit-in-deutschland-reiche-kinder-spielen-mit-dem-pc-arme-mit-dem-gameboy-1570734.html, aufgerufen am 20.1.2011.

549 Gunnar Heinsohn: »Die Schrumpfvergreisung der Deutschen. Deutschland verschläft den Kampf um Talente«, in: *Frankfurter Allgemeine Zeitung* v. 25.6.2010, zit. nach Michael Klundt, a. a. O.

550 Barbara Hans: »Unicef-Kinderstudie. Generation der Pessimisten«, in: *Spiegel online* v. 14.1.2010, http://www.spiegel.de/panorama/gesellschaft/0,1518,671590,00.html; »World Vision Studie. Angst vor Arbeitslosigkeit der Eltern belastet Kinder«, in: *Welt online* v. 1.6.2010, http://www.welt.de/politik/deutschland/article7871799/Angst-vor-Arbeitslosigkeit-der-Eltern-belastet-Kinder.html, aufgerufen am 20.1.2011.

551 Ursula Rüssmann: »Jugend 2010: Generation Biedermeier«, in: *Frankfurter Rundschau* v. 12.9.2010.

552 Wolfgang Reuter/Michael Sauga/Ulrich Schäfer: »Eichels Revolution«, in: *Der Spiegel* 1 v. 3.1.2000; Wilfried Herz: »Das größte Geschenk aller Zeiten«, in: *Die Zeit* v. 8.9.2005.

ANMERKUNGEN

553 Tarek Al-Wazir u. a.: »Bündnis 90/Die Grünen haben ...«, a. a. O.
554 Ebd.
555 Dietmar Student: »Atlantikbrücke – Neuer Zoff im feinen Club?«, 21.1.2011, http://www.manager-magazin.de/politik/artikel/0,2828, 740635,00.html, aufgerufen am 22.1.2011; Olivia Schoeller/Stefan Elfenbein: »Ein Who's who der Politik und Wirtschaft«, in: *Berliner Zeitung* v. 17.4.2002; Hermann Ploppa: »Parteivorsitz der Grünen: Aspen-Institute geht, Atlantikbrücke kommt?«, in: *Telepolis* v. 4.6.2008, http://www.heise.de/bin/tp/issue/r4/dl-artikel2.cgi? artikelnr=28061&mode=print, aufgerufen am 20.1.2011; kenntnisreich, aber quellenlos: http://derhonigmannsagt.wordpress.com/2010/06/18/ein-sauberer-verein-die-atlantik-brucke/ aufgerufen am 21.1.2011; Zur Selbstdarstellung der Atlantikbrücke: http://www.atlantik-bruecke.org.
556 http://www.atlantik-bruecke.org/ueber-uns/gremien/, aufgerufen am 22.1.2011.
557 Ulrike Winkelmann: »Ein bisschen ›Change‹ in München«, in: *die tageszeitung* v. 6.2.2009.
558 »Strategie der EU für Zentralasien«, Entschließung des Europäischen Parlaments v. 20.2.2008, http://www.europarl.europa.eu//sides/get-Doc.do?type=TA&reference=P6-TA-2008-0059&language=DE&ring=A6-%202007-0503, aufgerufen am 20.1.2011.
559 »Zwischen Laubfrosch und Laptop«, Katrin Göring-Eckardt, Klaus Müller, Matthias Berninger und Cem Özdemir interviewt von Kayhan Özgenc, in: *Focus* 27 v. 2.7.2001.
560 Ebd.
561 Barbara Gillmann: »Augen zu und durch«, Mitarbeit: Peter Thelen, *Handelsblatt online* v. 12.6.2008, aktualisiert am 24.6.2008; http://www.handelsblatt.com/politik/_b=1442287,_p=6,_t=ftprint,doc_page=0;printpage, aufgerufen am 26.12.2010.
562 »Matthias Berninger« auf: *Lobbypedia.de*, http://www.lobbypedia.de/index.php/Matthias_Berninger, aufgerufen am 30.12.2010.
563 »Zwischen Laubfrosch und Laptop«, a. a. O.
564 Barbara Gillmann, a. a. O.
565 Ebd.
566 Ebd.
567 http://www3.gkke.org/fileadmin/files/publikationen/2009/gesund-heit_in_entwicklungslaendern.pdf, aufgerufen am 22.1.2011.
568 Georg Löwisch: »Ein frisches Lächeln fürs Nikotin«, in: *die tageszeitung* v. 15.3.2008.
569 Barbara Gillmann, a. a. O.
570 Zit. nach: *Spiegel online* v. 17.03.2008, http://www.spiegel.de/politik/deutschland/0,1518,540800,00.html, aufgerufen am 22.1.2011.
571 Barbara Gillmann, a. a. O.
572 Ebd.

ANMERKUNGEN

286 573 Jens König: »Die persönliche Rendite«, in: *die tageszeitung* v. 2.1.2008;
Olaf Opitz: »Beraterjob schon als Staatssekretär«, in: *Focus online* v.
17.3.2006, http://www.focus.de/politik/deutschland/rezzo-schlauch_
aid_106332.html, aufgerufen am 30.12.2010.

574 Auf: http://www.jfandc.de/en/profil/, aufgerufen am 26.12.2010.

575 *Die Welt* v. 11.9.2009.

576 RWE-Mitteilung v. 6.7.2009, siehe: D. Weingärtner: »Lobbying für
das Nabucco-Projekt«, in: *die tageszeitung* v. 8.9.2009.

577 *Spiegel online* v. 20.9.2009, http://www.spiegel.de/wirtschaft/
0,1518,650160,00.html, aufgerufen am 20.12.2010.

578 Siemens AG, Pressemeldung v. 23.10.2009.

579 *stern online* v. 6.9.2009, auf: http://www.stern.de/wirtschaft/news/
neuer-auftrag-joschka-fischer-soll-rewe-begruenen-1600969.html,
aufgerufen am 26.12.2010.

580 Jens König: »Die persönliche Rendite«, a. a. O.

581 Vgl. Jutta Ditfurth: *Das waren die Grünen. Abschied von einer Hoffnung,* (2001), S. 240 ff.; *Feuer in die Herzen.* (1997); *Entspannt in die
Barbarei. Esoterik, (Öko-)Faschismus und Biozentrismus,* (2011); nä-
here Angaben auf S. 287 in diesem Buch.

582 Rüdiger Scheidger: »Marginales Grün«, in: *Der Spiegel* 49 v.
3.12.2001.

583 Ulla Jelpke: »Einstieg in den Geheimdienststaat«, in: *junge Welt* v.
14.12.2001.

584 Claudia Roth interviewt von Reportern der *World Socialist Web Site*
auf der Demonstration »Freiheit statt Angst« am 12. September 2009,
http://www.youtube.com/watch?v=wts6gLuqA8o, gefunden am
2.1.2011.

585 »Links-Rechts«, Talkrunde mit Hajo Schumacher und Hans-Hermann Tiedje, N24, 12.5.2009.

586 Etwa in Kreisen der *tageszeitung,* der *Blätter für deutsche und internationale Politik* oder des *Freitag.*

587 URL: http://www.uni-bielefeld.de/ikg/gmf/einfuehrung.html.

588 Vgl. Wilhelm Heitmeyer (Hrsg.): *Deutsche Zustände,* Folge 9, edition
suhrkamp 2616, Berlin: Suhrkamp Verlag 2010; ders.: »Disparate Entwicklung in Krisenzeiten, Entsolidarisierung und *Gruppenbezogene
Menschenfeindlichkeit*«, in: a. a. O., S. 13ff.; »Unruhige Zeiten«, Institut für interdisziplinäre Konflikt- und Gewaltforschung (IKG) an der
Universität Bielefeld, Presseinformation zur Präsentation der Langzeituntersuchung *Gruppenbezogene Menschenfeindlichkeit* am
3.12.2010, Bundespressekonferenz, Berlin.

ANMERKUNGEN

BÜCHER DER AUTORIN

Die tägliche legale Verseuchung unserer Flüsse und wie wir uns dagegen wehren können. Ein Handbuch mit Aktionsteil (Hrsg. mit R. Glaser), Hamburg: Rasch & Röhring 1987.

Träumen Kämpfen Verwirklichen. Politische Texte bis 1987, Köln: Kiepenheuer & Witsch Verlag 1988.

Lebe wild und gefährlich. Radikalökologische Perspektiven, Köln: Kiepenheuer & Witsch Verlag 1991.

Feuer in die Herzen. Gegen die Entwertung des Menschen, Hamburg: Konkret Literatur Verlag 1997 (3. erw. und vollst. überarb. Neuausgabe; 1. Aufl.: Carlsen 1992)

Was ich denke. Anders oder Gleich. Über die Entwertung des Menschen, München: Goldmann Verlag 1995.

Blavatzkys Kinde. Thriller, Bergisch Gladbach: Bastei Lübbe Verlag 1995.

Entspannt in die Barbarei. Esoterik, (Öko-)Faschismus und Biozentrismus, Hamburg: Konkret Literatur Verlag 2009 (4. unveränd. Aufl.; 1. Aufl.: 1997).

Die Himmelsstürmerin. Roman, München: Marion von Schröder Verlag 1998. Taschenbuchausgabe: München: Ullstein Taschenbuch Verlag 2000.

Das waren die Grünen. Abschied von einer Hoffnung, München: Econ Taschenbuch Verlag 2001 (3. unveränd. Auflage; 1. Aufl. 2000).

Durch unsichtbare Mauern. Wie wird so eine links?, Köln: Kiepenheuer & Witsch 2003 (3. unveränd. Aufl.; 1. Aufl. 2002).

Ulrike Meinhof. Die Biografie, Berlin: Ullstein 2007 (1.–3. Aufl. 2008). Taschenbuchausgabe: Berlin: Ullstein Taschenbuch Verlag 2009 (1.–4. korr. Aufl. 2010).
(Bisher auch in Schweden, Norwegen, den Niederlanden und der Türkei erschienen.)

Rudi und Ulrike. Die Geschichte einer Freundschaft, München: Droemer Verlag 2008.

Zeit des Zorns. Streitschrift für soziale Gerechtigkeit, München: Droemer Verlag 2009.

Die Himmelsstürmerin. Roman, Berlin: Rotbuch Verlag 2010 (1. vollst. überarb. Neuausgabe, mit Abb.).

HINWEIS, DANK & KONTAKT

Dieses Buch kann als Folgeband von *Das waren die Grünen. Abschied von einer Hoffnung* (2000) verstanden werden; letzteres Buch enthält eine Fülle von Informationen zu weiteren Themen, die die Grünen betreffen, ist aber leider nur noch antiquarisch erhältlich.

Ich bedanke mich bei meinen FreundInnen von der *Ökologischen Linken* für anregende Diskussionen sowie bei vielen anderen Menschen, die mich zu Fragen, die dieses Buch berühren, mit Informationen und Hinweisen versorgt haben. Vor allem bedanke ich mich bei Manfred Zieran.

Weitere Informationen über meine Bücher und Texte, mich, das Ulrike-Meinhof-Archiv sowie die Termine meiner Vorträge und Lesungen auf: www.jutta-ditfurth.de.

Über Anregungen und Kritik freue ich mich: ÖkoLinX-ARL, Jutta Ditfurth, Neuhofstraße 42, 60318 Frankfurt am Main, oder per E-Mail: jutta.ditfurth@t-online.de.

Jutta Ditfurth, im Januar 2011